How To

Sell Your Business

如何出售你的企业

送给中国企业家的财富收割指南

梁晨　著

中国市场出版社
China Market Press
·北　京·

图书在版编目(CIP)数据

如何出售你的企业：送给中国企业家的财富收割指南／梁晨著. — 北京：中国市场出版社有限公司，2021.1
ISBN 978-7-5092-2002-3

Ⅰ. ①如… Ⅱ. ①梁… Ⅲ. ①企业兼并－指南 Ⅳ. ①F271.4-62

中国版本图书馆 CIP 数据核字(2020)第 180561 号

如何出售你的企业：送给中国企业家的财富收割指南

RUHE CHUSHOU NIDE QIYE：SONGGEI ZHONGGUO QIYEJIA DE CAIFU SHOUGE ZHINAN

著　　者：梁　晨
责任编辑：晋璧东(874911015@qq.com)
出版发行：中国市场出版社
社　　址：北京市西城区月坛北小街 2 号院 3 号楼(100837)
电　　话：(010)68033539
经　　销：新华书店
印　　刷：河南瑞之光印刷股份有限公司
规　　格：145mm×210mm　　32 开本
印　　张：13.5　**字　　数：**360 千字　**图　　数：**22 幅　**表　　数：**2 个
版　　次：2021 年 1 月第 1 版　**印　　次：**2021 年 1 月第 1 次印刷
书　　号：ISBN 978-7-5092-2002-3
定　　价：88.00 元

序　言

企业家的自觉与自由

王建宝①

中国的商业传统源远流长。司马迁在《史记·仲尼弟子列传》中记载："子贡好废举，与时转货赀。……常相鲁卫，家累千金。"废即卖，举即买，"好废举"的意思就是子贡喜欢买进卖出，在这个过程中发了财，"家累千金"。子贡是孔子的十大弟子（十哲）之一，辩才无碍，通达明觉，既是一位在孔子死后最能弘扬孔子思想的鸿儒，也是当时最有成就的外交家，更是一位成功的儒商。司马迁记载，子贡富可敌国，"所至，国君无不分庭与之抗礼"②。

---

①王建宝（1970—），男，江西鄱阳人，长江商学院人文与商业伦理中心主任，北京大学高等人文研究院副研究员。

②司马迁. 史记·仲尼弟子列传第七[M]. 北京：中华书局，1982.

儒家重视商业是有其思想根源的。首先是“群经之首”《周易》中“通有无”的思想。“泰”卦的《彖辞》说，“天地交而万物通也”。如果不通，就是“否”卦，结果“则是天地不交，而万物不通也”。阴阳相通才能化生万物，有无相通才能产生社会财富，所谓“财源通四海”。其次是孔子的富己、富民、富国思想。孔子曾说：“富而可求也，虽执鞭之士，吾亦为之。如不可求，从吾所好。”(《论语·述而篇第七》:7·11)孔子从鲁国出走到卫国的时候，发现卫国人口众多，不禁感叹：“庶矣哉！”(人口真多啊！)帮他驾车的学生樊迟就问孔子，下一步国家应该做什么呢？孔子的回答是“富之”；樊迟继续问下一步做什么，孔子的回答是“教之”。(《论语·子路篇第十三》)用现在的话来讲，就是一个国家在解决了生存问题实现了人口增长以后，就需要进一步解决国民的富裕问题和教育问题。最后是孟子以“仁政”富国、富天下的思想。孟子认为，各个国家都应该取消关税，取消场租费，鼓励自由市场经济，实现全民富裕，而不是被政府垄断而导致国富民穷。如此重视“富”的思想在人类的古典时代是非常罕见的。因此，著名经济学家熊彼特先生认为，在各大轴心文明中，对经济进行了分析方面努力的也许只有古代中国的古圣先贤。①

梁晨先生自觉地继承了这一悠久的传统，《如何出售你的企业》一书正如其副标题所表述的那样，是“送给中国企业家的财

①约瑟夫·熊彼特. 经济分析史·从开始到初期古典学派境地[M]. 朱泱，等译. 北京：商务印书馆，1991.

富收割指南”。我有幸先睹为快，一口气读完，掩卷之后，感慨颇多。梁兄真乃菩萨心肠，为多年辛苦如一日的企业家朋友奉上了一本财富宝典。更难得的是，全书虽然长达10章，但是架构清晰，晓畅明白，深入浅出，再加上梁兄文采斐然，读起来总有惊喜之处。

中国企业家以企业为家，在最近40年的改革开放的历史洪流中，各展风采，创下了又一个人类经济发展史上的奇迹，如果还不好说这是人类历史上最大的奇迹的话。但是许多中国企业家久于躬身劳作，却对于自身做企业的缘起，以及自己和企业的归宿多有迷茫乃至惶恐之处。我在此分享两位前辈企业家的案例，或可纾困。

“日本现代化之父”涩泽荣一先生于1916年出版了他的著作《论语与算盘》，在此后长达百年的历史进程中，此书被日本历任首相及众多商界领袖奉为必读经典。① 他在书中重新阐释了东方儒家思想，并找到了其与西方近代功利主义价值观念的结合点。他提出的“义利合一”的观念奠定了日本经济伦理的基础。有兴趣的朋友可以一睹为快。

德国大象公司（Putzmeister）的创始人习理德教授（Karl Schlecht）在自己80岁的时候将企业卖给了中国的三一重工。在这个标杆式的跨境并购交易完成一年以后，三一重工的CEO向文波先生向我感慨，德国大象的实际情况比习理德先生本人描述

①涩泽荣一．论语与算盘［M］．王中江，译．北京：中国青年出版社，1996.

的还要好。双方皆大欢喜，以信任、公开、互利来构建的商业伦理得到了一次精彩的实践并取得了成功。三一重工创始人梁稳根先生赠送给习理德先生100万欧元作为其八十寿庆的贺礼。习理德先生将这笔钱捐给了杜维明①先生，创办了北京大学世界伦理中心。每年举办一次“儒商论域”的大型研讨会和相关研究，迄来7年矣。笔者有幸在2015年成为这个项目的负责人。

涩泽荣一和习理德先生的精彩故事也许可以给中国的企业家朋友一定的启示。无论是并购交易中的买方还是卖方，只有通过自觉才能实现自由。这个自觉是企业家本人的一种价值观，是企业家精神的根源部分。有了企业家个人的自觉，才能够在永无停息的日常打拼中保持内心的光明，知道自己行为的出发点和落脚点在哪里，知道顺势而为，而不是逆势而取，知道分享而不是贪婪，有自知之明，从而有知人之明。自觉之后才能自立、自尊、自信。习理德先生说：“早在2008年大象公司创造世界纪录之前，我在1960年就想过这个问题：为什么我要把我自己奉献给脏兮兮的，或者说原始的水泥泵事业？为什么我又取得了成功呢？究竟为什么在与机械制造行业打交道的一生中要思考意义问题呢？毕竟在这个行业里，机器跑得好，带来利润，人就应该满足了。”

---

①杜维明（1940—），男，当代儒学大家，1988年获选美国人文社会科学院院士，1994年获选国际儒联副理事长，2018年获选国际哲学团体联合会（FISP）第一副主席，曾于美国哈佛大学、普林斯顿大学、加州大学伯克利分校，中国北京师范大学、台湾大学、东海大学，以及法国巴黎高等师范学院等世界名校任教。2010年受两任北大校长诚邀，回国创办北京大学高等人文研究院并担任院长至今。

习理德的回答是“爱”。为此，他认为“埃里克·弗洛姆的《爱的艺术》不仅仅是启蒙书，而且也是一本管理学文献”①。这与涩泽荣一对《论语》的看法可谓殊途同归。

只有爱是不够的，自觉的过程还是一个自我修身的过程。2016 年我去图宾根的时候，84 岁高龄的习理德先生对我说，他自己修剪草坪，夫人自己做饭，全家没有用保姆，只有每周来一次打扫卫生的钟点工。从自觉到自由，修身是一个必不可少的、有限不循环的过程。说其“有限”是因为每一个人都会死去，人类是“向死而生”的，在有限的肉体中成就无限的精神价值；说其“不循环”是因为每一天都是崭新的一天，遇到的机遇和挑战都不一样。企业家的人生丰富多彩，跌宕起伏，内心的自觉打开的是智慧和能力的大门，每日的艰苦修身是企业行稳致远的根本保证。

梁晨先生以自己十几年参与并购的经验，为我们呈现了企业家月映万川的内心世界，以及丰富多彩的商场生态。“年轻的买方”和“青涩的卖方”在躁动的市场中不知所措，中间人更是鱼龙混杂，泥沙俱下。这是任何成熟资本市场都曾经历过的阶段，也在人类经济史上留下过贪婪疯狂的注脚。对于很多企业家来说，卖企业是人生的第一次也往往是最后一次交易。为此，梁君开篇就是《你想好了吗》。实际上，每个企业都是要被出售的，上市也是一种出售，只是买家变成了很多的股东，“因此，主动规划总是

---

①E. 弗洛姆. 爱的艺术[M]. 李健鸣，译. 上海：上海译文出版社，2008.

比被动接受更好”。“自主”或许是全书的关键词。自主的能力来自自觉。无论是否卖,卖给谁,怎么卖,卖多少,这都需要企业家斟酌把握。只有自觉方能自知,所谓自知即坦诚面对自己企业的真实价值,这种价值应该经得起市场与时间的考验,而非无中生有、弄虚作假。然而,最难亦是自知,这就是梁君及以他为代表的优秀财务顾问能为企业家提供的帮助。

企业是现代文明的重要成果之一,其存在的目的是为社会提供公共善,不管是无形的服务还是有形的产品,都体现了公共善的价值。梁君认为,每一个成功的交易基本上都是“始于颜值,敬于才华,合于性格,久于善良,终于人品”。本书虽然为卖方企业家提供了大量实用的交易方法与技巧,但书中亦随处可见他站在买方角度的体察与思辨,可见这并非一本宣传奇淫巧技、助长投机取巧的媚俗之作。相反,本书反复强调了价值观的重要性,即“良性的买卖关系是建立在客观的价值判断基础上的共赢”。这样的声音,对于面临转型的中国资本市场来说,显得弥足珍贵。肇造于启蒙运动的现代市场经济已经500余年了,所谓的“经济人”理性的路已经走到了头。社会在呼唤“文化人”和“生态人”。《大学》曰:“仁者以财发身,不仁者以身发财。”又曰:“财聚则民散,财散则民聚。”按儒家观点,财富是润泽生命的助缘,既不是此岸红尘的枷锁,也不是异化生命的“铁笼”。财富不是一件基督教清教徒一开始想脱掉的“外衣”(虽然现在悲哀地成为“铁笼”),而已经是由“复合材料”制成的一件华彩“外衣”。这件

“外衣”既有理性、法治、民主、自由、科学的致密牢固，更有感性、慈悲、权威、责任和信仰的温暖体贴。从此，旧的“经济人”华丽转身，新的“文化人”得以脱“笼”而出。仁者以天地万物为一体的“生态人”呼之欲出。此乃企业家之福，也是全人类之福！

是为序。

草于2020年5月27日

于上海樵乐斋

名家推荐

做卖方顾问不易。本书作者凭借在中外资银行和券商的丰富经历，选择了这样一个难度更高的领域，小项目见功夫，真性情换人心，并用功把自己的思考实践写成操作指南。这是并购市场的一抹晨光。

——中国光大集团股份公司党委委员、执行董事

中国光大银行股份有限公司党委副书记、执行董事、行长　刘金

企业出售是围绕控股权转移的特殊交易。如何出售，既是学问，也是艺术，还是需要专业机构协助企业家解决的问题。从全球投行的发展史来看，高盛正是将交易顾问业务做到了极致，才赢得了“并购之王”的美誉。梁晨先生的这本《如何出售你的企

业》，既具专业性，又雅俗共赏。他在每章开篇引述的《孙子兵法》，与企业出售过程中的战略战术异曲同工，令人耳目一新。作者通过本书将其在德意志银行、中国工商银行和国金证券的十载并购经验进行融会贯通，并在此基础上针对如何理性出售企业、达成合理交易进行了深入思考。全书饱含真知灼见，可谓十年磨一剑。本书既能帮助企业家顺利完成交易，也有益于中国并购市场的良性发展。在此郑重推荐这本佳作，相信定会对企业家朋友有所启发，亦能开阔相关领域朋友的思路。

——中国工商银行总行投资银行部副总经理　程斌宏

这是一本值得企业家收藏的指南。

这些年我带领团队致力于提供全资产、立体化的财富管理解决方案，支持企业家于全生命周期的财富管理需求。大部分企业家都面临同一个问题：企业传承。尤其是改革开放之初的第一代创业者们，一心扑在做大做强的情怀之上，却鲜有深思熟虑企业的长远归宿者。纵使企业规模不断壮大，他们也为自己创造了可观的财富，但很多企业家业已步入花甲之年，而不得不面对企业传承的问题。

绝大多数企业家都希望业务和品牌能够传承下去，最终成为百年老店。然而，其方法却常常局限于集中培养一个或几个具有血缘关系的家族成员作为企业未来的经营核心，以达致财富和事业的传承。然而，很多人忽略了精神传承的重要性，未能客观审视继承人是否拥有企业核心价值观和使命感，反而影响了企业的持续创新能力甚至长期繁荣。

多年来的财富规划实践，使我对企业传承问题有了一些顿悟。除了培养家族成员接手外，亦可以适当考虑把延续企业的重任托付予职业经理人，甚至是外部投资者，让企业的品牌和生命在更强有力的掌舵人手中得到延续和传承。

我和梁晨先生相识至今已经超过 25 年，对他在并购财务顾问领域的智慧和经验尤为欣赏。本书总结了他过去 10 年的并购经验，分享了交易的流程和技巧，探讨了如何避开常见的诱惑和陷阱，是一本既有专业水准又饱含个人风格的佳作。

最后，祝福每位读者都能财富无忧、金钱无虞！也祝愿每位阅读此书的企业家交易成功、幸福美满！

——汇丰私人银行董事总经理兼投资顾问服务

中国区主管　陈全斌

这是一本难得的关于企业出售和并购交易方面的好书。作为一名从事并购业务十多年的老兵，几乎从未见到类似的出版物能像此书一样，把复杂专业的并购交易写得如此通俗易懂、化繁为简，且又引人入胜。梁晨先生从事并购业务实践多年，字里行间，其专业功底力透纸背。基于其独特的从业经历，此书兼具国际视野及国内实践，实属难得。作为一本从卖方角度出发探讨如何出售企业的书，这很重要。因为在国内，大部分关于并购的专业探讨都只是从买方角度出发的。对卖方而言，角度不同，价值自然有别。“真诚是通往一切的道路”，此书如同梁晨先生本人一样，专业而真诚。

——国金证券并购部总经理　刘伟石

本书不仅是国内第一本真正写给企业家的卖方指南和并购宝典，更是一本读来令人不忍释卷的专业佳作。对于每一位创始人而言，出售公司在企业的生命周期中通常都只有一次，无论从哪个角度而言都值得倍加珍惜。本书不仅从企业估值、财务扩展和磋商管理等出售过程中的诸多实操环节角度给予了企业家专业而详尽的指导，更从战略意义上丰富和完善了企业管理哲学。极具启发性和洞察力的案例入眼入心，更充分展示了著作者十多年来在并购领域内的深刻思考。这是一本值得每位企业家认真阅览的佳作。

——南开大学国际经济贸易系副主任　刘程

“一带一路”的内涵不仅包括商品的流通、人员的往来、资金的融通、技术的交流，这本书告诉我们，还应该包含理念的交融。从企业家的实际需求出发，为其打造符合中国国情的综合金融服务体系，这是值得中外资银行携手努力的方向，也蕴藏着巨大的市场机遇。本书不仅是呈现给中国企业家的实战指南，部分思路对金融机构的服务定位和发展战略也提供了很好的借鉴。

——德意志银行(中国)有限公司董事
“一带一路”办公室主管　熊伟

出售企业或许被很多企业家认为是一个充满陷阱和不安的流程。梁晨先生此书开篇就将出售企业的概念回归到如何正视企业价值，再进一步用简明的语言概括了企业出售过程中的核心步骤及操作要点，结合实例及其自身经验引导企业家迈出成功出售的第一步。本书行文不求华丽但瞄准了企业家的语言和心态，内容不求速成却提炼出交易成败的关键因素，是一本贴合企业家需求的简明而易用的好工具！

——Rothschild & Co.(罗斯柴尔德恩可)
环球顾问业务部董事　周中明

前　言

这是一本写给企业家的书。

他们可能是一个家族，一群创业伙伴，甚至是一个人。大多数情况下，你们就像终日与海为伴的船长，清楚地知道怎样带领自己的水手征服海洋，却不一定了解自己应该如何才能成功“上岸”。我认识不少这样的“船长”。当他们寄希望于从书中获得一些关于“上岸”的智慧时，却震惊地发现：指导企业出售的书籍居然一本都没有。是的，我在最初发现这个事实的时候也同样感到惊讶。于是我开始思考，或许我可以利用自己有限的经验为你们提供一些力所能及的帮助。

自 2010 年我加入德意志银行接触并购业务以来，至今已是第十个年头。10 年，在众多资本市场的前辈面前不敢言其长，但对于年方弱冠的中国并购市场而言却也不能称之短。用 10 年时间坚持只做并购这一件事，我实现了对自己的承诺以及对财务顾问这份工作的尊重。

在我开始构思本书的2019年，中国并购市场正经历着它的“至暗时刻”。

有人说，2019年是个分水岭，它是过去10年中最差的一年，但很可能是未来10年中最好的一年。如果要选择几句歌词来形容，对过去的10年我选“策马奔腾共享人世繁华”，而未来的10年则是“几度风雨几度春秋”。大家带着对经济高速增长的恋恋不舍，一步就迈进了“新常态”。

然而，我们的并购市场还很年轻。当青春的躁动遭遇“新常态”，年轻的买方和青涩的卖方都一时变得不知所措。市场开始出现很多变化：上市公司宣布交易之后股价不涨反跌，标的方的业绩承诺开始被人们怀疑，不定时的“商誉暴雷”总是一次又一地触碰大家本就紧张的神经……这些变化的背后，还隐藏着困扰了我多年的问题。比如：为什么一个中介可以游走于买卖双方？为什么很多财务顾问不参与交易谈判？为什么只“赌”估值却不仔细“测”估值？为什么尽职调查就像合规审查？为什么大多数的卖方企业家与上市公司买方之间并没有真正做到平等对话？这些都是中国并购市场正在发生的事实。然而，存在一定代表合理吗？

至少从国际经验上看，这些存在并不合理。它们只是一些错误的惯例，是每一个尚不成熟的并购市场都会经历的成长之痛。

对痛楚感受最深的莫过于卖方企业家。你善于谈判，却不一定知晓并购谈判的成功法门；你重视用人，却无从鉴别谁是合格的卖方顾问;你注重规划,却很难为自己的企业出售制订计划;你期待双赢,却无法判断交易条款是否真的公平合理。是啊,这些问题本该有专人为你解惑。但你却发现,多数中介机构只会代表买方利益,还有的机构只关心在交易谈定之后提供融资,你人生中最重要的一次财富变现机会很可能因此显得毫无头绪。这令你焦躁不安。

买方上市公司也在分担着你们的痛苦。因为并购交易的结果总是"一荣俱荣,一损俱损"。今天大多数的并购并未立足于最关键的价值判断,而是把主要精力花在了对赌机制的设计及与监管要求的博弈上。这既是舍本逐末,也让所谓的风险控制变成了无本之木。

如何解决这些问题?我在多年的业务实践中一直在持续地寻找答案。这不是轻而易举的工作。常识告诉我,若你困于当下,就要从其他时间和空间的维度汲取智慧。乔布斯说:"生命里的每一个点都会最终连成线。"过去十多年的职业经历,以及我曾遇到的每一位客户、领导、同事、对手,都令我心怀感激。那些点滴的经历最终汇集成为本书即将分享的方法体系。这些方法并非我的创造,而是来自我对历史的回顾,也来自对国际经验的借鉴。感谢我工作过的每一个机构,它们给了我丰富的实践机会:让我既做过买方顾问,也做过卖方顾问;既做过国际并购,也做过国内并购;既有汇丰、德意志这样的外资银行经验,也有国金证券这样的本地券商履历,还有中国工商银行总行这样的国有银行背景。我服务过中国卖方,也服务过外资卖方;我既代表中国买方与欧美企业谈判过，也曾代表中国卖方与国际买方交手过；我既对中国卖方的痛楚感同身受，也对国际卖方的技巧如数家珍。

多样的经历带给了我多元的视角，帮助我理解卖方、买方、顾问方、融资方、其他中介机构与监管方各自的立场，以及看似冲突的立场背后高度一致的共同利益。

这个一致的利益就是并购交易的实质——价值的交换。良性的买卖关系是建立在客观的价值判断基础上的共赢。从这个角度看，市场正在经历的阵痛可能预示着一种转型，也可视为从浮躁的“套利逻辑”向稳重的“价值逻辑”的回归。“买”和“卖”只是同一交易的两个方向。本书是从“卖”的方向出发来阐述我认为正确的交易理念，同时分享一些对卖方适用的方法与技巧。

本书一共分为10章，从出售的理念探讨逐渐过渡到实战方法，最后是对全书的总结及对市场的展望，并附录卖方财务顾问协议样本、基础尽调清单样本、信息备忘录内容提纲。

第一章　《你想好了吗》。每个企业迟早都会面对出售这个课题，即使是上市，其本质也是股权的出售。这不是会不会发生的问题，而是何时发生的问题。因此，主动规划总是比被动接受要好。

第二章　《大多数的企业出售是失败的》。我将引导你审视失败的定义。这很重要，因为大多数企业家只将失败定义为“没卖掉”，却没有意识到“没卖好”同样也是失败。

第三章 《回归销售的本质》。企业出售是销售，因此你可以从常识里寻找智慧。企业出售又不是一般的销售，你应该像对待奇珍异宝一样守护你的企业。

第四章 《组建你的交易团队》。要想获得成功，你就需要外脑的帮助。但这是一个鱼龙混杂的江湖，所托非人反而贻害无穷。我将和你一起探讨下列问题：你需要谁？他们在哪？怎么识别他们？如何让他们忠诚地为你效劳？

第五章 《估值与包装》。别等待买方为你估值。你需要通过估值帮自己建立正确的预期。这是一个自我认知的过程，轻视甚至省略这个步骤只会“欲速而不达”。虽然出售是一种买卖双方的博弈，但50%的胜败在你见到买方之前就已见分晓。

第六章 《筛选买方》。你要主动挑选买方，而不是等着买方来挑剔你。“海盗法则”能帮你看清每个对手，从中找出最好的买方。

第七章 《应对买方的尽职调查》。站在卖方的角度，下策是被动配合买方的事实验证，上策则是主动引导买方的价值判断。

第八章 《谈判与成交》。不用担心那些晦涩的话题，谈判和协议的实质都是围绕企业价值的保护。抓住这个核心，便掌握了成交的法门。

第九章 《面向未来的买方类型》。A股上市公司必然是当下市场的主力买方。然而，假以时日，买方类型也会像国际市场一样呈现多元化。对不急于出售的卖方企业家来说,未来之路将更加宽广。

第十章 《机会总是留给有准备的人》。出售是企业家的财富变现的机会。只要你认真对待它的“道”“法”“术”,出售就是一个可知、可控、可预期的工作。为出售方提供服务也是中介机构的蓝海机遇。要抓住这个机遇,就需要转变观念、提高能力。

本书的顺利出版离不开我的家人、朋友、合作伙伴的大力支持。感谢本书责任编辑晋璧东先生对本书选题及其社会意义的肯定。感谢天一文化集团在长达数月的策划、编校过程中给予我的巨大帮助。出版行业很辛苦,在数字时代还时常被质疑,甚至被诟病。但是,出版人的坚守恰是在“碎片阅读”大行其道之时为“深度思考”保留一方净土。坚持做长期的、正确的事情,这是我的价值观,也是我从本次出版合作中感受到的来自中国市场出版社和天一文化的工作作风。感谢国金证券的刘源先生,他既是我工作上的搭档,也是生活中的朋友。他为本书的部分观点提供了许多宝贵意见。我还要特别感谢我的家人,他们的包容和鼓励为我提供了坚定的精神支持,也让我能够在浮躁的市场中保持内心的宁静。

由于时间仓促,且相关理论与方法仍在实践中不断改进和完善,编写过程中难免出现疏漏和不足之处。欢迎市场同仁们不吝批评。您可以随时使用电子邮件联系我（allencliang@outlook.com），也可以访问我所创办的专门服务卖方企业家的知识性网站“卖方百科”（www.exitwiki.cn）。中国市场的卖方顾问业务还在蹒跚学步，但它的未来注定是光明的。我们点滴的努力就是企业家的福音，也是中国并购的未来。

梁晨

2020 年 6 月于天津

目　录

第七章 应对买方的尽职调查

第八章 谈判与成交

第九章 面向未来的买方类型

第十章 机会总是留给有准备的人

附 录

第一章
你想好了吗

是故智者之虑，必杂于利害，杂于利而务可信也，杂于害而患可解也。

——《孙子兵法·九变篇》

译文：智慧明达的将帅考虑问题，必然把利与害一起权衡。在考虑不利条件时，同时考虑有利条件，大事就能顺利进行；在看到有利因素时，也考虑到不利因素，祸患就可以排除。

要不要出售

十年前曾经出现过“养猪论”和“养娃论”的激辩。争论的焦点在于:企业家把企业当猪养还是当亲儿子养?如果当猪养,在猪长到膘肥体壮的时候去卖个好价钱自然是天经地义。然而如果把企业看成孩子,就掺杂了很多的感情色彩。儿子是绝不能卖的,即使碰上个不孝子,也得硬着头皮养下去。

十年前还有个有意思的现象,而且时至今日仍然存在于部分普通民众的意识里。一旦听说哪个企业打算出售了,或者是等着看笑话:“肯定是生意不好撑不下去了!”或者是满脸的不解:“效益这么好,老板应该很滋润啊,怎么这么想不开?”

无论是企业家内部的争论,还是旁观者的评价,都反映了中国经济发展到一定阶段之后必然出现且必须面对的问题——关于创始人、投资人或者经营者“退出”的问题。如果说十年前这还是个热门话题,那么如今相信大家都习以为常了。尤其是在最近五年，几乎每天都有上市公司宣布收购的新闻见诸报端。既然有人买，那就必然有人卖，所以我们不必再怀疑：企业出售的浪潮已经出现，并将永久性地成为一种常态。

这种常态背后的逻辑在哪里呢？

■ 发展与轮回

全球经济始终在向前发展，这种发展伴随着死亡与新生。有的行业永久性地消失了，比如曾经遍布大街小巷的录像带租售商店。有的行业继续存在，但已经严重萎缩，从一种普遍性的刚性需求转变为少数人在特定场合所需要的小众需求，比如钢笔。有的行业继续满足着消费者的某种根本性需求，但曾经提供的产品以及生产这种产品的公司已经消失了，比如通信行业还在，但传呼机灭亡了。

时代抛弃你时，连声“再见”都不会和你说。“基业长青”只是个美丽的愿望，“兴衰更迭”才是经济世界里残酷的真相。从人类进入文明社会开始，几乎没有什么行业能够永葆青春。要想长期地保持竞争力，就得不断地拥抱改变。然而，改变也好，转型也罢，需要勇气，需要冒险，更多的时候需要钱。并且勇气和金钱并不必然带来成功，有的行业注定会走向消亡，有的行业终究只可能是巨头们的游戏。怎么避免被沉船的漩涡卷入海底？怎么逃脱巨头的碾压？比祈祷更管用的是“看见未来”，而且是提前许多年看见未来,而不是被眼前的浮华所迷惑。当你看见了未来的凶险,并且预判结果很可能不因你的主观努力而改变时,选择合适的时机退出便是理性的选择。

时间的年轮

2018 年是中国改革开放 40 周年。中国经济伴随着政策的松绑和市场的放开,从 20 世纪 90 年代中后期开始了飞速的发展。如果一个企业家时年 20 岁开始创业,到现在已是 60 多岁;如果他时年 30 岁开始创业,那如今已是 70 多岁。无论他曾经多么英雄盖世,自然规律也会促使他在六七十岁的年纪主动地思考自己的晚年、家庭的规划以及企业的未来等问题。这就在一定程度上解释了为什么 2010 年以后中国企业出售的数量明显增加。

无论你是否情愿、是否喜欢、是否舍得,人生自有它的时钟。疾病、意外甚至死亡,威胁着你,也威胁着你的企业。因此,正如越来越多的人为自己购买保险一样,你也应该为自己的企业早做筹划。我们总是需要在晴天的时候修屋顶,否则等到下雨再修便于事无补了。

自由的选择

不是每个企业家都会强迫后代接班,也不是每个企业家的子女都愿意接班。阿拉伯文学的重要奠基人纪伯伦在一篇闻名世界的散文诗《你的儿女不是你的儿女》中如此写道：

你的儿女，其实不是你的儿女
他们是生命对于自身渴望而诞生的孩子
他们借助你来到这世界，却非因你而来
他们在你身旁，却并不属于你
你可以给予他们的是你的爱，却不是你的想法
因为他们有自己的思想
你可以庇护的是他们的身体，却不是他们的灵魂
因为他们的灵魂属于明天，属于你做梦也无法到达的明天
你可以拼尽全力，变得像他们一样
却不要让他们变得和你一样
因为生命不会后退，也不在过去停留
你是弓，儿女是从你那里射出的箭
弓箭手望着未来之路上的箭靶
他用尽力气将你拉开，使他的箭射得又快又远
怀着快乐的心情，在弓箭手的手中弯曲吧
因为他爱一路飞翔的箭，也爱无比稳定的弓

出生年代的不同，成长环境的差异，注定了两代人看待世界和人生的视角存在分歧。人生是由无数的点串成的线，决定这些点位的，有偶然、有兴趣，甚至也有不得已的苦衷。人生没有对错，唯一的真理是生命只有一次。因此，每个人都有权利按照自

己喜欢的方式度过此生。愿意接班是福气,不愿接班也别勉强。每当我探访那些百年历史的欧洲企业,我时常感慨:企业在不同的股东之间几度易手,主人虽然在变,企业却在不断成长。对于创始人来说,不仅自己兑现了财富,企业的生命也在不同的能人手中得到了延伸,这未尝不是一种圆满。

■ 因缘与聚散

很多中国企业的起步,常见于夫妻开店、兄弟攒局,能为了一个共同的愿景甘苦与共,这就叫作因缘。在企业发展的不同阶段,陆陆续续还会有不同的股东加入进来。他们贡献的可能是某种领先的技术,或者过人的管理能力,也可能是企业发展急需的资金。所谓缘深缘浅、缘聚缘散、惜缘随缘莫攀缘,你的创业伙伴甚至你的人生伴侣都可能选择在某个时间离你而去。还有类似私募基金这样的股东,机构使命决定了它们只能陪伴你一段路、一些年。面对其他股东的退出诉求,处理不当就会造成内部的纷争,损害大家的共同利益。每当此时,出售便是最佳方案之一,也是回报那段共同创业岁月,实现好聚好散的理想选择。

■ 企业的价值

我们将会在本书第五章系统阐述"如何为你的企业建立量

化的估值模型”这个问题。但从最普遍的认知来讲——相信你也明白——企业的价值是一个动态的概念。更直白地说，企业的兴旺可能需要多年的耕耘与积累，但企业的衰败很可能发生在一夜之间。这种溃败一旦来临，往往比人生命的消亡更加迅猛。你们一定对创业以来的多次危机心有余悸，否则为何总是如履薄冰？

如何守护企业的价值？在大多数时候，你们最常用、事实证明也是最有效的方法就是亲力亲为。因为只有你自己最在乎你的生意，最了解你的企业，最清楚潜在的问题，最警惕未知的风险。无论你想要给自己放个长假，或者把企业放手交给其他人，先问问自己：你真的不会牵肠挂肚？所以，当你决定给自己的人生换个方向时，当你思考如何保障你的核心资产安全时，答案是显而易见的：出售变现后最安全。

何时出售

无论是否在你这一代人身上发生,告别的时刻终究会到来。既然如此,就请放下“要不要出售”的纠结,去思考下一个更有意义的问题:“何时出售?”

首先要记住的一条真理是:主动规划总是比被动接受要好。正如你在生活或者事业的成功中已经具备的经验,主动规划是把控制权牢牢掌握在自己手中,按照自己舒服的节奏,在自己选择的时间点去完成一件已经成竹在胸的事情。出售你的企业不过是一个新的挑战,这条经验仍然适用。你只能“(主动)选择改变”或者“(被动)接受改变”,当后者出现的时候,通常意味着最坏的结果。

主动规划要做的第一件事情就是选择时机。由于每家企业的情况各异,无法在此给出标准答案。然而,关于如何看待时机的问题却有一些普遍适用的原则。

■原则一：看清周期，拒绝贪婪

每个行业基本都会经历导入期、成长期、成熟期和衰退期。从出售的角度，导入期和成长期的前半段并不是本书讨论的主要范畴。当然，这并不妨碍书中的部分观点或方法对正处于这两个阶段的企业同样适用，如图 1-1 所示。

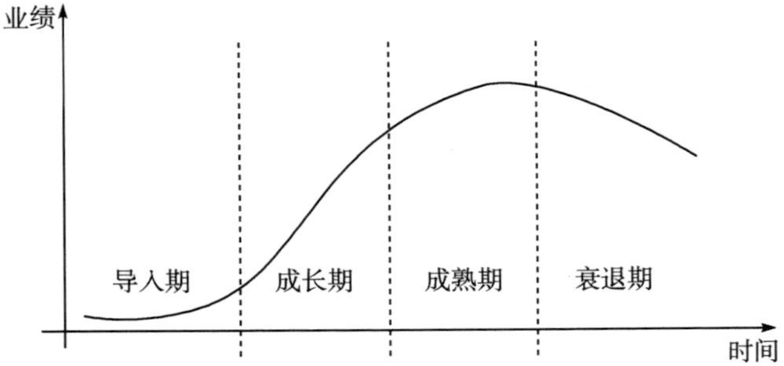

图 1-1　企业生命周期

导入期的公司往往处于商业模式的探索阶段，尚未获得显著的市场认可，财务上的成果也还没有得到充分体现。如果你的公司处于这个阶段，创业类的书籍对你更有帮助。

处于成长期前半段的公司已经建立了较为明确的商业模式，并且经过初步的市场实践证明是行之有效的。收入开始迅速增长，盈利方面迅速突破了盈亏平衡点，业绩进入快速上升期。这个阶段的公司不用急于出售，更加理性的做法是寻求战略投资者，在资金和其他战略资源方面帮助你保持增长势头，继续巩固竞争优势，扩大经营规模。过早出售则会牺牲掉未来红利，非常可惜。

最适合从本书中获得营养的是那些处于成长期后半段及成熟期前半段的企业。在此期间，企业的高速增长已经过去或是即将过去，红利消耗得差不多了，业绩再想突飞猛进也不太现实。此时出售不仅能让你获得最好的价格，你的企业也有可能通过交易融入一个新的平台，在资源的重新配置中突破增长的瓶颈，从而焕发新的生机。

准确判断和识别出现在成熟期中段的"顶部"非常关键。你的行业经验以及顾问团队需要开展的行业研究将为你的判断提供帮助。要特别小心的是：很多人并非缺乏正确的判断，而是在贪婪心态的驱使下抱有侥幸，总希望出售的时点刚好位于周期顶部。

顶部出售的心态是非常危险的。炒过股的人都明白：追求顶部出货的人往往都会招致亏损。企业出售不是一蹴而就的，它需要一个少则数月的实施过程（你会在本书后面的章节慢慢理解为什么需要这么长的时间）。并且，企业出售不是一件一厢情愿的事情，买方的进度以及各种意料之外的变化可能严重拉长你的时间表。靠近顶部再动手的结果很可能就是越过顶部，反而进入衰退期。大环境一旦下行，你的企业要实现业绩增长承诺就会变得异常艰难。

■原则二：客观理性，安不忘危

清楚企业在市场和行业中所处的位置也很关键。正确的心态是：既不盲目尊大，也不妄自菲薄。

在市场经济中，任何一条赛道都存在激烈的竞争，区别只在于你起跑的早晚和中程的耐力。那些认为自己凭借某种特殊的资源，或者专有的技术就能独步天下的想法最终会害了你。成功的企业家无一不是对危险保持敬畏，在经营中如履薄冰的长跑者。从逻辑上来说，哪怕是一个全新的行业，也不会存在无限的容量来善待每一个创业者。就像马拉松一样，起跑的时候人山人海，5 公里以后就开始分化成若干档次的群体，到接近终点的时候就只剩下不到 10 个人角逐金牌。市场竞争同样会经历野蛮生长、头部优势、寡头垄断这么几个阶段。你需要客观评价自己位于哪个档次，冷静对比自己和竞争对手的资源禀赋与发展后劲。这不仅能让你始终保持前列，还能帮你通过与巨头的合作避免被淘汰的命运。

与狂妄的心态相对应的，是一些中小企业的不自信。我常常遇到这样的企业家，他们在面对规模和财力远胜自己的买方时，过早地降低了自己的身段，对买方的要求不加区分地让步和妥协。很多这样的交易最后并未成功，因为良好的合作终究应该建立在平等的基础之上。健康的并购交易应该是买卖双方的共赢，而不是买方对卖方的过度挤压。这种挤压一旦超过了合理的边界，就会演化成买卖双方共同承担的恶果。在本书中，我将会和每一位卖方企业家探讨如何理性分析你的企业价值、如何在自我认知的基础上筛选买方等问题。哪怕你是一个中小企业，你也肯定可以从某个细分市场找到自身的独特价值。买方的欣赏首先源于你的自我觉醒，而这种自我剖析恰好是90%的交易中缺失的部分。

■原则三：未雨绸缪，有备无患

在很多交易中，三年业绩承诺①是常见的前提条件，并且你承诺的未来三年业绩必须呈现增长的势头，因此顶部出售就更加是个伪命题。和买方签署股权转让协议只是迈向成功的里程碑之一。它不是终点，只是一块提示板。它提示你要再接再厉，用未来三年的实际业绩把协议中的“纸面富贵”变成真金白银。很多人在对赌中倒下，根本原因不是买方的迫害，而是自身对于风险的无意识。

正确的态度是直面未来的风险和不确定性。首先你需要理

①业绩承诺是指并购交易中的卖方向买方就标的公司未来一段时间内（业绩承诺期）的经营业绩作出保证。若承诺期内实际经营业绩未达到承诺业绩标准，则由卖方向买方进行补偿（俗称“对赌”）。扣除非经常性损益后的净利润是最常使用的业绩指标，部分交易中也可能由买卖双方约定其他补充性指标。

解风险将暗藏何处，其次你要对风险产生的根本原因有所警觉。更重要的是，你要从对风险的敬畏进化到对风险的度量，再倒推出应对的策略。这些策略必然镶嵌在你的日常经营之中，并且在你准备出售之际就要清楚：用于抵御风险的手段和工具有什么，用哪些，怎么用。

你的意识需要领先你的行动。每一个对出售持开放态度的企业家都应该马上行动。不要等到想清楚了再做规划，而应该懂得“顺势而为”，用“势”去推导“时”，还要注意留足提前量。

上市还是出售

如果你的企业盈利能力突出、发展势头良好、处于行业领先地位，你最纠结的问题想必是“上市还是出售”这道选择题。

其实这根本不算是一道选择题。因为这看似不同的两条路，其实殊途同归。上市就是把你的企业股权切开来卖，而且要切成均匀的等份，然后通过符合法律和监管要求的一套发行办法，让投资者来认购这些份额。本质上，你是在出售股权。出售则是把股权打包卖，绝大多数情况下不需要监管机关的同意，一个愿娶，一个愿嫁，交易便成了。本质上，你仍然是在出售股权。

选择不存在好坏，只有适合与不适合。

■ IPO[1] 并不一定比出售好

抛出这个观点，想必就有很多人不同意了。无论上海、深圳，还是香港、纽约，无论敲的是锣还是钟，总之“咣当”一声响，人生巅峰的感觉就出来了。出售嘛，总觉得差点儿意思。

我写这本书不是为了和人辩论，也不喜欢就两者的比较进行复杂的数学计算，这会严重影响你的观感。因此，我换一种方式来引导你的思考。只要你开始思考，便有意义。

让我们看看金融圈里最聪明的一群人是如何做选择的。

来自西班牙金融研究学院（CUNEF）的学者在 2018 年曾做过一个题为“私募基金退出战略——IPO，出售及二次收购”的研究。[2] 研究选取了全球最著名的 5 家私募基金，分别是黑石（Blackstone，最近 5 年募资总额 829 亿美元[3]）、凯雷（Carlyle，最近 5 年募资总额 638 亿美元）、阿波罗（Apollo，最近 5 年募资总额 290 亿美元）、KKR（最近 5 年募资总额 480 亿美元）和 CVC（最近 5 年募资总额 474 亿美元），选取了它们自 2008 年 1 月1 日至 2018 年 3 月 15 日 10 年间的全部投资退出案例进行分析，得出了以下统计结果，如图 1-2 所示。

---

①IPO 是英文 Initial Public Offering 的缩写，即公司股票的“首次公开发行”。

②PEDRO, Pérez Navarro., 2018. *Private Equity Exit Strategies: IPOs, Trade Sales and Secondary Buyouts*. Thesis (Grado en ADE). Colegio Universitario de Estudios Financieros.

③COLBY, Sophie. September 2019. *PEI* 300 [OL]. Available at: https://www.privateequityinternational.com/database/#/pei-300 [Accessed: 09 Jan 2020].

基金名称	二次收购退出	并购退出	IPO 退出
黑石	22	101	22
凯雷	74	203	39
阿波罗	15	35	15
KKR	15	68	23
CVC	40	74	14

图 1-2　黑石、凯雷、阿波罗、KKR、CVC 退出渠道对比(2008—2018)(单位:件)

结果显示:主流的基金退出方式包含二次收购①退出、并购退出和 IPO 退出三种。其中,并购退出的数量遥遥领先于 IPO 退出!

上述 5 家私募基金在国际市场呼风唤雨,它们投资的项目动辄数亿甚至数十亿美元规模,绝对不存在被投项目够不上 IPO 门槛的可能性。同时,作为"最懂钱"的人,他们的决策是冷血的,一切以利益最大化为导向。他们的选择值得你参考和反思。

■ IPO 在中国的确存在隐性的利益与显性的光环

上市公司在欧美成熟市场不一定会得到特殊对待。国际的

①二次收购中的买方通常也是一家私募基金,这是对发生在私募基金之间的买卖交易的特定称谓。

评价标准相对成熟，企业表现的好坏主要还是靠业绩说话。然而在中国目前的市场环境下，上市公司被赋予了一些额外的“光环”。在某些时候这些光环的确能够变成利益，至少也是便利。上市公司的融资相对便利一些，不仅能从资本市场通过股票增发或者发债的形式进行直接融资，而且银行在给予上市公司授信的时候内部风险偏好也会宽松很多。另外，地方政府普遍也会通过各种形式支持本地上市公司。时至今日，仍然有不少地方还在奉行只要上市成功就给奖励的做法，政府工作报告里面还会把几年之内推动多少家本地企业上市作为政治任务。同时，上市的确有助于提升企业知名度，在市场拓展、招揽人才等方面更具优势。总体而言，上市对公司发展本身来说是件好事。不过请注意：上市对公司而言是件好事，但涉及股东的利益应该怎么算账，那又是另一码事了。

“好与不好”是一种主观感受

适合自己的，让自己感到快乐和满意的就是好，反之就是不好。对于好坏的判断经常都是主观的，这取决于你有没有想清楚自己到底想要什么。

有的人经历了艰苦和忙碌的前半生，虽然成就非凡，却突然发现这不是自己想要的生活。半夜的工作电话让你烦躁不安，焦灼的商务谈判令你心力交瘁，复杂的人事安排让你焦头烂额……这些过去每天的日常不再是激发你斗志的挑战，而成为增加你焦虑的羁绊。其实，并不见得是市场变差了或者生意变难做了，而是你的心态发生了微妙的变化：不知不觉间，继续前行的激情没有了。如果这些“症状”在你身上出现，那么选择上市只会让你未来的人生更加不快乐。上市是个里程碑而不是转折点，你将被放在聚光灯下，接受来自员工、股民、银行、政府、合作伙伴的鲜花与掌声。然后呢？你就更加卖力地埋头苦干吧！因为那些祝贺你的人一大半都是寄望你能带领企业继续走向更大的辉煌，这样大家才能跟着你挣钱。正所谓“能力越大，责任越大”，绝大多数的上市公司董事长在享受了IPO那一刻的辉煌后，变得更忙更累了。

相比而言，出售更像是人生的转折点，它带来的是生活节奏的切换，生命重心的转移，人生内容的重塑。有的人会非常享受这种改变，但的确也有很多人无福消受。此类人最典型的特征是“闲不住”。突然不用去公司巡视了，手机一整天都没响了，连续几天没人请吃饭了，这对于习惯了热闹和忙碌的人来说未必能够适应。当然，你可以培养广泛的兴趣。我认识很多欧美企业家，他们在成功出售自己的公司之后并不是马上退休，而是开始二次创业，投入到新的兴趣之中。也有人转而做慈善，创办非营利性机构，在人生的下半场追求更大的社会意义。不管怎样，如果站在纯粹生意的角度看待出售，这就是在正确的时点做了一笔划算的买卖。它让你过往的心血得到了回报，让你实现了财富自由，并获得了开启其他兴趣之门的钥匙，从此拥有了更多的金钱和更宽裕的时间，使你的生命少一些遗憾。

■ 证券市场的变化

最近两年,中国证券市场发生了巨大的变化。其中一些变化是监管机构的主动改革,是积极推进资本市场走向规范和成熟的正确举措;而另一些变化则是由市场的力量在推动,是资本市场作为中国经济的晴雨表所做出的自然反应。

如下这些变化将会对你的选择产生影响。

1. 估值回归

A 股的估值——常用指标是上市公司市盈率——在最近几年里大幅下降。为什么财经媒体喜欢用“回归”而不是“下降”来描述这种现象呢?这是因为中国的资本市场比较年轻,反映在估值上就是 A 股上市公司的平均市盈率长期高于同类型的海外上市公司,甚至在个别年度存在数倍的价差。举个例子,同样是医疗器械上市公司,美国的估值可能是 20 倍,香港也许是 30 倍,而我们的创业板曾经超过百倍。这种差距更多是由我国特殊的股票发行机制以及市场供求关系导致的,并不一定代表国内的上市公司就比国外的同行优秀。相反,从研发能力、持续盈利能力以及公司治理等多种角度,我国众多年轻的上市公司与国外同行之间还存在较为明显的差距。“回归”的含义就是过去太热,价格超出价值太多,而现在的下降是回归理性,也就是回归公司本身的真实价值。

估值回归带来的直接影响就是 IPO 并不见得是个暴利的事

情了。不少公司上市之初就迅速跌破了发行价,上市之后更需要老老实实地把业绩做出来,否则就会被市场遗忘甚至惩罚。

2. 证券市场改革

最近两年,监管层大刀阔斧地推行新政,许多市场曾呼吁多年却又一直碍于各种原因未能付诸实践的改革措施开始"落地"。我们看到,IPO 发行节奏加快,强制退市制度开始实施,注册制在科创板和创业板成为现实并有可能继续扩大推广范围等。这些新政的背后体现了整齐划一的行政决心:推动各项监管机制的"市场化"改革。能否上市主要取决于你的企业是否优秀,除了必要的合规要求外,不再设置其他的行政门槛或者审批障碍。但是上市之后如果业绩连续亏损,甚至弄虚作假,那么退市的大门也是一直敞开着的。"唯才是举、能上能下"的游戏规则必然激发市场的活力,也会导致上市公司的数量迅速增加。市场上的可投资标的多了,估值水平就会进一步下降。上市公司之间的竞争也会愈发激烈,优胜劣汰的丛林文化将会体现得淋漓尽致。

3. 合规风险陡增

2020 年 3 月,新《证券法》正式实施。其中引发市场关注的核心变化之一就是大幅度提高了对上市公司及其主要责任人在违反合规要求情况下的处罚力度。比如:对于欺诈发行的处罚标准,对尚未发行证券的,罚款由原来的 30 万 ~ 60 万元提高到 200

万~2000万元；已经发行证券的，罚款由占募资金额1%~5%提高到了10%以上、一倍以下；对直接负责的主管人员和其他直接责任人员，罚款由原来的3万~30万元提高到100万~1000万元。对于违规信息披露，明确分为未按规定披露和存在虚假记载、误导性陈述或者重大遗漏两种情形，并适用不同的处罚标准，罚款上限从原来的60万元提高至1000万元。此外，还加重了控股股东、实际控制人的举证责任。修订前法律规定控股股东、实际控制人被证明有过错的要承担连带赔偿责任，新法修改为过错推定原则，控股股东、实际控制人除非能够主动证明自己没有过错，否则都要承担连带赔偿责任。

有企业家戏称上市之后的生活是戴着"枷锁"的探戈。上市之前什么都是自己说了算，商业决策比较简单，要考虑和平衡的维度也相对较少，只要自己认为正确的事情就可以放手去做。但上市之后就不能如此任性，你要考虑市场的看法、回报的周期、对当期业绩的影响，还要顾及披露什么、何时披露、通过什么方式披露。你得转变心态，即使你是上市公司的大股东，也不可能是你一个人说了算。中小股东的话语权越来越大，当他们感觉被无视甚至被牺牲的时候，就会给你找麻烦。每一个上市公司高管对此都有痛彻的领悟：从私人企业转变为上市公司之后，工作量至少增加20%！

第二章

大多数的企业出售是失败的

夫惟无虑而易敌者，必擒于人。

——《孙子兵法·行军篇》

译文：那种既无深谋远虑而又轻敌的人，必定会被敌人俘虏。

失败的定义

“比失败更可怕的，是人们连什么是失败都不清楚。”

也许你暂时不理解这句话的意思，但大多数企业家都没有认真思考过这个问题。

几乎每个人都会把“没卖掉”定义为失败。说得更具体一些，签署了最后的买卖协议就是成功，反之就是失败。

也有极少数人，在决定出售之初，会意识到“没卖好”也是一种失败，而且是一种会在未来的某个时间让你捶胸顿足、心有不甘却又只能无奈接受的失败。这种失败极其常见，国际投行中甚至有一句专门的话用来特指这种失败，叫作“Leave money on the table”，意思就是你把钱忘在了谈判桌上。换句话讲：你卖亏了。

多数案例中，“没卖好”主要包含以下两种情况。

（1）估值未能体现公司的合理价值。当然，这是建立在恰当的预期基础上的。贪婪驱使下的“狮子大开口”并不值得赞赏。如何帮助自己建立正确的估值预期,这是我们留待第五章讨论的问题。

(2)你承担了不恰当的业绩对赌义务。这包含两层含义:一是写入合同的业绩承诺超出了企业的真实能力范围。通常在不达标的情况下就会触发补偿条款。换句话说,到手的钱还没捂热,又还给了人家。这种情况多数是因为对待业绩预测不慎重导致的。二是你承担了比你获得的估值更苛刻的业绩考核。在买卖双方的对赌中,赌的就是未来几年的业绩。业绩承诺越高,估值就应该越高。如果买方只接受低一些的估值,那么要求你作出的业绩承诺也应该相应降低。

除此之外,“没卖好”的情况还可能包括:出售给了并非最恰当的买方导致企业没有获得预期的支持和成长,出售后的裁员或人事调整导致跟随你创业多年的员工与管理层蒙受损失等。

总之,在现阶段,你首先需要理解的是:估值数字仅仅是作为参考的“纸面富贵”,能否“落袋为安”取决于一系列复杂交织的交易条款。评价交易成功与否也不在签约之时,而应当是在若干年后。

常见错误

绝大多数的出售是企业家的第一次,也是最后一次,错误是在所难免的。但需要警惕的是:这件事情对你极其重要,而你又几乎没有第二次机会。因此动手之前,多了解一下前人失败的教训总是好的。

卖方企业家常犯以下七类错误。

■错误的预期

大多数人都不重视出售规划,因此也就缺失了规划阶段最关键的步骤——“建立正确的预期”。由此带来的结果就是你接受了一个坏的方案,或者错过了一个好的方案。出现前一种情况通常是因为没有充分接触市场上所有可能的买方,没有意识到自己的企业对于特定买方可能具备的战略价值，忽视了自己企业的闪光点，从而只能获得一个不够圆满的结果。而出现后一种情况就更加可惜。上佳的交易方案背后体现的是买方足够的诚意，但由于你并未意识到这一点，却对买方抛来的橄榄枝显得意兴阑珊，你认为对方还会一直追求和等待吗？优秀的买方从不放过好机会，但也从不缺乏好机会。

为何你人生中每逢重大决策都非常“果断”，可面对出售却犹豫不决呢？原因有二。

(1)这可能是你最重要的一次财富变现机会。这件事干系太大，对你太重要，因此“关己则乱”。

(2)决策的前提是正确的认知。既要知道最好和最坏的情况是什么，也要知道应对的手段有什么，如此你便能从容淡定。然而事实正相反，多数时候是未知带来了焦虑，而焦虑演化成了恐惧。因为恐惧，买卖双方的关系就很可能演化成彼此猜忌、互相提防，甚至激烈对抗。

■ “大不了就不卖了”

“大不了就不卖了！”我接触过的企业家基本上都说过这句话。然而……

仅仅将其当成玩笑话还好，若是真的这么想，那就危险了。

你作出出售的决定必须慎重，因为绝大多数时候开弓没有回头箭。具体表现如下。

(1)将会有很多人获悉此事。迅速成交的话影响有限，如若始终悬而未决，市场上就会长期流传着你在出售企业的消息。请问：你的客户会怎么想？供应商会怎么想？员工会怎么想？

(2)启动出售可能伴随着一些成本，并且部分操作是不可逆转的，最典型的就是账务的梳理和税务申报的规范化。

(3)你心中的门一旦打开，再要关上也会很难。也许你现在不承认，但等到几个月后，在付出了极大的精力与成本，也接触了若干买方之后，相信我，你的心态会发生微妙的变化。作为旁观者，我经常目睹这样的案例：买方在谈判的最后阶段压低了估值，提高了对赌，还捆绑了其他不合理的要求。卖方企业家虽然愤愤不平但最后还是在协议上签下了名字。虽然觉得有些可惜，但我对卖方的决定表示理解。因为经历了整个出售过程的艰辛与折磨之后，只有极少数人能在最后关头有勇气放下，或者选择从头再来。

■边干边学

改革开放中有个“黑猫白猫”的理论，几乎所有企业家都有

"摸着石头过河"的经历。于是不少人想当然地把这种方法套用在了企业出售上面。然而这其实行不通,原因有三点。

(1)这毕竟是个专业性较强,并且横跨金融、法律、财务、税务等多个领域的复杂工程,短时间内你学不会。所以本书中我们倡导的观念是:企业家"明道识人"最关键。"道"决定了方向,一旦方向错了就会事倍功半甚至一败涂地。"术"固然也重要,但对于指挥官来说,用对人比亲自做事更有效率。

(2)边干边学其实就是"试错"。试错的前提是你有很多次机会可以挥霍。譬如,你刚开始推广产品的时候找过很多人,这个人不买你就换个包装、改改话术去说服下一个人。但是很遗憾,现在面对的企业出售这件事情容错的空间极小,潜在的损失又极大。

(3)想要卖得好,需要提前梳理和调整。即使部分的调整也需要充裕的时间,而非一蹴而就。部分的工作也是不可逆的,所以方向不能错,一旦错了想要改回来并不容易。

■交给中介就可以了

作为顾问,遇到能给予自己充分信任的卖方客户当然是幸运的。然而我并不鼓励卖方这么做。

企业出售不是一个中介机构有能力独立完成的项目。如果有人吹嘘他可以,那么这个人一定不靠谱。你应该全程参与交易,监督和管控整个过程。虽然这会比较辛苦,但毕竟这是你毕生最重要的事情之一,辛苦也是值得的。我们会在第五章介绍如何包装你的企业。现在你只需要理解:包装不是简单地喊喊口号,也不是堆砌一些时髦的概念。包装的含义是立足于事实的基础,挖掘企业的亮点,寻找数据的支撑,发现最佳的角度,从而编织出一个逻辑严密的投资故事。这个故事要像好莱坞电影一样让投资者感到兴奋和期待,并且让那些眼光挑剔的人也找不出漏洞。这是一个琐碎又漫长的准备过程,怎么可能由一个"外人"独立完成?这就好比你要出一本自传,口述者必须是你自己,而中介机构只能是执笔者,负责进行全面的记录和忠于你本意的润色。

我们还会在第五章讨论估值。对你最有利的估值方式必须以未来的业绩预测为基础。但预测不是"拍脑门",而是基于历史数据的合理展望。任何预测的底层逻辑是你的经营策略,而这正是你在经年累月的企业管理中与你的团队反复实践和探索出来的,体现的是你独一无二的商业智慧。请问:把这个交给中介机构去胡编乱造合理吗?我们在第八章还会讨论如何与买方谈判。谈判的焦点之一就是:关于你说的未来,到底是个虚无缥缈的幻影还是脚踏实地的目标?经验丰富的买方能够很轻松地拆穿那种不负责任的"业绩预测"。相反,由你亲自参与、根基扎实的预测不仅能够增强你的谈判信心,还能把信心传递给买方,成交的把握便能大增。

■缺乏过程控制

“过程控制”是一个制造业的概念，相信绝大多数企业家对它的重要性都深有体会。过程控制的核心目的之一是减少误差。为了避免产品的缺陷，就应该进行合理的产线布局，设置关键的检查节点，具备可靠的控制工具，并制订完善的管理办法。过程控制对生产管理的启示是：好的结果源自好的流程。

企业出售要想成功，也需要向制造业学习，进行精细化管理。在这里，流程同样关键。虽然每个案例不同，但对于有经验的顾问而言，必须拥有一套普遍适用的工作方法和质控体系，从而能够确保交易中间的各项工作目的明确，并且环环相扣。但是我们在实践中最经常看到的却是各种“碰运气”。无论是搭建团队，还是寻找买方，或者是制订最后的交易方案，很少见到由事先的周密计划所带来的必然结果。具体来说，我看到最多的错误包括不做整体规划，没有分解目标，缺乏评价指标。到头来，一本糊涂账，自毁毕生心血。

■后院起火

《孙子兵法·虚实篇》有云：“故善战者，致人而不致于人。”

意思就是要善于调动敌人，而不要反过来被敌人牵着鼻子走。在很多并购交易里，买方以金主身份自居，常常是掌握主动的一方。这对卖方非常不利。如果卖方事先没有整体的规划和掌控全局的技巧，就难免落入买方的节奏，被买方的各种要求搞得应接不暇。由此带来的直接伤害就是你的精力受到交易的严重牵制，而不能再像以往那样专注于企业经营。而一旦后院起火、业绩波动，买方正好抓住机会压价，让你有苦说不出。所以，你必须要对出售交易的难度做好充分的心理准备，它至少需要经历几个月的过程才能完成。在此期间，你必须两线作战，经营一定不能放松，因为这才是你在谈判桌上最根本的筹码。

■ 急不可待

性子急的卖方企业家比比皆是。他们经常是决定出售之前犹豫不决，决定之后又焦躁不安，恨不能几天之内就签约收钱。一些不靠谱的中介也经常利用卖方这样的心态钻空子，拍着胸脯说明天就给你介绍某某上市公司董事长一起吃饭。饭确实吃了，碰杯的时候确实也称兄道弟，饭桌上顺风顺水得好像只差签合同了。然后呢？你可以去问任何一个有过出售经历的朋友。他会告诫你："性子都是被磨平的！"试想，一个交易动辄数亿元，绝非儿戏，怎么可能见个面、喝个酒，中介敲敲边鼓、说几句好话就能成交呢？交易也是心理战，你越着急，对手越不急。好的猎手都懂得等待，在并购这件事情上，买方上市公司比你有经验得多。所以，无论你急或不急，交易都至少需要数月才能完成。交易的快慢固然重要，但结果的好坏才是重中之重。为什么不沉下心来，做足准备，去博得最好的结果呢？

第三章
回归销售的本质

是故胜兵先胜而后求战，败兵先战而后求胜。

——《孙子兵法·形篇》

译文：所以，打胜仗的军队总是在具备了必胜的条件之后才交战，而打败仗的军队总是先交战，企图在战争中侥幸取胜。

回顾一些你已经熟知的销售哲学

有这样一种说法："每个老板都是了不起的销售员！"想必你也深谙销售之道，只要面前是你的产品或者服务的潜在用户，我相信你将会条件反射般信心十足。企业出售本质上也是销售，只不过换成了一种特殊的商品——你的公司股权。不过没关系，看完这一章，你就会发现卖产品和卖企业之间有非常多的共通之处。

也许每家公司的产品不同，每个老板的风格各异，每个王牌销售的撒手锏各有千秋，但是如下的一些原则具有较为普遍的通用性。

■原则一：了解你的产品

了解你的产品，核心是想清楚三个问题：它解决了什么痛点或者问题？通过什么方式解决了这些问题？为谁解决了这些问题？这三个问题的答案将会分别定义你的产品价值、产品特性与目标用户。

客户通常不会为“产品”埋单。因为产品只是按照你的意愿或者判断生产出来的东西，但客户没有义务必须认可你的意愿或者判断。客户只会为“价值”付费。价值的体现必须是能够解决某种问题，或者满足某种需求。

产品特性是解决这些问题的具体方法的集合。客户看见的是产品，但他们很难自己主动去发现或者完整地感知这些方法。因此，销售人员需要把产品背后的功能清单拆解展示给客户，甚至需要营造特定的需求场景进行情景分析，加强客户的代入感，从而增进他们的认知。

对你而言，价格是生产成本加上你想要的利润之后得出的一个数字。但对客户而言，价值更多的是一种主观判断。有的人认可，有的人不认可，有的人更加需要，有的人没那么需要。给“目标用户”画像非常重要，需求的错配只会导致你把时间浪费在错误的人身上。

问问自己：假设你是买方，收购这间公司能够达到什么目的？如何达到这些目的？

注意不要陷入自我陶醉的误区，要学会区别“需求”与“伪需求”。什么是“伪需求”呢？

比如你拥有一家高新技术企业。高新资质是稀缺的，因此你想当然地认为市场上有很多买方会冲着这个资质收购你。这种模糊的、泛化的认知就是“伪需求”。但这并不是说这个资质没有价值，而是说你针对它的思考不够深入，导致你并不知道如何利用这种优势来为你的出售交易增加筹码。大好资源就是如此地被浪费掉了。

真正的需求是具体的，在并购交易中通常代表可量化的价值。比如：

你的企业之所以通过高新资质的评审，是因为它拥有几项核心专利。这些专利突破了什么技术难点？这些难点是行业普遍面对的瓶颈吗？这种瓶颈是造成了行业成本居高不下还是导致产品性能止步不前？你标榜的技术突破得到了哪些业界权威的认可？……（你的技术优势分析）

领衔技术开发的是内部专家还是外聘团队？专利持有人是企业还是个人？他（们）加入你的企业或者与你合作已有几年？他（们）的薪酬待遇具备市场竞争力吗？你们之间是否签署过排他性协议导致他（们）无法被你的竞争对手挖走？……（你的人才优势分析）

这些专利是处在可研（即可行性研究）、试生产还是量产阶段？还需多久才能量产？你还需要每年持续投入多少研发费用？量产后能带动多少收入增长或者成本节约？如果你即将推出换代产品，你预计与现有产品的重叠期会有多长？你的竞争对手将做出什么反应？在竞争对手追上你之前，你预计能享受多长时间的红利期？期间的毛利润率能达到多少？新产品能否与现有产品共线生产？如果不能是否需要产线升级？需要多少升级投

资？……(你的财务影响分析)

你的竞争对手是谁？你的产业上下游有谁？谁虽然与你不在一个行业但是与你服务的目标客户高度重叠？假设他不收购你,而是自主研发,需要花费多少时间、多少成本？市场上存在可以为他工作的其他专家吗？研发成本加上错过的市场红利一共价值多少钱？……(潜在买方的思维方式模拟)

上面列举的问题只是一些抛砖引玉的例子,远远不够完善。即使如此,请问:你有如此细致地思考过吗？如果没有,你就会陷入“差异化陷阱”之中。事实上,每个企业都是独一无二的,能在残酷的市场竞争中生存下来的企业肯定都是找到了适合自身特点与能力的生存空间。但是,如果你不经过深度思考,不把你的差异化定位充分展示出来,就难免沦为买方眼里的“其中之一”。这个问题在中国并购市场尤其突出。所谓投资题材,就是一些“标签”,比如“新材料”“物联网”“大数据”等。这些标签虽是买方进行检索分类的一种常用方法,却是卖方的噩梦。因为常听中介机构或者买方上市公司说:同时在看的有 3 个新材料标的、5 个物联网题材、8 个大数据企业……如果你不主动挖掘“差异”,他们就会为每个标签组进行统一报价。很多情况下,你就是如此“被平均”的。经常有企业家对此愤愤不已,抱怨买方有眼无珠,认为别的标的公司根本不配被拿来和自己作比较。那么,既然不甘心,为何不改变呢？

■原则二：了解你的客户

这条销售原则贯穿销售行为的始终，对于销售能否成功同样具有关键性的影响作用。

1. 好的销售员懂得“预判”

每次走进世界各地的奢侈品专卖店，无论是卖珠宝、服饰或是箱包，我都会留意观察店里的销售人员。一般来说，年轻的导购会带着灿烂的笑容迎上前来，热情地询问我想要挑选什么。有的时候，这是一个略显尴尬的场面，因为我相信走进专卖店的人有相当一部分并没有特别具体的目标。所以经常我只能礼貌地摆摆手，说自己先随便看看……而经验丰富的销售主管不会这么急于和顾客发生接触，她会带着得体的微笑和每一个进店的顾客保持偶尔的眼神交汇。更多的时候，她像一个安静的猎手仔细观察着顾客。观察的过程就是凭借她的销售经验进行“预判”和“假设”的过程。她需要在凑近与顾客聊天之前建立一个基本的客户模型：这个人目测年龄多大、什么职业、收入高低，是给自己还是给别人挑选礼物，送礼的对象是男人还是女人，可能和他是什么关系……此时的预判决定了接下来她和顾客打招呼的时候聊什么才对。好的销售让客户感到舒服自在，准确的预判能让客户收获意外的惊喜，从而沟通的话题越来越能打动顾客。我们常用“会聊天”对其表示称赞。其实这个“天”真不是瞎聊出来的，而是建立在精准预判和充分准备的基础上，是一个销售人员历经多年的打磨所锻炼出来的专业能力。

2. 好的销售懂得“测试”

预判需要经过测试才能去伪存真，让用户的画像更加清晰。你甚至需要在测试的过程中进行递进式的假设，衍生出更多不失礼貌且能获取关键信息的问题。善于提问是一种重要的销售能力。愚蠢的问题就比如上面说过的“您要挑选什么”一类，这经常是制造了尴尬而不是拉近了距离。聪明的问题大多围绕两个关键目的：发现核心需求和引导客户认知。如果说预判是建立一个初步的用户画像，把客户的各种可能性较高的潜在需求划定一个范围，那么测试就是要在与客户的问答互动中缩小这个范围，并争取锁定客户的核心需求（或者称之为关键痛点）。接下来的工作就是建立这个核心需求与在售产品之间的连接，令客户欣喜地发现这个产品刚好能解决自己的问题。

3. 好的销售重视“转化”

英文里面有个词叫作“window shopping”，特指那些只看不买的“橱窗欣赏”行为。无论是商品出售或者企业出售的场景中，这种行为方式都非常普遍。销售是一个典型的结果导向的工作，每个商店的服务人员数量在大多数时候都会少于络绎不绝的

"顾客"数量。这里为什么给"顾客"二字加引号呢？因为只有最后掏钱完成购买的才是真正的顾客，目前只能把人群中的每个人称为"潜在顾客"。如何练就火眼金睛找到那些有效顾客不是我们要在这里展开讨论的问题。现在你只需要明白一个道理：一旦销售把精力浪费在错误的目标身上，就可能因此错过一个真正的顾客。不要试图争辩说你可以同时服务很多人。真正的顾客在感觉被怠慢的时候一定会拂袖而去，因为他认为自己口袋里的钱配得上更好的服务。

在中国并购市场，多数卖方企业家或者他们的顾问在交易过程中的表现就像上文中那个青涩的销售员。

没有丝毫冒犯的意思，仅仅陈述一个事实：相当多的上市公司都属于只看不买的类型，至于其他类型自称"买方"的机构就更是如此了。他们游走于市场，碰到每个标的都要随便看看，还点名"请你们老板出来聊聊"。然后便没有然后了。我敢打赌，几乎每个卖方企业家都碰到过至少一两个这种类型的买方。请问各位企业家：你的企业大门为何那么好进？你的时间为何那么好约？你有没有问过要见你的人是谁？他为什么对你的企业感兴趣？他表达的兴趣有逻辑吗？符合行业现状吗？他们具备足够的实力收购你的企业吗？市场上有他们的负面消息吗？要见你的这个人他能决策吗？

在企业出售中，"预判"就是要化被动为主动，不要被动等待买方上门，而要主动分析自己的企业对哪些潜在买方最有价值。"测试"就是要建立一套完善的筛选方法，通过有目的性的沟通来增进对潜在买方的了解,同时将不合适的对象拒之门外。“转化”就是每项工作都要围绕成交这个中心目标,要积极掌控局面而不是一味顺从与配合买方的要求。

这确实是一种市场怪象:不管多么优秀的卖方企业家,一旦开始出售,就很容易被买方牵着鼻子走。反过来说,上市公司作为买方却是畅行无阻的。即使自身危机重重,想见哪个标的老板却基本上不会被拒绝。更直白地说,优秀的卖方没有挺直腰杆,不靠谱的买方却能游刃有余。对大多数卖方而言,“失控”往往是失败的前奏。

合格的卖方财务顾问应该担当起这个销售的角色。我将在第四章和第六章介绍卖方财务顾问如何充当你的“看门人”,并将会分享一些实用的技巧,使你在不冒犯买方的情况下维持良性的沟通互动。在这里暂时不需要掌握具体的方法,而是要理解采用正确方法的重要性。

■原则三:谈判是客户寻找合理底价的过程

谈判的本质不是客户在压价,而是客户在寻找合理的底价。作为销售的关键不是降价,而是如何塑造出顾客认可的底价。这是所有谈判技巧的核心所在。

如何实践这条原则?好销售会告诉你如何去做。

首先,你需要慎重选择谈判的对象。价格沟通出现在不同的阶段，可能意味着完全不同的结果。第一种情况，客户不看品质、不问性能，上来就问价格，只关心打几折，并询问还能不能再便宜点。这样的场景想必任何人都不陌生。顶级的销售人员会迅速远离这样的顾客。因为要么他们砍完价还是会离开，要么他们只贪图便宜，而你的产品好坏对他们而言无关紧要，此时妥协就意味着贱卖。第二种情况，客户仔细了解你的产品，认真听取你的介绍，反复欣赏和体验，最后才聊到价格。这个时候的谈判，代表初步的评价已经符合预期，只要价格谈拢便能成交。要取得成功的销售就需要把精力花在第二类顾客身上。因为你很难改变人们的思维方式，你也没必要浪费时间去说服错误的人。**完成销售最有效的方法就是把对的东西卖给对的人。**

其次，你需要清楚自己的底价，并且这个底价需要充分的理由来支撑。任何买方都担心买贵，这导致了任何交易中价格谈判都必不可少。除非极个别的场景，买卖谈判在大多数时候是个讲道理的沟通，而非针锋相对的争吵。好的销售人员既能坚持自己的立场，又能体谅客户的顾虑。客户如果诚心要买，通常也不会坚守一个价格。即使坚持，往往也是谈判的策略，目的还是试探卖方的底线。因此，能否向客户传达明确的态度，取决于是否建立了清晰的自我认知。底线模糊的销售人员常常深陷于无止境的讨价还价，却往往倒在距离成功咫尺之遥的地方。

另外，促成客户认可底价，就是一个引导客户认知的过程。你需要学会用客户的立场去思考和沟通。多数时候，顾客重视自己说的话和自己所得出的结论，而不重视被强加给他们的观念。

青涩的销售人员常犯的错误往往是自说自话，并且对自己得出的结论誓死捍卫，这除了制造双方对立外并无其他任何好处。顶级销售人员却善于把自己想说的话借顾客之口说出来，并变成他们自己的结论。

在企业出售的交易中，上述原则通常没有得到坚决的执行。这导致在很多人看来，和谁谈、怎么谈、什么情况下应该果断终止谈判都是随机事件。事先既无准备，事中也是随性发挥，由于缺乏正确的原则，能谈成什么样也就成了赌运气。

企业出售更需要选择谈判对手。因为交易规模更大，决定了多数“兴趣方”并没有能力成为有效的“买方”。因为上市公司中同样存在捡便宜的心理。与这样的对手沟通，只会浪费你的精力，而且不可能取得满意的结果。

同样，你也需要清楚自己的底价。然而，企业出售的底价是个比商品底价更难界定的问题。绝大多数企业家从未接触过什么是估值，也不明白估值的逻辑和企业经营的关系具体是什么。目前的交易中，主动为企业估值的卖方并不多，主动提供这项服务的顾问也不多。大家都很急，急着对接买方，急着谈交易方案，急着聊价格。可是，离开了细致的估值工作，你就无法建立合理的价值预期，更无法定义自己的谈判底线。

如果缺乏正确的自我认识，你就很难引导别人的认知。很多交易中的谈判举步维艰，难就难在卖方的报价买方不认，卖方的理由买方不信。大家往往通过复杂的交易结构以及严厉的惩罚机制来为这种不信任和不放心寻求心理安慰。但那些失败的交易一再证明:惩罚机制治标不治本。买卖双方要解决的根本问题是实现对标的企业实际经营能力的合理评价。每一个卖方都掌握着有关自己企业的全面信息,然而多数信息是碎片化的,既没有形成整体,也没有形成观点。所以我们经常看到的是,卖方企业家只能定性地描述自己企业如何好,却很少能定量地证明自己企业怎样好。这样的描述形同空洞的口号,肯定达不到引导的目的。

房子还是艺术品

常听很多人把卖企业和卖房子作类比，一些缺乏专业能力的中间人也经常把自己的工作比喻成房产中介。在我看来，卖企业更像卖艺术品而不是卖房子。从事卖方财务顾问的中介机构也应该让自己向佳士得①或者苏富比②看齐，而不能像房产中介一样工作。

①佳士得(Christie's)是全球最著名的艺术品拍卖行之一，由 James Christie 于1766 年在伦敦创办。该公司通过遍布全球46 个国家和地区的办事处每年举行约350 场拍卖会。

②苏富比(Sotheby's)是世界上历史最悠久的艺术品拍卖行，由 Samuel Baker 于1744 年在伦敦创办。该公司在全球拥有约80 个办事处，年销售收入超过40 亿美元。

■房子和艺术品的差别

1. 价格范围

绝大多数房子的价格比不上奇珍异宝。价格越高,成交越难,因此艺术品交易需要更专业、更用心、更讲究方法。另外,绝大多数房子在市场上可以找到非常接近的参照物,比如同一个社区、同样的朝向、同样的户型等,这就导致参数相近的房源价格差异不可能很大。然而,很多艺术品的典型特征就是世上只此一件,因而定价方面的弹性就特别大,卖得好与卖得不好之间相差数倍甚至百倍。

每个企业都是独一无二的。你必须这么认为,并以此为原则进行出售准备。当成艺术品那样卖,你的目标就是获取最好的估值。而若当成房子那样卖,就会出现我们在前文中提到的情况:你的企业会被拿去跟一些并不恰当的其他公司进行类比,从而导致"被平均"。

2. 机会成本

机会成本是一个经济学概念。它指的是你为了得到某种东西而必须放弃的另一些东西的最大价值。机会成本通常存在于需要作选择或者决策的时候。由于你只能从多个选项中选择一个,因此一旦选错,你的损失就是错过那个正确的答案。

卖房子的机会成本通常不会太高。这主要有两方面的原因。

(1)价格区间较小,不可能说你选择了一个100万元的报价,而实际上有人愿意出200万元。所以价格上你并没有放弃什么。

(2)房产交易是一锤子的买卖,买卖双方成交之后未来不会再产生交集。所以不存在交易对手的对错问题,价格几乎是唯一的决定因素。

艺术品销售的机会成本则高得多。市场上具备充足实力的买方数量是有限的,其中识货的就更少。早在几百年前,为了避免错过出价最优的买方,拍卖商们就会事先认真准备一份潜在买方的名单,然后邀约他们在某个时间聚在一起参加拍卖会,并且买方需要提前缴纳一定金额的保证金以证明自己的资金实力。

卖企业的机会成本甚至比艺术品还高。出售失败经常伴随着商业机密的泄露、核心员工的流失,出售失败的原因也会演变为不同的谣言版本在市场上广为传播,从而导致企业经营遭受损失,二次出售也变得非常困难。同时,大多数的企业出售中买卖双方不是一次性的关系。买方可能在之后的几年中分多次完成收购,可能要求卖方进行三年业绩对赌,如果卖方股东本身也是核心管理层则可能被要求长期留任等。并购交易中的买卖双方通常都会在签约后的一段时间朝夕相处。其间,买方的后续付款能力可能发生变化,买方自身的麻烦可能把卖方拖下水,也偶见不诚信的买方拒绝遵守谈判期间的承诺,从而影响标的企业的健康发展……成功签约只是里程碑,而不是终点。绝大多数案例中,卖方的经济利益并不能在签约之后马上"落袋为安"。企业交易就像婚姻,选错配偶便会导致长期的不幸。

3. 信息渠道

房产销售的信息渠道相对丰富和透明。美国、加拿大、澳大利亚这些国家早就有行业协会通过"房源信息共享系统"(Multiple Listing Service,即 MLS)来保证全国范围内的房源信息准确及时。中国房产销售市场的发展相对滞后一些,但最近这些年在部分行业龙头以"真房源"为核心宗旨的不懈努力下,市场的信息化建设取得了长足的进步。相信大家对此都有切身感受,现在无论买房还是租房,找房源、比价格都比以前方便多了。这带来的最直接好处就是降低了信息不对称,价格严重偏离价值的情况越来越少。你可以回想一下 21 世纪初的买房或者租房经历。那时候吃亏上当的人很多,而且主要就是吃的信息不对称的亏。

艺术品销售则不然。苏富比至今仍然保持着它的神秘感。尽管互联网不停地向这个行业进行渗透,但是至今也没听说在世界上某一个地方出现了大规模的类似房产交易平台这样的艺术品在线交易市场。如若不信，你可以随便去网上搜索。你能找到的在线交易市场最多出售价格十几万元、几十万元的奢侈品或者新派艺术家作品。但是，你能找到伦勃朗、达·芬奇吗？你能买到北宋汝窑、清乾隆青花里的珍品吗？艺术品的销售模式延续百年，没有像房地产一样被互联网颠覆，其核心原因在于出售商品的“标准化程度”。标准化，在一定程度上等同于数据化。房屋的建筑面积、使用面积、楼层、朝向，卧室、卫生间数量，周边超市、医院、地铁的数量与距离等。这些参数都包含数据，都是一些可以被用来进行横向对比的标签。并且这样的对比的确具备实际意义，基于对比的价格形成机制也是相对简单和成熟的。再看艺术品。你可能常听业内人士宣传某件拍品的时候着重强调这是“孤品”，也就是没得比，所以比不了。作为买方，就很难借助一些标准化的“标签”在自己脑中建立基本的“认知模型”，很难判断拍品的真伪，也就很难锚定一个恰到好处的出价。于是，懂行的艺术品买方非常挑剔渠道，渠道不靠谱的拍品基本不碰。久而久之，艺术品销售行业的两极分化越来越严重。国际上的佳士得、苏富比，中国市场的保利①、嘉德②强者恒强，后来者想要撼动它们的江湖地位基本不现实。

①北京保利国际拍卖有限公司成立于2005年，隶属于中国保利集团，是中国市场的顶级拍卖行。

②中国嘉德国际拍卖有限公司成立于1993年，由著名企业家陈东升创办，是中国文物艺术品拍卖市场领跑者。

企业出售的神秘感，至少从它本应具备的属性来说，应该比艺术品有过之而无不及。那些在华尔街搅弄风云的并购专家们，被业内称为“造雨人”（Rain Maker）。他们的普遍风格是行事低调、独来独往、口风极紧，但操盘的经常是几十亿甚至上百亿美元的大交易。经常可见，改变行业格局的交易在没有任何预兆的情况下突然宣布，令业界错愕。其实根本不是人家谈得快，很可能谈判过程已经持续了多年，只是各方专业性极高，保密性极好，导致外界毫无觉察。相比而言，中国并购市场还处于初级发展阶段。企业出售的信息在微信群中被随意转发，个别机构动不动就敢拉出来一个“在手项目清单”，更有自称“颠覆者”搞出来互联网化的“项目撮合平台”，以为可以提高交易效率。凡是认为并购项目可以通过微信中的寥寥数语进行概括介绍的，凡是认为标的企业可以进行一些标签分类从而实现标准化的，凡是像房产中介一样忙于带客看企业的，都是不专业的行为。而被这样的行为伤害最大的，便是卖方企业家们。

■ 艺术品领域销售原则

你应该把自己的企业当作艺术品来珍视。因此，在上一节分享的几条普适性的销售原则基础上，我们还要补充几条为艺术品领域量身定制的原则。

1. 好东西也需要好包装

我们先来讲一个真实的故事。

2017 年 11 月 15 日，纽约佳士得以 4.5 亿美元的天价成交了达·芬奇的作品之一"*Salvator Mundi*"（中文译名：《救世主》）。但具有讽刺意味的是：就在 2005 年，这幅惊世之作在美国的一个小型拍卖会上被认为是复制品，仅仅以不到 1 万美元的价格成交！这期间究竟发生了什么，导致这幅画作不仅摘掉了复制品的帽子而且价格还上涨了几万倍呢？

它的命运转折点发生在 2007 年。这一年，它的主人把它交给了纽约大学美术学院修复中心，由一群顶尖专家对油画进行大规模的修复，并详细记录了作品的保存状况和修复过程。研究人员运用红外线成像技术，发现画作所用的颜料、媒介和技法与达·芬奇在同一时期的典型技巧完全吻合，从而确认该作品出自达·芬奇本人。2013 年，俄罗斯富豪德米特里·雷博洛夫列夫以 1.275 亿美元的价格将此画收入囊中，之后又在 2017 年卖出。雷博洛夫列夫选择了全球最知名的佳士得公司作为出售代理，在 4.5 亿美元的成交价中，5000 万美元是支付给佳士得的佣金！

一幅传世经典的名誉曾经被怀疑、被侮辱、被埋没，只因为选错了出售的方式和地点，本质上就是缺乏般配的包装。你也可以尝试把家里的名牌手包放到菜市场门口的地摊上，看看有谁相信它是正品。所以，当你的企业出售信息在各种微信群中散播时，希望你不会对买方质疑的眼光或语气感到气愤。

《救世主》的救赎离不开纽约大学的专家们。达·芬奇流传于世的作品不超过20件,人们当然有权利质疑它的真实性。一味地标榜自己有多好没有任何意义,你需要沉下心来寻找那些让人无法辩驳的证据。企业出售同样如此。你需要更多的耐心,投入更多的时间去归纳你的"技法",突出你的"颜色",编织你的"故事"。所以,那些随便拼凑一些现成的资料便开始出售的行为,是伤害,更是从一开始就为自己贴上了廉价的标签。

《救世主》的重生同样离不开它的两任主人。如果前任主人没有坚信它的价值,没有把它交给纽约大学进行深度研究;如果后任主人雷博洛夫列夫没有支付天价佣金聘请佳士得对它进行全面包装,没有放在纽约这个财富中心进行拍卖,就一定不会有创纪录的成交价格。同理,你在出售自己的企业时也应该保持高度的自信,要耐心接触和寻找能够欣赏它的价值并且最有能力协助你成功完成交易的代理人。要坚信,只要是真的、好的、稀缺的,那么就应该配得上一个好的价钱。

最后,最重要的一点:4.5亿美元的价格主要归功于达·芬奇,而不是佳士得,也不是油画的两任主人或纽约大学。除了达·芬奇以外的其他所有人,只不过花费了巨大的精力去证明它真的出自达·芬奇之手。我想说的是:包装不是弄虚作假,你的企业首先必须品质是好的,包装的作用底线是避免它被贱卖,售价如能再高些则是锦上添花。

2. 谁做你的代理人结果差异很大

在《救世主》这幅画的生命中，纽约大学美术学院修复中心和纽约佳士得都从不同角度扮演过代理人的角色。如果没有他们，相信无论油画的两任主人再怎么努力，也很难获得最后空前的成功。

（1）代理人是价值的“发现者”。

其一，术业有专攻。虽然油画的主人坚信它是珍品，但这种坚信只是一种他自己内心的信念，是一种感觉，一没有证据，二不足以影响他人。而代理人的工作就是运用专业的工具或知识，从蛛丝马迹中寻找证据。就像这个例子中，外行人是不会懂得如何运用红外线成像技术进行鉴定的。在企业出售中，经常有不耐烦的老板反反复复标榜自己企业样样都好，却从来不肯花时间去证明为什么好，因而这样的吆喝基本上都会失败。其二，中国有句老话叫作“当局者迷，旁观者清”。我从未遇到一个企业家能够完整地把自己企业的所有亮点总结出来。因为那些日复一日的经营细节就像吃饭睡觉那样自然而然，蕴含其中的金子就会被忽视，从而遗漏那些有助于获得更高估值的筹码。代理人则比你更适合充当价值的发现者，因为能站在一个相对客观独立的角度来发现你的企业的闪光点。

(2)代理人是价值的“翻译者”。

价值能否体现为价格,关键在于买方认不认。买卖双方的谈判经常出现“鸡同鸭讲”的尴尬。大家都说着同样的语言,但又好像使用的是完全不同的语言。在很多交易里面,卖方企业家可能会选择亲自上阵,以为能像日常做生意那样披荆斩棘。结果你很快就会发现,对面的上市公司玩的套路截然不同。人家是一支包含投行、律师、会计师、评估师的“正规军”,轮番上阵跟你打。这种“语言不通”的问题很快就会暴露出来。你发现投行跟你谈“股份现金的比例”,会计师找你要资料做“穿行测试”,律师反复检查你的“权属完整”,评估师拼命质疑你的“业绩假设”……因为不理解,你可能误会对方是故意找碴,所以拒绝配合。对方中介机构由于无法开展工作,加上和你可能发生一些言语冲突,于是便回禀买方管理层说“这个项目不靠谱”。其实大家都没错。你不懂资本市场的语言情有可原,对方团队忠于职守也无可厚非。你们之间只是缺一个“翻译者”,而这个角色最好由你聘请的卖方财务顾问来担任。

(3)代理人是投资故事的“讲述者”。

IPO 也好,并购交易也罢,都是讲述一个关于标的企业未来发展的故事。投资者如果觉得这个“故事”精妙绝伦并且逻辑严密就会掏钱,否则就会放弃。价值发现的过程就是在为故事准备“素材”。然而光有素材是不够的,因为素材只是故事的原材料,假如毫无条理地堆砌在一起,这个故事就很可能会枯燥无味,甚至前后矛盾。我国资本市场对“故事”的理解普遍有些偏颇,要么不重视,要么过于偏激。“不重视”主要是因为咱们的 IPO 长期以来实行的是审核制。能否上市关键是对照监管机关划定的条件看是否满足。投资者长期养成的习惯也是有新股就打,有新上市的就追。在这种环境下,以券商为主的中介机构把主要精力都放在了合规上面,也就是不能有“硬伤”,至于价值高不高、前景好不好则并非重点。招股说明书也比较公式化,“讲故事”的能力没有得到锻炼。“偏激”是指“讲故事”经常被曲解为一个贬义词,跟那些炒作概念、捕风捉影的行为画上等号。我相信市场很快就会纠正这种误解。随着注册制的推出,以及可投资的上市公司标的不断丰富,上市公司之间的分化就会出现。那些业绩优秀并且善于“讲故事”的上市公司将会吸引投资者的关注,获得市场的认可与追捧,而那些即使业绩不差但不善于和市场沟通的公司则可能在“注意力经济”的年代遭到遗忘。

(4)代理人是出售行为的“组织者”。

企业家在创业早期通常扮演产品经理和超级销售的双重角色。特别是在对待销售的时候,老板们经常身先士卒、攻城拔寨;对待团队中的销售精英,也是充分放权、给足激励。这个阶段的业绩增长带有浓重的个人色彩,明星销售的作用至关重要。但是,企业发展到了一定阶段,如果希望业绩更上一层楼,就要有意识地摆脱对个体的依赖,就要把销售变成一种有方法、有体系的组织行为。不同的行业需要的方法可能不尽相同,但“依托方法、依赖体系”的逻辑是永远正确的。这就是所谓的“套路”。艺术品销售有它的套路,企业出售同样也有套路。即使你暂时不懂这些套路,你也应该可以凭直觉判断出来:价值越高的交易“套路”必然越深。换句话说,必然存在一个正确的方法体系来指导交易通向成功,并且任务的复杂性决定了这个体系必然是“简约而不简单”。“简约”指的是道理通顺,符合逻辑;“不简单”指的是细节庞杂,要求精耕细作。你可以再对比一下身边正在发生的“买卖对接”,以及有人给你描述的“项目撮合”。如果微信能够促成交易,如果顾问只需要负责安排买卖双方见面,那这个方法体系又在何处呢?

(5)代理人用自己的信誉提供“背书”。

成熟的投资者不怕错过机会,只怕错把危险当成机会。要拒绝虚假机会的诱惑,较有效的手段就是远离不靠谱的信息渠道。如今的人们不是生活在一个信息匮乏的时代,而是对信息爆炸所产生的大量垃圾信息不胜其扰。问问那些优秀的上市公司,问问黑石之类的顶级私募,谁不是每天都在接收无数的项目信息?如果每个都去看,消耗的是时间,浪费的是金钱,错过的是本应在真正的好项目上全力以赴的机会。因此,代理人的品牌和专业度就是一种信誉的加成。所谓“行家一出手,就知有没有”。佳士得就是“正品”“珍品”“稀缺”的代名词。所以,参加佳士得拍卖会的买方从一开始就没有抱着捡便宜的心态。问问自己:你的代理人专业吗?如果他只是向你要一份企业简介,原封不动地做个“二传手”,那么他可能找到优质的买方吗?

(6)代理人与客户之间的关系是"成己达人"。

前面《救世主》的例子中,佳士得收取的佣金高达5000万美元,相信这个天价数字会让不少企业家惊讶不已。中国的市场经济起步较晚,作为代理人的专业机构存在的年头就更短。改革开放以来的多数时间里,"中介"是个偏贬义的词汇,包含着奸猾、欺瞒、倒买倒卖、不劳而获等负面的意思。然而,在市场经济已经高度发达的今天,在社会专业化分工已经无比成熟的年代,企业家仅靠自己单打独斗已经不现实了。在类似艺术品或者企业出售这样高度复杂的专业领域,你自己做不来,更做不好。你需要考虑的不是"用不用中介"的问题,而应该是"用哪个中介"的问题。在《救世主》的例子中,同样是拍卖公司,2005年只拍了1万美元,2017年则拍了4.5亿美元。也许雷博洛夫列夫不必非得雇佣纽约佳士得,也就不需要付出高达5000万美元的佣金。但是换个角度看,雇佣别的拍卖行,即使卖了3亿美元,并且是免费服务,俄罗斯大亨也只能得到3亿美元,比扣除佳士得佣金之后剩余的收益少了整整1亿美元!所以,好的代理人不是占你便宜的骗子,而是帮你达成最优的结果之后和你分享胜利果实的战友。吃肉的是你,代理人只是喝了一些汤。汤是需要分享的,否则谁会尽心为你工作呢?

3. 时机很关键

"站在风口上,猪都会飞。"时机的确重要,尤其是在做交易的时候!

《救世主》在被证明是达·芬奇真迹后,它的价格扶摇直上。但是,4.5 亿美元的天价确实出乎很多人的意料,一举创造了 2017 年艺术品拍卖领域的最高成交纪录。

为什么选择在 2017 年出售?佳士得接受雷博洛夫列夫的委托后并没有急于叫卖。他们深知握在手里的是一件稀世珍宝,选择最佳的时机能够极大地增加溢价出售的可能性。只有让客户获得超预期的结果,他们自己才能得到超额的佣金。在成交价格面前,速度并不是最重要的考虑因素。出售准备工作完成之后,佳士得一直在耐心等待最佳时机。

终于,2017 年上半年,艺术品市场在连续两年下跌后(2015 年全球艺术品销售规模下降了 10%,2016 年继续下跌了 23%),开始出现复苏的迹象。2017 年上半年全球拍卖成交金额同比回升 9%,其中最强劲的复苏来自美国市场,回升幅度高达 27%①。凭借丰富的交易经验和对市场的敏锐嗅觉,佳士得果断启动出售并选择在纽约执行这次拍卖,后于当年 11 月完成了这笔历史性的交易。《救世主》的出售不仅创造了新的世界纪录,也推动 2017 年全球艺术品成交总金额同比大涨 20%!

有人至今都认为 4.5 亿美元的天价充满了偶然因素。这些人抱着嫉妒的心理,拒绝承认偶然背后的必然,以及佳士得在感受到这种必然时所展现的专业眼光。

---

①WAN, Jie and EHRMANN Thierry., eds., March 2018. The Art Market in 2017. [OL]. Available at: https://www.artprice.com/artprice-reports/the-art-market-in-2017 [Accessed 15 January 2020].

2017 年,全球高净值人士(标准为拥有 100 万美元以上可投资金融资产的人)的财富总和达到了惊人的 63.5 万亿美元,是历史最高点,相比 2010 年增长近 50%!① 艺术品凭借良好的升值预期成为富裕阶层在全球低利率环境下理想的资产配置品种。同时,金融机构提供的艺术品抵押融资也增加了艺术品市场的流动性,进一步推升了价格。

资本市场同样存在周期。在周期的上升阶段出售你的企业就比在下行阶段更容易获得成功。但是你应该注意两点。

(1)你需要在专业顾问的帮助下才能准确预测和识别周期。你可能在你所从事的行业内是顶尖的专家,然而你不一定有能力全面把握政策的变化、资金的流向、市场的热点、监管的尺度等。风向是难以捕捉的,而且是随时变化的,不要对自己的判断过于自负,应该学会借助别人的智慧。

(2)我们在第一章“何时出售”部分已经探讨过:时机是一个点,抓住这个点需要正确的预判,而不是等到时机出现在眼前才动手。你需要明白,出售前的准备工作需要时间,并非一蹴而就。所以,你要做的是“万事俱备,只待东风”。早动手,早准备,才是取胜的钥匙。

①FREEMAN, Nate. March 2018. The Art Market Grew to $63.7 Billion in 2017, and Other Key Takeaways from Art Basel Report. [OL]. Available at: https://www.artsy.net/article/artsy-editorial-art-market-hit-637-billion-2017-key-takeaways-art-basel-report [Accessed: 15 January 2020].

第四章 组建你的交易团队

夫将者，国之辅也。辅周则国必强，辅隙则国必弱。

——《孙子兵法·谋攻篇》

译文：将帅是国家的辅助。辅助之谋缜密周详，则国家必然强大；辅助之谋疏漏失当，则国家必然衰弱。

为什么需要外脑

企业出售是一个程序复杂、旷日持久、专业性极强的工作。因此,你需要组建一个充满战斗力的团队来保障交易的成功。

“外脑”是一个现代管理学中提出来的概念,一般是指提供咨询顾问服务的独立第三方机构。外脑并不神奇,它需要依托企业的“内脑”才能发挥作用。也就是说,任何咨询顾问都只能起到锦上添花的作用,并不能替代你自己或者你的核心团队。然而,外脑在现代企业管理中的重要性日益增强。这主要是因为企业发展到一定阶段,或者在面对一些特定的专业化场景时,单纯依靠内脑就会陷入自我封闭的困境。通俗地讲,就是“不识庐山真面目,只缘身在此山中”。

企业出售就是这样一个场景。你需要与外脑合作而不是单打独斗,原因如下。

■你自己很难具备足够的专业知识

企业出售涉及金融、法律、会计、税务等交叉学科，是个专业性极强的工作。而好顾问则是你的"军师"，能够站在专业的角度为你出谋划策。好顾问也是你的"翻译官"，在你的语言和技术语言之间架起桥梁，把那些晦涩的专业词汇转换成朴实的逻辑，让你清晰地理解游戏的规则，从而作出正确的判断。

■你的团队胜任不了参谋的角色

绝大多数的非上市公司，甚至部分上市公司，都还是"一言堂"的文化氛围。董事长拥有绝对的权威，包括总经理在内的其他任何人都绝对服从老大(你)的决策。这样的文化氛围有利有弊，优势是在面对一般经营性场景的时候向心力强、决策快、执行力突出；缺点则是团队习惯了等候你发号施令，很少提出反驳或者建设性的意见。在面对企业出售的时候，这种文化则常常变成了一种瓶颈。因为你也是第一次经历这种交易，也是满头雾水，要想逻辑清晰地发出命令非常困难，但是盲目跟着感觉走又是一件极其危险的事情。凡事只要是头一遭，难免要交学费走弯路，但是交易又恰好是没有第二次机会的事情。这时候，你最需要的不是俯首帖耳的顺臣，而是敢于直言的诤友。只有外部顾问能够胜任这样的角色。当你的认知出现明显偏差,甚至会威胁到交易成败的关键时刻,顾问必须敢于站出来纠正你的错误。从另一个角度讲,你也应该正确看待这种争论。若交易不成功,顾问也是白忙活,因此大家的利益是一致的。这时候耐心听取另一种观点可能对你有所启发。

■ 外脑帮助你抓大放小、聚焦核心

企业出售是一个旷日持久并且无比琐碎的过程。很多事情,单独地看,也不见得多么关键,然而必须要做,还要做好、做细致,否则量变引起质变,一堆细节处理不好累积在一起就容易出大问题。最典型的例子就是应付买方的尽职调查。有过出售经历的企业家普遍都有这样的感触:没人感兴趣时,干着急,感兴趣的人多了时,更麻烦。假设三个买方都表达了初步意向,每个买方至少带着投行、律师、会计师三类中介机构,每个机构提出 20 个尽调问题,汇总到你这里就是 $3 \times 3 \times 20 = 180$ 个问题。你需要在两三天内给予答复,并且不能只是定性的回答。对你给出的每个答案对方都会追问相应的证据是什么,于是你还要调阅各部门的经营数据进行验证核对。这还仅仅只是开始,之后代表买方的专业机构会不时地补充新的问题,或者根据你前面的回答进行追问。我见过的最短的尽职调查也会持续一个月。如果不配合的话,买方就可能放弃,而如果完全配合的话,基本上你和你的团队就得全身心地应对这些工作，而这会让你的企业鸡犬不宁，正常的经营秩序也会遭受影响。一旦影响业绩，这就是顾此失彼的代价，结果就是谈判桌上受制于人。而专业的顾问能够借助正确的工具和恰当的技巧帮你分担和消化这些由交易带来的额外工作量。他让你有时间稳住经营管理，让你有闲暇进行深度思考。毕竟，这是你人生最艰难也是最重要的决策。你需要轻装上阵，而不是为细节焦头烂额。

团队的结构与分工

在讲团队的构成之前，我们有必要再次明确一下什么是我们在本书中讨论的“企业出售”。风投、私募、融资、上市、并购，这些名词在中国市场经常被混淆，一些八面玲珑的机构也经常以跨界的身份自居，自诩无所不能。然而真相并非如此。上述领域间确实存在交叉，但同时又有着截然的不同，决定交易成败的核心资源和关键技能更是大相径庭。搞清楚边界，你才能进行必要的和正确的准备，并识破那些巧舌如簧的忽悠。

■ “企业出售”的范畴

本书聚焦的“企业出售”应该具备以下特征。

(1) 标的公司处于成长期后半段或成熟期。导入期的企业，对应风险投资领域常说的天使轮、A 轮、B 轮阶段，请有选择地采纳本书观点。

(2) 控股权出售。少数股权的出售，或者称之为参股权交易，在中国市场通常叫作“融资”。交易的过程中不会伴随着企业控制权的易手。在此情况下，买方的心态和本书讨论的场景存在不同。

(3) 交易对手（潜在买方）主要是国内外的上市和非上市大型企业集团。其中，A 股上市公司是最重要的一类买方。本书介绍的主要方法与技巧是重点围绕 A 股上市公司的行为模式进行“攻防模拟”，但对于应对其他类型的买方也具有较强的参考价值。

(4) 交易对手不排除可能有国内外的私募基金。但至少在写作本书的 2020 年，这种可能性相对较低。中国市场的控股型并购基金（Buyout Fund①）屈指可数，市场上 99% 的私募基金仍然采用的是跟投策略，不愿意也没有能力在收购控股权后采取主动管理。

①Buyout 是私募基金中的一类投资策略。采用这种策略的基金倾向于在交易中获得目标公司的控制权，深度介入企业运营，通常还会根据需要替换原先的部分甚至全部管理层。目的是在持有期内迅速提升目标公司业绩并通过出售或上市实现盈利。

■交易团队中的角色

一个完美的交易团队应该包含以下角色。

(1)你本人。

(2)你的代表。

(3)卖方财务顾问。

(4)交易律师。

(5)会计师。

(6)税务师。

(7)你的财富管理顾问。

■各个角色的作用

我们分别介绍一下这些角色,以及他们即将在交易中发挥的作用。

1. 你本人

你本人应该全程参与交易。我们早在本书第二章就曾提到,某些企业家把交易完全托付给中介机构是一种错误。这可能是你毕生最重要的一次交易,相信你很难从容淡定地置身事外。当然你可能会说，团队隔一段时间向你汇报就可以了。然而实际上行不通。交易一旦启动，节奏会非常紧张，在谈判阶段经常需要现场拍板。当你不了解事情的前因后果时，决策将会非常困难。并且这也不利于你团队的内部团结。因为所有人都明白，你“不管”不代表你“不在乎”。在没有你参与的情况下，团队只能猜测你的想法，却又不能在和买方的沟通中展现清晰的态度（你应该可以体谅他们的难处），这会给买方留下非常不好的印象。如果某些交易条款由你的团队答应了，而你本人又在之后的某个时间亲自推翻，借口是之前的承诺没有得到你的授权，那么不妨换位思考一下：买方是否会将此定性为出尔反尔？这种情况虽然不能代表多数，但我的确接触过这样的企业家朋友：他们抱着一种莫名的假设，认为缺席沟通能摆出不急于出售的姿态，从而给中介机构也给买方制造心理压力。这样的假设毫无必要。因为这只是你的“内心戏”，对于买方的影响有限，尤其是优质的买方。他们会将此理解为你的主意还没拿定，或者准备工作尚未就绪，于是他们就会把精力转向更具有确定性的其他机会。

2. 你的代表

你的代表也应该全程参与。谁来代表你？你的总经理，或是财务总监？如果你是个“新三板”挂牌的或者做过股改的企业，或许你的董秘更合适？我在这里无法给你一个标准答案，但可以提供给你一套思考的逻辑，帮助你找到正确答案。首先，他必须是你高度信任的人。在交易过程中，他是你的"管家"。尤其是在那些细节问题的协调方面，他需要配合并监督中介团队的工作，而不是事事都要汇总到你这儿来决策。其次，他必须非常了解你的企业。交易不是搞接待，不需要夸夸其谈，面子上的工作远远没有埋头苦干显得重要。这个人最好在公司里的年头较长，了解各个关键部门的基本情况。即使不能掌握所有的细节情况，至少应该知道什么样的问题要找什么样的部门予以配合，并且有能力调动各部门。再次，他最好比你年轻，接受新知识的学习能力比你强。当你对那些专业名词一筹莫展的时候，他能够及时充当桥梁。虽然外部顾问也是"翻译官"，但比起"翻译"的准确度，一个令你足够信任的"自己人"说出来的话是不是更放心一些呢？最后，他应该是这个交易的利益相关者。这是很容易被忽视的一个考虑因素。你可能会想当然地认为你的企业所有人都听你的，只要你布置下去的任务没人胆敢不执行。过去也许你是对的，但如今你要卖掉企业，这意味着他们未来的老板就不再是你，这时候你还敢如此自信吗？不要找一个不相干的人来扮演"管家"这个关键角色。如果这个人本来就是企业的小股东，这是最好的情况。否则，你应该考虑一些别的激励方式，例如交易方案中的奖励条款设计。我们将在第八章讨论这个话题。

3. 卖方财务顾问

你聘请的卖方财务顾问在任何情况下都应该是外脑团队的

"牵头人"。原因有三。

(1)他们是唯一对你的核心利益,也就是交易的估值具备关键影响力的人。

(2)他们是唯一同你荣辱与共的伙伴。其他类型的中介机构基本都是按照时间或者工作量收费,无论交易成功与否你都需要付钱。而唯有财务顾问的绝大多数佣金体现为成功费,就是说交易不成功财务顾问就拿不到佣金。

(3)他们是唯一有能力控场谈判并捍卫你的利益的人。请留意我用的词是"控场",而不是"介绍",或者"沟通"。普通的介绍或者沟通并不难,但是控场是指一种具体的、有目标的、有招式的、结果可以量化的能力。举例来说,律师会告诉你对赌有风险,但是风险的货币价值是多大,也就是你潜在的赔付责任是多少钱,这才是你最关心的问题。而这样的问题只能留给财务顾问来回答。

财务顾问在整个交易过程中的地位应该与你的代表相当。你不应该把他们当成下属或者执行者,而应该视为伙伴。当然,擦亮眼睛选择正确的财务顾问是前提。正确的人才能成为你的左膀右臂,否则反而是造成你判断失误的罪魁祸首。

财务顾问需要履行的职责,从与你促膝长谈、了解你的出售原因及出售目标开始;到对你的企业进行全面体检,在此基础上准备完整的出售材料和初步估值；再到综合评价和全面筛选潜在买方，并代表你与各个买方接触；以及充当你的“看门人”，把不靠谱的买方挡在门外，而令合格的买方满意你的准备工作，并因此增强信心。在谈判阶段，好的顾问不是旁观者，而是谋局者。他应该具备娴熟的谈判技术，巧妙引导谈判的进程朝着有利于你的方向发展。最后，在买卖协议的起草阶段，你的财务顾问将和律师一起对长达百页的交易文件字斟句酌，对每一个关乎你切身利益的条款据理力争，在你必须作出权衡的时候充当你的心理医生。并购顾问业务在国际金融市场上一直被视作投资银行王冠上的宝石，真正的精英只有极少数。我们将在本章稍后的部分与你探讨合格的财务顾问应该具备的能力及品质，以及一些甄选财务顾问的实用技巧。

4. 交易律师

交易律师在顾问团队中的重要性仅次于投行。这个道理很简单：你的谈判成果将通过买卖合同进行体现，交易包含的权利、义务、风险都将诉诸合同，未来潜在的纠纷甚至诉讼也将依据这份合同。你需要清楚的一个基本原则是：任何双方达成的约定，都需要尽可能地形成文字，在合同中进行准确无误的记载。任何没有进入合同的约定，理论上都有可能成为空头支票。与财务顾问不同的是，律师并不需要在交易的全程陪伴你。在起草买卖合同之前的阶段，律师仅需要“战备值班”，在你或者你的财务顾问需要征求法律意见的时候及时予以协助就可以了。律师参与的密集工作主要还是在合同的起草以及谈判阶段。律师的收费往往比财务顾问低得多,但前文提到过,这种按小时或者单个项目打包的收费跟出售是否顺利完成没有关系。

你需要特别留意的是:能为你提供有效帮助的是“交易律师”,有时候又被称为“证券律师”,甚至在部分大型律师事务所中专门按照证券业务的性质分类区分出“重组并购律师”,他们只是律师群体中极少数的一群人。为什么要特别强调这个问题呢?因为认识的混淆会给你制造一定的麻烦。从2002年开始,我国取消了律师执业资格中对证券法律业务的特别限制。2020年开始实施的新《证券法》进一步松绑,包括律师事务所在内的其他证券业务服务机构只需要向有关部门备案便可为证券交易及相关活动提供服务。利益的诱惑必然会让众多具备执业资格的律师积极踊跃地进入证券领域。但是,法律又是个专业性极强、细分领域极多,同一个人很难同时在多个领域都有所造诣的学科。比如,专注民法民诉或者劳动人事的律师就不太可能胜任交易律师的工作。实际业务中,很多企业家出于多年的信任关系,经常也会首先想到自己的常年法务顾问。但我的经验是:一般来说,你的常年法务顾问或者你公司内部的法律部并非最佳选择。

交易律师工作的特殊性体现在哪里呢?我自己对此的总结是:凡是具备律师执业资格的人都练过“武术”,但“交易律师”尤其擅长“格斗”。格斗既是武术,也不是武术。说它是武术,是因为同宗同源，正如大家都学过《公司法》《合同法》，这是最基础的东西。但格斗是为近身搏杀这种特定场景，在大量实战中总结出来的实用招数。它讲的不是大道理，玩的也不是武术套路，目的非常简单粗暴，就是为了打赢。所以，格斗中间的很多动作不是固化的，而是根据对手的动作所采取的回应和反制。这宛如谈判的过程，条款的修改体现的是利益的博弈。“交易律师”不仅需要有扎实的理论功底，更得有丰富的谈判经验。一味地进攻或者防御是达不成交易的，有攻有守、进退有度才是高手的修为。

5. 会计师

多数的企业出售中，卖方不会用到会计师。我把会计师摆在这里大家不一定同意。然而，这恰恰是中国特色的并购市场中值得被关注的一环。我无意评价对错，仅仅阐述一个事实：大多数的民营企业，在不准备上市或是向知名机构融资的情况下，通常都会进行一些财务上的“操作”。尽管随着征税系统的完善和税务稽查的日益严厉，“两本账”的问题逐步好转，但短期内想要完全杜绝是不现实的。这就带来了一个隐患，就是作为老板的你也不清楚自己企业的真实财务状况到底怎么样。这就会导致你对交易的预期产生极大的偏差，甚至可能导致整个出售计划完全建立在错误的基础上。作为买方的上市公司对此最有发言权。经常有意气风发的卖方拍着胸脯保证自己有 5000 万元的利润，结果买方一审计，发现只有 3000 万元，甚至更低。这样的闹剧几乎每天都在上演，对双方而言都是浪费时间，并且卖方会在市场上落下一个不诚信的名声，挫伤其他买方的信心。假的终究成不了真的。不管当初出于什么原因采取了账务上的处理，都应该在启动出售交易之前诚实地面对自己。侥幸心理只会遭遇失败，因为你或者你的财务经理的会计水平基本上不太可能瞒过那些经验丰富的买方审计师。与其虚报5000万元竹篮打水一场空，不如用扎实的3000万元去寻找正确的买方。当然，你可能会说：我让自己的会计调一下账，或者让财务顾问进场看看不就行了？如果你不在乎交易结果的好坏，这样凑合一下我也不反对。但是不要小看审计师安身立命的专业，如果随便看看就能发现或解决问题的话，这就不叫专业了。所以，我强烈建议：企业出售，尤其是民营企业在出售之前，一定要找会计师进行一下财务体检。不必非得出具审计报告，但至少应该模拟常规的审计程序进行相应的检查。这是一个“扫雷”的过程。交易想要成功未必需要惊喜，最重要的往往只是少一点“意外”！

6. 税务师

税务师的工作一直是一个相对神秘的领域，因为这不是个黑白分明的世界。鉴于我不是这方面的专家，所以仅从我的个人经验角度给你几条建议。

(1)富兰克林有句名言：“这个世界上，只有死亡和交税是永恒的。”这里引用这句话不是为了泼冷水，而是帮助你降低预期。预期降低了便能少上当。

(2) 你可能还惦记着“开源节流”这个词。本书的核心价值就是帮助你开源，也就是获得更好的估值。但是请注意，你千万不要把逃税当成“节流”的途径。

(3) 我相信优秀的税务师能够在日常经营场景中找到办法帮你的企业合理避税，但若有人宣称可以通过特殊的管道和政策优待让你作为企业股东在出售交易中几乎不用交税，我对此深表怀疑。

(4) 税务筹划需要空间和时间的腾挪才能奏效。当你看到我这句话时，可能距离你启动交易已经不远了，霸王硬上弓式的避税操作风险极大。简而言之，请对税法抱着敬畏之心。想做税务筹划可以，那就早做打算！

7. 财富管理顾问

你的财富管理顾问在目前的多数交易中也是隐身的。和税务筹划类似，财富管理也需要进行长时间的准备和逐步的实施。如果你碰巧看到本书的时候还没有决定马上出售，但给自己定下了未来 2 ~3 年的时间表，那么恭喜你，你的充分准备将会换来最大的收益和最小的风险。

常见的迷雾

查理·芒格说过:“有巨额佣金的地方常常就有骗局。”用这句话来描绘并购市场的中介众生相真是再合适不过了。下面列举一些常见的迷雾,希望你看后能够云开雾散。

■ 一手托两家

这是中国并购市场最大的谎言。有的人振振有词:“房产中介不也是一个人撮合买卖双方吗?”有的人以专家自居,在各种交流分享中宣传自己“一手托两家”如何左右逢源。还有的人甚至可能跟你说:“我们公司从买方收钱,您把佣金给我个人就行,何必花大价钱再请一个机构做卖方顾问呢?”很多老板都听信了这样的话,也的确有很多交易在只有一个中间人的情况下就撮合成交了。然而,我在第二章“失败的定义”中就提出过一个观点:即使成交,这只能代表卖掉了,至于卖得好不好就很难说。实际情况是基本上都卖不好。

我不否认“双赢”的存在,我们将会在第八章详细讨论如何创造“双赢”。但从最基本的逻辑上来说,卖方都会追求价格越高越好,而买方却希望价格越低越好。这种出发点的南辕北辙就被称为利益冲突(Interest Conflict)。所有国际投行在接受客户委托之前,都需要先经过内部的利益冲突审查,从机制上杜绝既代表买方又代表卖方的情况。顾问本质上是一种具有信托性质的工作。代理人代表的是客户的利益,并且客户只应该有一个,而不是模糊不清的很多个。古人云“忠臣不事二主”,怎么当代的“臣子”就可以化身天秤托着两家了?

中间人身份不清带来的问题就是:这个中间人,似乎既是买方的人,又是卖方的人。如果他成功忽悠到了你们双方的信任,他就有可能知道你们双方的底牌。这个时候就会产生道德选择问题。如果他只是你卖方的顾问,他只有在让你满意的前提下才能挣到佣金,此时你们的利益是一致的。由于潜在买方不止一个,他没有理由为了迎合眼前这个买方去拒绝其他有可能出价更高的买方,毕竟成交价格与你支付的佣金通常成正比。但如果他能看见你们双方的底牌,甚至有机会从你们双方收到佣金,情况就会完全不同。只要他判断买方有意成交,即使出价不是最高,他出于自身利益最大化的理性选择也有可能尽力说服你接受一个打折的价格,以免煮熟的鸭子飞掉。所以,我才可以肯定地说,当只有一个中间人的时候，你肯定卖不好。

我们不妨再从关系黏性的角度来分析中间人的选择。一边是作为卖方的你，一边是作为买方的上市公司。你认为哪个关系对中间人更有价值？肯定是后者。因为买方在可见的未来有可能会一直买，每一次交易都意味着更多的合作机会。然而，你作为卖方和中间人的关系是一次性的，卖完这一次可能再无交集。所以，当一些微妙的利益平衡出现的时候，你还相信中间人会为你争取吗？所谓的“双赢”，经常不是事实而是你的错觉。如果你接受了忽悠，明明自己利益被牺牲了却还以为是“双赢”，那么实质的“双赢”是买方与中间人的胜利，与你无关。

■熟人与能人

中国并购市场的持续增长，以及居间介绍的巨大利益，让很多逐利者趋之若鹜。你可能会发现，身边一些朋友开始给你介绍项目，甚至有人会拿出一张某某机构合伙人的名片，拍着胸脯向你保证全部包办。经常有企业家，无论是出于对熟人的信赖，还是碍于情面，就真的把自己的毕生心血交给对方打理。然而，这在很多时候为交易增添了障碍而非助力。

熟人只是和你熟，不代表和你的公司熟。所以，他是否有能力出任你的全权代表应该打一个问号。一个不明所以又恰好喜欢发号施令的“朋友”经常令专业机构叫苦不迭。关于企业的情况他一问三不知，但为了维护自己的面子，要么以“我觉得”来敷衍，要么干脆胡编乱造。中介机构正常开展的工作也可能威胁到他的权威。因为他可能并不懂得正确的工作方法，却要竭力在你面前装作很懂。每当出现这种情况，不仅起不到组织协调的作用，反而可能产生诸多人为的沟通障碍，影响交易的效率。

任何专业机构都最怕遇到外行指导内行的情况。所以，每当与客户初次谋面，我都会注意观察每一个参会人员的背景，以及他和老板之间的关系。碰到那些出言不逊但自称能替老板做主的“朋友”，我宁可放弃，也不愿把未来的时间浪费在内耗之中。

■ 术业有专攻

中介机构的圈子里存在一个不太值得鼓励的现象，就是疯狂跨界。哪里赚钱往哪跨，对专业的边界缺乏敬畏，对服务的深度也缺乏匠心。

经久不衰的“全民 **FA**”浪潮就是一个典型的例子。随着并购市场的爆发，撮合交易被视为一种赚快钱的机会。于是，形形色色的人随处可见，都号称自己手上掌握了多少上市公司需求，或者控制了多少优质标的。类似的人脉资源变现，赚取外快的方式似乎也在房地产、化妆品以及其他消费领域大行其道。我就认识这样的朋友，他把如何通过微商引爆社群从而实现裂变营销总结成了完整的“套路”。我相信这种套路对于绝大多数的商品倒卖都可适用，但同时我也很确定这种粗放的销售方式对于企业出售这个特殊场景来说，注定失败。

当然，为了避免歧义，有必要表述得更准确一些：我反对的是垂涎财务顾问的丰厚佣金，在自己的专业领域之外盲目跨界的行为。我并不反对律师事务所、会计师事务所等机构为客户提供增值服务，利用自己的网络优势进行一些信息的匹配。所以，关键是在于边界感。在自己的专业领域精耕细作就是正道，而在纯粹利益驱使下的鸠占鹊巢就是贪婪。跨界者赚到钱的机会并不大，却会把市场搞得乌烟瘴气。

■ 一女多嫁

所谓一女多嫁，就是有的卖方企业家找来很多中介机构，把出售的想法散布出去，谁做成了就付谁钱。

这种唯结果论的赛马游戏可能在培养企业销售团队的狼性方面发挥过积极的作用，但是若用在企业出售的场景中，就大错特错了。

这会导致你的企业出售消息在各种不恰当的渠道中漫天飞舞，非但起不到吸引买方的作用，反而会滋生各种对你不利的谣言。相信大家都知道或者玩过“传话”的游戏。一个简单的意思经过多个人的转述后就会被扭曲、被误解，甚至完全背离本意。没有经过慎重准备的信息，如果再采取无差别的市场投放，这只会打扰你的客户、供应商以及你的高管和员工,导致大家背后议论你是不是出了什么问题,你的企业是否时日无多,是不是应该早点分道扬镳,避免自己受到牵连。

这等于鼓励中介机构要重速度而不是重质量,所以你能预期的最好结果就只是卖得掉,而不是卖得好。虽然能力突出的财务顾问应该可以找来更多的潜在买方,但是,从绝对数量上来说,买方毕竟是有限的。A 股上市公司总数也就 4000 家左右,平均到每个行业也就几十家,甚至部分细分行业只有区区几家而已。如果每个顾问都担心被别人抢先一步,导致潜在买方以“看过了”或者“已经有人介绍了”为由把自己拒之门外,那么大家自然而然比拼的就是速度。企业家自作聪明的安排,导致中介市场的游戏规则产生了扭曲。速度并非实现企业家利益最大化的决定性因素,却是中介机构追求的现实目标。这种目标层面的分歧,最终伤害的还是企业家的自身利益。

有意思的市场现状是:航空公司很开心,上市公司很无奈。航空公司开心,是因为总有勤奋的中介奔波在路上;上市公司很无奈,是因为经常发现所谓的项目信息就是半页 A4 纸,再多问几个问题,面前的中介都答不上来。于是买方只有两种选择:要么婉拒,要么提议会见卖方老板。最近两年的趋势是:市场上的优质买方越来越多地对这种劣质信息果断拒绝。如果你碰巧被拒绝而你的企业实际上很优秀,那就是被错杀了,你就因此错过了一个合适的买方。即使双方老板见面,这个中介的主要价值已经用尽,他对你的企业知之甚少,所以基本上不要指望他能在沟通中帮上什么忙。于是，就剩你自己在战斗，成败就要碰运气了。

正确的方法是：慎重选择优质的顾问，一旦选定就不要三心二意。多花时间在选聘团队上是值得的，给予团队充分的尊重与信任也是重要的。好顾问不愁没客户，无非是在挑选彼此忠诚的客户。

■ 能省则省

国际投行至今很少有愿意担任中国企业的卖方顾问的，这与佣金收费难有一定的关系。其实，中国企业家不是不愿意分利，而是害怕被骗。这是完全可以理解的。正如写作本书的初衷之一，我发现竟然找不到哪怕一本中文书籍，或是任何一个商学院的课程来系统介绍企业出售的方法。因此，企业家无从得知这件事情的难点、陷阱与技巧，也就无法回答“要不要顾问，要什么样的顾问”这样的基本问题。与此同时，不可否认的是，市场上充斥着机会主义者，利用企业家的认知短板来赚取与自身能力和贡献极不相称的利润。这种市场乱象加剧了企业家的不安，触发了强烈的自我保护意识，表现在外的行为特征就是“吝啬”的假象。

我想，正如前面第三章讲述的《救世主》的销售案例，假如是你花 1.275 亿美元买入那幅作品，短短 4 年之后就以 4.5 亿美元的天价成功卖出，你也会像俄罗斯富豪一样大方地奖励 5000 万美元给佳士得。聪明的商人不怕花钱，怕的是花冤枉钱。希望你看完本书后能学会聪明地花钱，让正确的人帮你赚回更多的钱。

在本章的稍后部分，我将和你一起探讨如何与财务顾问谈判佣金。其重点是如何以佣金作为激励手段，引导你的财务顾问为你赢得最大的利益。与你的收获相比，佣金只是一点儿零头。

■大机构与成交案例

全世界的投资银行都喜欢在客户营销的过程中展示成功案例。这些页面通常是漂亮的客户标识，下面用几行小字标明交易金额、时间以及该机构担当的角色。这个道理很多企业家都明白，通常也会在选聘财务顾问的过程中要求对方提供相关案例来证明自己的经验。

不要迷信案例，因为很多机构都擅长在描述案例的时候混淆视听。这和投资银行较为庞杂的组织结构有关。身处金融圈之外的企业家们经常对名称晦涩的投行部门以及头衔复杂的名片感到疑惑。

图4－1是高盛2018年年度报告中披露的该集团完整的组织架构图①。我们将通过对高盛各业务条线的职能介绍让你明

①The Goldman Sachs Group, Inc. (2019) *Annual Report* 2018. Available at: https://www.goldmansachs.com/investor-relations/financials/current/annual-reports/2018-annual-report/annual-report-2018.pdf [Accessed: 18 January 2020]

白:虽然广义上都可以称为“投行”,但各个业务部门的产品与技能天差地别,并不是任何人都有能力协助你出售企业。

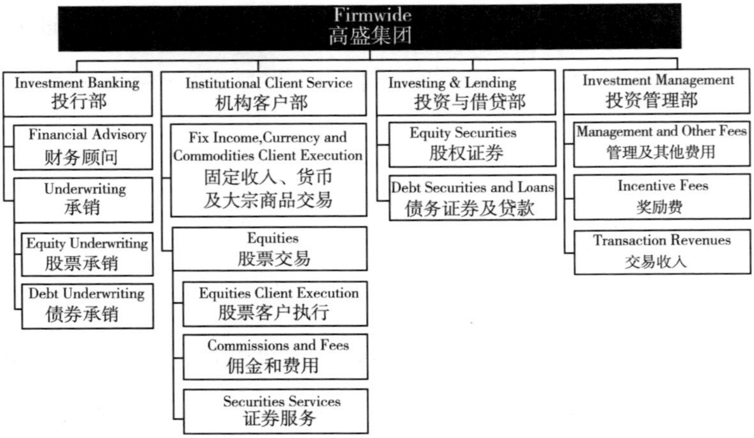

图 4-1　高盛集团组织架构图

根据图 4-1 显示,高盛集团包含以下主要业务条线。

(1)投行部(Investment Banking)。包含财务顾问(Financial Advisory)和承销(Underwriting)两个子部门,承销再往下又分出了股票承销(Equity Underwriting)和债券承销(Debt Underwriting)两个二级子部门。承销,就是帮客户把有价证券卖出去,可以是股票,也可以是债券。国内通常把负责承销的部门叫作“资本市场部”。虽然都是销售,但承销没有“咨询”这个服务功能,并且面向的对象以投资股票或者债券的机构(例如公募基金)为主。

这和并购出售中主要面向大型企业集团及控股型私募基金为主的买方类型几乎没有交集。

(2)机构客户部(Institutional Client Service)。包含固定收益、货币及大宗商品交易(Fix Income, Currency and Commodities Client Execution)和股票交易(Equities)两个子部门。机构客户部在国内通常被叫作“金融市场部”,指的是客户与高盛作为对手方买入或者卖出金融产品,可以是外汇、期货、债券或者股票,也可以包括更复杂的金融衍生品。这个部门由分布在全球的交易员来推动。他们通常是一群数学天才,通过独特的交易模型和策略在不停地买卖中赚取差价。这些交易通常发生在两个或几个金融机构之间,或者金融机构和特大型企业之间,核心是风险的定价和未来收益或亏损的互换。绝大多数的国内企业在出售过程中不需要接触这个部门。除非某种特定情况,比如买方来自海外,谈判约定交易对价由美元现金形式支付,分若干年付清。如果你担心人民币兑美元升值,导致你未来拿到的美元结汇成人民币的时候变少了,那你就可以从这种部门购买一个远期或者期权产品来对冲美元贬值的风险。

(3)投资与借贷部(Investing & Lending)。国内通常称为“直投部”。他们投资的标的包含债券、债权、上市及非上市公司股权、基建项目及房地产等。这个部门在某些时候会以买方身份参与并购交易,但从来不会担任卖方顾问。因为他们的核心职责是赚取投资收益，而不是代理佣金。

(4)投资管理部(Investment Management)。其实就是"代客理财"。无论是机构客户委托高盛进行代理投资，或是私人客户委托进行财富管理，都是由这个部门负责。

在高盛的所有业务部门中，只有投行部里的财务顾问子部门专业从事并购。其他的，即使投行部里做 IPO 项目的团队，他们的专长也不是这个方向。

还有个事实你可能不太清楚：开展财务顾问业务的国际投行在一半以上的交易中代表卖方。相比而言，同样开展财务顾问业务的中国投行(我们通常叫"券商")99%的时间都只代表买方。"买"和"卖"，一字之差，能力的侧重点却完全不同。

卖方的角色是通过项目包装吸引买方的兴趣，解决的是"应该卖给谁，怎么卖得好"的问题。虽然都会作为谈判的双方坐在会议桌的两侧，但卖的一方需要更高超的销售技巧来突出自身优势，营造买方之间的竞争，要主动控场而不是被压制。俗话说，"买的没有卖的精"。卖方财务顾问除了要具备扎实的专业知识，还需要娴熟的沟通能力和经验积累出的谈判技巧。相对来说，买方财务顾问的工作就简单很多。以多数国内券商的工作方式为例，顾问团队基本不会参与价格谈判，基本不对标的公司亲自估值，基本不干涉决定交易生死的价值判断。站在卖方企业家的角度，这意味着多数习惯了买方顾问工作方式的券商人员对你的核心利益(也就是估值高低)贡献不大。

我们现在可以看看为什么通过成交案例来判断机构的顾问能力会失灵。当然,类似高盛这样的顶级投行不必要打擦边球。但多数投行会在案例展示中采用"障眼法"。比如,你拥有一家待售的汽车零部件企业,前来竞聘卖方财务顾问的投行为了证明自己在零部件领域经验丰富,罗列满满两页最近几年完成的汽车零部件交易。此时,请擦亮你的双眼,看看这些交易的性质究竟是什么。我相信,你会发现有的是 IPO,有的是发债,有的是给企业的外汇敞口进行套期保值。而这些都与你所需要的交易顾问服务毫无关系。更尴尬的是,由于国内券商在 99% 的交易里面都是担任上市公司的买方顾问,这意味着他们在卖方顾问方面的服务经验相对匮乏。

因此,我们可以得出基本结论:大机构里并非人人都能帮到你。成交案例作为甄选卖方财务顾问的一种方法,在中国市场中经常失灵。因此,我建议你不要把眼光局限于选机构,而更应该重视选人。

何处聘请财务顾问

我们在前面讨论过一个完整交易团队的组成。其中“外脑”的部分由财务顾问领衔，包含律师、会计师，在部分情况下也包括税务师和财富管理顾问。在这一节我们重点聚焦财务顾问的选择问题，而对其他几种类型的中介机构不作展开分析。原因如下。

1.“财务顾问”的江湖最混乱，参与者的身份最复杂，最容易让你混淆

与“财务顾问”相比，其他类型中介机构的服务边界是比较清晰的，工作内容和要交付的结果也相对标准化。为什么说边界清晰与否很重要呢？比如，交易律师肯定应该来自某个律师事务所，应该具备起码的律师执业资格。尽管我们前文探讨过普通法务和交易律师的差别,但他们的底层能力是相通的,发表相关法律意见的基础也都是依据《公司法》《合同法》这些规则性文件。交易律师的能力无疑更强,导致交易结果更优。但普通法务一般也具备起码的常识,通俗地讲,“出不了大格”。

财务顾问则完全不同。担任卖方财务顾问不需要任何资质,中国市场也没有国际市场中那些约定俗成的方法体系。不仅是你,甚至业内人士对于什么是好的卖方财务顾问也没有共识,甚至都没有展开充分的探讨或辩论。大家都在忙着挣钱,各种机构、各色人等都在利益的诱惑下涉足其中,每个人都故弄玄虚地炫耀“手上的资源”。这种乱象伤害的是你的利益,也增加了买方的风险,从而威胁上市公司股东的利益。这对于监管机构来说也很头疼,管太多不行,不管也不行。这些年并购市场频繁“暴雷”的根本原因就是缺乏对专业的尊重以及对契约关系的敬畏,买卖双方都忽视了最核心的价值判断环节。即使有对赌,结果还是双输。作为交易双方之一,卖方企业家应该对这个游戏建立起正确的认知。而这种认知非常需要优秀的财务顾问来灌输和引导。

2. “财务顾问”的工作质量价值最大,破坏性也最强

正如本书一再强调的观点:卖得掉不代表卖得好。卖得好不好不是签约之时能够看出来的,而是在若干年之后。并购不是一个标准化的工作,也不是一个单向的工作,它是一个双向互动、不

断博弈的过程。最终你能拿到多少钱,不仅仅取决于你的企业值多少钱,还取决于所有买方中愿意出的最高价钱是多少。所以,这种出售是一个审视自己、建立预期、测试预期、沟通预期、调整预期,可能经历若干个这样的循环并最终达成买卖双方共识的过程。无论是优秀的财务顾问还是浑水摸鱼的中间人,都不可能在启动交易之初就向你承诺肯定能卖多少钱。就算被迫这么做,给出的也是一个远低于客观价值的数值,因此毫无意义。这就意味着,交易的结果需要经历过程测试,但你却要在过程的起点确定财务顾问。这看起来是一组不可调和的矛盾,因此便容易出现前面我们已经讨论过的不少老板选择“一女多嫁”的现象,期望让各个中介拿结果来说话。你可以再回顾一下前面我们已经完成的讨论。对顾问工作来说,客户“一女多嫁”的策略是一个“劣币驱逐良币”的昏招,留下来的只能是投机者。对于不具备专业能力的中介来说,他们当然不反感这样的对待。因为他们除了撮合见面,额外的贡献不会太多,不用花什么精力,自然也就不担心什么损失。然而对于优质的顾问机构而言,他们即将在你的公司身上耗费巨量的时间和精力,却要被迫和散兵游勇比拼速度,明智的选择当然是放弃你这个客户。怎么解决这种矛盾呢?这就是本节的讨论焦点。你首先需要知道有哪些人可能毛遂自荐做你的财务顾问,然后你得基本了解他们的优势与短板,之后你才能缩小筛选的范围并进入真正的选聘阶段。

在中国市场,“财务顾问”的江湖分成以下五大门派。

■ “券商派”

围绕上市公司并购重组业务,“券商派”毫无疑问是最“根正苗红”的财务顾问。但这并不意味着你随便找一个券商就能放心了。

这要从中国证券公司的血统说起。

新中国的第一家证券公司是成立于1987年9月的深圳经济特区证券公司,简称“特区证券”。特区证券成立的初衷并不是股票交易,而是为了方便国库券流通。当时,国库券的销售是摊派式的,由各个单位从个人工资中直接扣钱购买。最初国家规定国库券不允许买卖,只能在到期的时候连本带息进行兑付。后来国家发现,很多人都愿意把尚未到期的国库券兑换成现金,哪怕亏掉利息甚至损失部分的本金也无所谓。为了搞活市场经济,也为了方便国库券持有人的资金融通,中央政府决定在深圳试点,尝试部分品种的未到期国库券进行柜台交易。为此,中国人民银行深圳分行牵头,联合12家单位组建了特区证券公司,行政隶属于人民银行深圳分行。当时的“特区证券”既是证券公司,同时又是交易所,还具备证券登记公司的职能。可见,中国的证券公司最初的“行政属性”大于“市场属性”,与其说是公司法人,不如说是人民银行的派出单位。

1990年,上海证券交易所成立。1991年,深圳证券交易所开业。1992年9月,经人民银行批准,组建了三个全国性的证券公司,分别是华夏证券、国泰证券和南方证券。1992年10月,国务院证券委和中国证监会成立，统一监管全国证券市场，同时将股票发行的试点由上海、深圳等少数地方推广至全国。这一时期的改革，是“监管主体”与“市场主体”的分离，体现了从计划经济向市场经济的过渡与演进。市场搞活了，但带来的突出问题是：排队上市的企业多了，监管机构忙不过来，所以就需要越来越多的证券公司担任第一道“闸口”，按照相关法律法规和上市标准挑选“品貌端正”的候选人，报送给交易所和证监会进行审核。从这个意义上讲，即使后期成立的证券公司从股东结构上看已经多元化，但本质的职能还是雷同于监管机关的派出机构，主要执行的是监管意志。

中国并购市场起步就更晚了。2001 年 12 月 10 日，证监会发布《关于上市公司重大购买、出售、置换资产若干问题的通知》。2002 年 10 月 8 日，发布《上市公司收购管理办法》。这两份文件是最早颁布的有关规范上市公司并购重组行为的法规。关于财务顾问的管理规定直到 2007 年才出现。《上市公司并购重组财务顾问业务管理办法》的第一章第一条这样写道：“为了规范证券公司、证券投资咨询机构及其他财务顾问机构从事上市公司并购重组财务顾问业务活动，保护投资者的合法权益，促进上市公司规范运作，维护证券市场秩序，根据《证券法》和其他相关法律、行政法规的规定，制定本办法。”此处明确点出了中国特色的券商财务顾问是：以上市公司为服务对象，以保护投资者尤其是上市公司中小股东合法权益为主要目的，以促进上市公司规范运作和维护证券市场秩序为最高宗旨的业务行为。从立法者的角度，以及在政策指挥棒下开展经营的证券公司脑子里，财务顾问业务的设计初衷并没有把服务“卖方”纳入其中。

除了上面谈到的历史渊源问题，下面几方面原因也导致证券公司极少担任卖方财务顾问，或者说，导致大部分的券商人员不具备担任卖方财务顾问的能力。

券商很少为了卖方而放弃买方上市公司。原因有二。

(1) 从眼前利益来看，金额较大的交易一旦触发重大资产重组①，买方上市公司按照法律法规要求就必须聘请一家持牌券商担任独立财务顾问。并且这种交易通常会伴随着上市公司发行新股作为支付工具或者开展配套融资。如此，对于券商而言，就是财务顾问费加新股发行的承销费两笔收入。

(2) 从中长期利益来看，卖方客户和财务顾问的关系是一次性的，而上市公司每年都有可能增发股票、发行债券、发起并购，或者上市公司大股东进行股票质押融资等。这种多元化且具有持续性业务关系的吸引力当然比一次性的关系要强。很多券商甚至会担心代表卖方从而得罪了买方，导致本来不错的上市公司客户被别的竞争者挖了墙脚，因此对于从事卖方财务顾问的业务心存疑虑。

①上市公司重大资产重组是指上市公司及其控股或者控制的公司在日常经营活动之外购买、出售资产或者通过其他方式进行资产交易达到规定的比例，导致上市公司的主营业务、资产、收入发生重大变化的资产交易行为。

为什么说大部分的券商人员不具备担任卖方财务顾问的能力呢？这就是中外投行从业人员底层能力的核心差别。中国券商的核心能力是“合规”，因为券商的首要目标是确保发行人或者交易满足监管机关划定的标准。长期以来，中国的证券市场呈现两个特征。一是审核制。只要通过了审核就可以开香槟庆祝了。而卖方利益暂时并非监管机构的关注点。甚至理论上来说，上市公司买得越便宜，风险概率就越小，相应的审核责任也越小。二是供不应求。相比发达市场，中国的投资标的显得太少了，导致很长时间以来基本上不存在股票卖不出去的情况。久而久之，国内券商的“估值定价”能力就退化了。国际市场的生态则不同，监管机构的干预没有那么多，能交给市场的都交给了市场。有的股票万人追捧，而“1 元股”甚至黯然退市的也遍地都是。投行作为嫁接发行主体和市场投资者之间的桥梁，其核心能力就是“估值定价”，核心技能就是讲故事，也就是专业化的销售技巧。当然，我们的市场化改革正在提速，越来越多的并购交易已经完全采取市场化定价。需要证监会核准的重大资产重组在数量上的占比持续下降。目前，市场上 90% 的上市公司并购重组已经无须证监会审批。遗憾的是，不少证券公司却还止步于“通道思维”，在交易中完全不参与买卖双方的价格谈判。这对于双方企业家来说，无疑都是不负责任的。

但是，反过来看，券商却又是担任卖方财务顾问这一角色最好的人选之一。这主要是因为最可能的买方还是上市公司。券商是在所有类型的中介机构里与上市公司的关系最近、联系最广的，因此也是最具备买方资源、最熟悉买方思维的。同时，上市公司的任何举措必须是在相应的监管框架下满足法律法规要求的流程或标准的行为。尽管90%的上市公司并购重组无须证监会的审批，但是不代表交易所不询问，不代表中小股东表达异议的时候可以不回应，更不代表事后出了问题不追责。因此，好的谈判者必须学会换位思考，而券商是最具备这种能力的机构。券商中间的少数并购专家熟悉你的交易对手，就能够帮你提前了解对方的打法和底牌，自然有助于你掌握谈判的主动权。

针对"券商派"，我的总体看法如下。

(1)大多数的券商机构及其员工并不适合担任你的卖方顾问。

(2)少数以并购业务为重心，尤其擅长卖方顾问业务的券商人员对你来说具备价值。鉴于以卖方业务见长的机构品牌尚未出现，因此，选人远比选机构重要。

■ "商业银行派"

从2002年中国工商银行率先成立投资银行部以来，最近十年，商行系的投资银行业务取得了巨大的发展。各家银行普遍在省一级分行，甚至在经济发达地区的地市一级分行设立了专职投行部门。那么，商行的投行部能够帮你完成出售吗？

从商业银行设立投行部门的初衷来看，主要是作为应对利率市场化、开拓利润增长空间、促进经营转型的一种路径。这和纯粹意义上的投行从诞生之日起就立足资本市场业务的定位存在根本差异。商行系投行的业务设置几乎一切都是围绕着它的融资优势展开，所谓不同的产品条线主要是针对不同的融资需求场景进行划分，例如股权融资、债券融资、并购融资等。当然，也会从融资这个立足点衍生出一些增值服务，比如并购交易的撮合。不过通常来说，在商行系投行里，这种和融资脱钩的纯顾问类业务的发展是艰难的。主要是因为相比贷款的利差收入，顾问类业务的预期佣金收入显得微不足道。并且，相比确定性较强、在有抵押担保的前提下风险也相对可控的信贷业务而言，即使顶级的顾问团队也必须面对交易撮合成功概率不高的难题。同时，商业银行的激励机制也较难留住优秀的交易人才。

然而，商业银行对于出售交易具备其他的一些独特价值。

其一，商业银行在中国金融体系中是无可争辩的王者。几乎每个企业家在创业和企业成长的过程中都会有一两个行长挚友。我相信，你们在多年的业务合作中早已建立起了极深的个人关系和高度的相互信任。商业银行的资金实力和经营多年的投行业务让包括券商在内的其他机构纷纷主动上门寻求合作。因此，你的行长朋友借助银行内部资源，可以帮你引荐和筛选出相对可靠的顾问人选。对于很多距离资本市场较远的企业家而言，这就是一种宝贵的人脉资源。

其二，商业银行网络庞大，这赋予了它们在买方资源方面的巨大优势。很多时候，支行行长与买方董事长的私人关系会比其他机构甚至券商更密切。这不难理解。投行的工作特点像“猎人”，要吃饱肚子就得到处跑，是一种行走江湖的模式。商行的工作则像“农民”，要取得成功就得在辖区内精耕细作。所以，投行家认识很多人，但和每个人的关系谈不上太深；银行行长认识的企业家不见得有很多，但关系的深度也许非同一般。

针对“商业银行派”，我的看法如下。

(1) 商行系投行独立担任卖方财务顾问的能力还有所欠缺。
(2) 商业银行如能与你的财务顾问合作，应该是一种能力上的互补，能够更好地助你完成交易。

■ “外资银行派”

从历史的角度看，现代企业间的重组并购发源于欧美市场，国际通行的并购估值方法也自欧美市场引进。大型国际投行从事财务顾问业务的历史已逾百年。从账面实力来看，外资银行在并购业务方面遥遥领先。不过，这种领先主要体现在跨境交易方面。外资银行在中国国内交易中的存在感仍然很低，交易能力也存在不足。

在2019年汤森路透①公布的“中国海外并购财务顾问”榜单上，按照交易金额排名，拉扎德（Lazard）以76.6亿美元折桂，美银美林（BoAML）以62.7亿美元位居次席，新百利（Somerley）以47.7亿美元排名第三，高盛（Goldman Sachs）以40.8亿美元排名第四，花旗集团（CitiGroup）以35.9亿美元排名第五。

同样是在2019年，中国境内并购交易的总规模超过万亿元，外资银行却集体隐身。是跨境业务太忙，还是境内并购的蛋糕不够诱人？普华永道早在2014年发布的《2014全球并购市场中期回顾》中就首次发现，中国市场的并购交易数量和金额仅次于美国，位列全球第二。此后数年中国并购市场依然保持了强劲的发展势头。即使在证券市场大幅震荡的2018年，总规模仍然达到了1.27万亿元，其中接近80%是境内交易。所以，外资银行没有理由忽视这个巨大的市场。那么，其选择集体隐身的原因就很有可能出在“水土不服”上。

1. 外资银行并不精通中国客户的语言

中文的难，在乎“书以道事，诗以达意”。外资银行的同行们最容易犯的错误就是“知字而不达意”。即使进入中国市场较早的外资银行在本土人才的招募方面狠下功夫，但由于内部交流的

①汤森路透（Thomson Reuters）是一家国际知名的财经信息服务商。

工作语言以及各种系统是英文操作，且必须考虑全球管理的统一性和便利性，所以在很多时候录用的都是生长于欧美的华裔或者海外留学多年的毕业生。他们的优点无须多言，可能你的子女也在此之列。我们这里只说不足。最大的不足就是对字面意思以外的信息缺乏感知。这会带来以下两个影响。

(1) 你的财务顾问是你的镜子、翻译官、心理医生，他的工作方向应该建立在对你的真实想法的准确判断上。然而大多数时候，你面对的是复杂的局面，尤其考虑到你对出售自己的企业完全没有经验，所以你的观点或者态度可能是含蓄的、犹豫的，经常也是摇摆的。你如果指望财务顾问偶尔充当你的拐杖，那么他必须能够体会到你的想法，要对你的成长经历、创业历程，以及你所面对的内部情况、外部环境拥有切身的体会才可以。

(2) 你的财务顾问将协助你进行谈判，并且需要对关键问题和对方透露的重点信息帮你进行解读。同样，对面很可能是一个并不年轻的买方董事长。他一样的含蓄，一样会通过各种比喻或者其他隐晦的方式透露自己的真实意图。优秀的谈判者恰恰应该敏锐地捕捉到这些微小的细节，并从中寻找机会。很遗憾，由于文化背景的差异，外资银行的绝大多数人无法觉察这种“弦外之音”。

2. 外资银行并不精通中国市场的语言

只有懂得资本市场的语言,你才有可能知己知彼。比如,在一个假设的场景里,外资银行作为你的卖方顾问组织了一次他们通常都会建议的“竞标出售”。在表达兴趣的各方中,出价最高的是一个小市值的 A 股上市公司。按照意向价格从高到低的排序,可能会把这个最“慷慨”的买方保留下来。在后续的接触中,你们甚至会迅速地进入到一对一的谈判阶段。确定初步价格和主要交易条款后,上市公司开始停牌,你的企业幸运地戴上了“订婚戒指”。之后,经过若干轮的监管问询和漫长的排队上会,这个交易终于被证监会否决了……对于你以及你的顾问,这是一个突如其来的灾难。但是对于熟谙国内资本市场的行家来说,失败往往是必然的。我们将在第六章和第八章用一些具体的例子来介绍这些资本市场的语言。熟悉这些语言,便是熟悉游戏规则。如果规则吃不透,那么成功的可能性就会大打折扣。

不过,我们在第九章会用简短的篇幅展望未来的并购市场。对卖方企业家而言,“全球出售”正在成为你们新的机会。当买方背景不局限于 A 股上市公司,规则场景从国内转向国际时,外资银行的优势便能显示出来。

针对“外资银行派”,我的看法如下。

(1) 知名外资机构开展中国卖方顾问业务的还很少,甚至没有。

(2)少量中小型外资机构可能涉足这个领域,但我认为它们短期内尚难弥补能力上的短板。

(3)个别案例可能存在合适的外资买方,在此情况下可以考虑与外资顾问机构合作。但暂时来说,这样的情况并不常见。

■ “私募基金派”

最近几年,市场上多了很多热衷于交易撮合的私募基金。明明是买项目的金主,现在却在卖项目,逻辑上就存在一些问题。

“私募基金派”又分成两类:一类是你企业的小股东,另外一类则完全和你的企业没有关系。

1. 作为你企业股东的基金

你的企业曾经是这家基金的投资对象。在你决定出售的时候,他们很可能是最早获悉此事的人。自然,他们会向你描述自己对企业多么了解,对资本市场多么熟悉,资本圈的人脉多么丰富等。真正打动你的,可能是最后这一句:大家都是股东,所以利益完全一致。但事实上,你们的利益并不完全一致。对于你来说,你投入企业的,除了若干年前的资本金,主要就是多年以来的经验、时间、精力以及心血。对你而言,出售机会就只有一次,因此速度没有质量重要。如果眼下出售时机不好,而只要晚一年出售就能够卖上更好的价格,那就应该果断地推迟项目启动的时间。但对于身为小股东的私募基金不是如此。它投入的是钱,且这个钱是你面前的这位基金经理从别人那里融来的。所以这个资金是有成本的,并且让他代管多久是有期限的。如果基金即将到期,管理人就要拿钱去还给投资人。而这个钱就要依靠出售你的企业来获得,因此他可能等不起。即使基金暂时不会到期,但是早变现和晚变现却意味着差别悬殊的内部收益率(Internal Rate of Return, IRR),而这是所有基金最在乎的考核指标。我在这里省却复杂的数学计算,仅仅告诉你一个最简单的结论:假如基金投资你1000万元,退出的时候变成了2000万元。三年退出的IRR大概是26%,而5年退出则只有15%。所以,他不愿等是因为时间也是一种成本。

基金的利益选择问题对于“卖不卖得掉”不构成影响,但对于“是否卖到了最好”影响很大。当一个有诚意的买方出现时,基金很大可能会劝说你立即出售,即使这个报价并非最好。你们的立场差别在于:他会拥有一个漂亮的IRR业绩,接着去募集下一笔基金,再投资下一个企业。然而对于你来说,少卖的几千万元甚至上亿元的估值却再也回不来了。

2. 与你的企业完全无关的基金

与其说这是私募基金的经营策略,不如说这是在艰难的市场环境下采取的一种求生的做法。不信你可以百度一下，搜索关键词“募资难”和“退出难”。最近几年，私募股权市场急剧降温，市场上大多数的基金都遭遇了困境。具体表现在：已投资项目退不出去，新设立的基金募不到钱。眼睁睁地看着手上的流动资金快要花完了，一些基金就开始“生产自救”，切入点自然就是财务顾问业务。有的机构会假借投资方的身份和你认识，对于投资你的企业展现出极大的兴趣。在赢得你的信任后，就会对你的企业进行一个相对深入的了解。然后话锋一转，告诉你因为某些莫须有的原因导致这个项目在内部没有通过，不过经过一段时间的接触非常认可这是一家优秀的企业，完全可以卖个好价钱。再顺势吹嘘自己的各种经验与实力，目的就是担任你的卖方财务顾问。当你遇到此类机构时就要千万小心了，因为他正在做一件“顺手牵羊”的事情，而不是“精耕细作”的专业活动，其动机首先就有问题。此外，一个灵魂的拷问就是：如果私募基金都是出售高手，怎么还会深陷“退出难”的泥潭？如果它连自己投的项目都卖不掉，为何却有信心帮助你卖掉你的企业？

针对“私募基金派”，我的看法如下。

（1）基金的专业是投资，而非出售。

（2）基金收购你的企业暂时并不现实，因为国内几乎找不到几家控股型基金。它以此借口接近你，无非是要兜个圈子希望做你的卖方顾问。

（3）由于卖方财务顾问业务并没有牌照限制，不排除少数基金在清盘后实施彻底的业务转型，因此适当接触并仔细筛选也是可以的。不过还是那句话，选人比选机构更重要。

"FA 派"

FA 就是英文"Financial Advisor"的缩写，中文直译过来就是"财务顾问"。但是在中国市场，因为一些约定俗成的原因，FA 是特指那些为创业型企业进行融资提供服务的机构。金融圈内一般不会把创投融资中介称为"财务顾问"，也不会把为上市公司并购重组提供服务的中介称为"FA"。不过因为字面意思造成的混淆，而且国内机构对于跨界又很踊跃，所以最近几年也有不少 FA 开始涉足并购重组市场。

中国市场最早的 FA 机构，比较知名的有华兴资本、易凯资本、汉能资本、汉理资本，后期又增加了以媒体属性起家的清科资本和投中资本，再后来从这些机构中出来的一些精英又陆续自立门户，做得比较领先的有以太资本、光源资本、泰合资本等。

从 FA 机构的血统来说，大多数是在 2000 年以后的创业热潮背景下产生的，并且在 2013 年之后的这几年进入急剧膨胀的阶段。FA 机构如雨后春笋般出现的这个时间段，也和国内 VC/PE① 的野蛮生长期完全重合。根据 IT 桔子的统计数据，2013 年

①VC 即 Venture Capital 缩写，指风险投资基金；PE 即 Private Equity 缩写，指私募基金。

国内获得融资的企业数量仅有 1836 家,但到了 2016 年,这个数量剧增至 9428 家,同比增长了 4 倍多。热钱涌动的地方就会有中介的身影。保守估计,目前市场上大大小小的 FA 机构有数百家之多。

部分 FA 机构在下列前提下或许有能力担任你的卖方顾问。

(1)你是一家"TMT"(即电信、媒体和科技领域)公司。

(2)这家 FA 机构主要为 C 轮①以后的项目融资,而不是早期项目。

(3)这家 FA 机构的部分高级成员有券商投行背景,熟悉上市公司并购重组的相关规则。

FA 机构最大的优势,就是对 TMT 行业的理解深度。因为中国的 FA 机构基本上就是与 TMT 行业伴生的,它们对移动互联网、大数据、短视频、网红经济等 2000 年以后出现的新型业态的熟悉程度一般会强于券商、银行等机构。如果你的公司碰巧是在 TMT 领域,不妨和它们聊聊。

FA 江湖也存在金字塔结构。越有实力的机构通常越会偏好更大的交易,因为收益更丰厚。市场上数量占比最高的是那些服务早期项目的机构,但它们对你的帮助非常有限。早期项目的商业模式还不成熟,因此"故事"比较空洞,没有太多数据的支撑,

①创投融资中的轮次对应企业发展的不同阶段,字母越靠前的轮次越会发生在企业初创阶段。反之,字母越靠后的轮次通常发生在企业的成长或成熟期。

更做不出并购交易里常用的估值模型(我们即将在第五章介绍),因此它们常用的项目包装套路对你并不适用。另外,早期项目的投资者以VC为主,且很少有VC从A轮坚持到IPO或者出售,普遍是在B轮或者C轮就转手卖给其他的基金接盘。由于风险并不会永远留在自己手上,因此投资决策的逻辑也和上市公司非常不同。对于很多VC而言,找准风口很重要,只要在"风还没停,猪还在天上"的时候卖给下家就算胜利。

个别行业中领先的FA机构已经开始组建针对并购重组市场的交易顾问团队。不过整体来讲,由于缺乏和上市公司的频繁互动以及与监管机构的密切沟通,其在买方渠道、工作方法和对游戏规则的把握方面还是存在一些差距。

针对"FA派",我的看法如下。

(1)绝大多数FA机构不适合担任你的卖方财务顾问,因为它们擅长的早期项目融资的游戏规则与买方群体都和你的需求不匹配。

(2)如果你拥有的是一家TMT公司,少数头部FA机构可能对你有所帮助。不过建议你要仔细了解它们擅长的行业领域以及过往交易的详细情况,确保它们拥有直接相关的并购重组经验。

看起来,上述每种机构都存在各自的局限与短板。在这种情况下,选择卖方财务顾问的现实策略又是什么呢?

我在这里给你们的建议是:

(1)不要迷信大机构。企业出售不需要“融资”,更重要的是“融智”。智慧更多的是在为你执行交易的团队头脑里,而不是在机构的条条框框里。

(2)不要迷信牌照。为你提供卖方顾问服务不需要任何牌照,但恰恰是这种没有硬门槛的事情对人的能力要求最高。那些向你吹嘘自己牌照优势的人可以直接忽略。

(3)不要轻易拒绝一张没有见过的名片。中国并购重组市场的卖方顾问业务尚在襁褓之中,未来的明星顾问也还在蹒跚起步。所以,名片上的机构名称没有多少参考价值,你应该花更多的时间去了解坐在你对面的这个人。

卖方财务顾问的基本素质

在中国市场,卖方顾问和买方顾问的差异大到甚至可以说是“两种人”。目前市场上只有不到10%的人具备成熟的卖方顾问工作经验,只有不到5%的人专注于卖方顾问业务。你如何从茫茫人海中认出他们呢?以下是“这种人”身上的一些核心特质,方便你按图索骥。

■亲力亲为

英文里面有句话,叫作“Make hands dirty”,直译过来就是“把手弄脏”。这句话经常在国际投行的培训中被反复强调。这是什么意思呢?如果想要成为一名合格的银行家,就要深入到客户的经营场景中去。具体来讲,如果想要了解设备的运转情况,就要去摸一摸机床上是新上的机油还是厚厚的灰尘；如果想要知道存货的情况，就要去仓库转转，并凑近看看托盘上的标签；如果想要了解产品的市场表现，最有效的方法就是亲自去问问用户的反馈……毛主席讲“没有调查就没有发言权”，也是同样的意思。如果你碰到的“金融精英”只是穿着昂贵的西装，戴着名贵的手表，和你大谈市场中的八卦，但对于参观你的车间毫无兴趣，生怕里面的油污弄脏了那双锃亮的皮鞋，那么这样的人并非称职的银行家。因此，卖方顾问的一个重要特征是亲力亲为。尤其在中国市场，由于大多数金融机构的培训机制不够健全，初级员工的经验严重不足，这时候更需要项目负责人做得多一点。

■学习能力

这在卖方顾问业务里面非常关键。主要原因在于每个企业都是独一无二的，因此企业出售不是一个标准化的工作。顾问人员在每个项目里都需要迅速消化吸收新的知识，才能在短时间内摸清客户的情况，进入良好的工作状态。卖方财务顾问业务和管理咨询比较相像。也许你听说过麦肯锡①著名的“如何在一周之内摸清一个行业”的方法论，你的顾问同样需要具备这种能力。当然，有的人会说，“财务顾问”是以“财务”为重点的，行业的东

①麦肯锡(Mckinsey & Co)是全球最知名的管理咨询公司之一。

西企业家自己最有经验,所以不要越俎代庖。这种观点在国内金融机构里面非常流行,我也认为这对于买方顾问业务来说是成立的。但是在卖方顾问业务里,这种观点是彻头彻尾的错误。如果财务顾问只管财务,请问为什么是投行来做而不是交给会计师来做?难道投行的财务能力比会计师更强吗?当然不是!真正的原因是在于对"你出售的是什么"这个问题的理解。与其说你出售的是一个公司,不如说你出售的是这家公司未来的业务预期所蕴含的价值。这是关于未来的、与你的业务相关的预期。脱离行业的规律和企业经营的基本逻辑,预期就变成了"拍脑门"。这也是很多交易中业绩对赌失败的根本原因。脱离价值逻辑的对赌,貌似一种风控手段,实则舍本逐末。合格的财务顾问必须在极短的时间里融入客户的经营场景,了解行业的趋势与痛点,看清客户面临的机遇与挑战,还要掌握那些内行人的语言体系等。这一系列的工作是以行业研究为起点,以财务预测的数字为终点。财务顾问如果问你"给我你的业绩承诺数字!"或者"你觉得明年能做多少?",这既是缘木求鱼,也是推卸责任。好的财务顾问不会逼你告诉他答案,只会和你一起通宵达旦地寻找答案。

■逻辑能力

并购游戏比的不是智力,而是逻辑。太阳底下没有新鲜事儿,如果有,要么是你在骗自己,要么是你在骗别人,然而皆不可取。一个企业,经过长年累月的发展,在你决定出售的时候,它的客户、供应商、销售模式、生产效率等都处于一个相对稳定的状态。当然,稳定不代表完全没有变化,这里有以下两层意思。

(1)你的生意逻辑是可以总结归纳的。换句话说,你的企业能活下来是有原因的。

(2)你的企业在一夜之间发生颠覆性改变的可能性不大。有些企业家为了提高估值就找各种热点标签往自己脸上贴。比如,去年的主业还是机械制造,今年出售的时候突然宣布搞来了一个网络游戏开发专家,预计明年游戏收入就能占到半壁江山。这个例子就是缺乏逻辑的表现,在买方那里就是被当成笑话听听。

真正的逻辑是什么呢?我们会在第五章详细讨论。这里只谈基本原则:第一是真实,第二是让人信服。不真实或者买方不信,就是假的,或者水平不够。

■ 预判能力

古人云:"凡事预则立,不预则废。"这里的"预"是"预备"之意。在买卖谈判这样的互动型场景中,"预备"的关键是预测对手的策略与行动,并开展有针对性的准备。在没有财务顾问帮助的时候，企业家常犯的错误就是只在乎自己想要什么，却不知道别人想要什么。这是无法成交的。好的财务顾问必须拥有敏锐的代入感。在对你的企业进行了解的过程中，对于看到的每一个细节都应该马上思考：买方将会如何看待这个问题，会做何反应，可能在尽职调查中增加什么要求，或是在交易协议中添加什么条款，这个条款对我的客户意味着什么，是完全不能接受还是可以酌情交换，拿什么条件去交换最划算？……这就像一个构织脑图的过程，目的是尽量多地模拟买方的思维方式，从而在谈判发生之前，在还来得及做准备的时候与你共同制定对策。你们的预案越充分，在和买方过招时越能从容应对。

■沟通能力

几乎每一个做投行的人都自认为沟通能力很好，但其实不然。典型的国内投行从业人员在日常工作中80%的时间都在和三类人沟通：同事或同行、监管机构、上市公司董秘或者证券事务代表。这三类人都具备同等水平的资本市场知识，大家使用的是同样的语言体系。在做IPO业务，或者在并购交易中担任买方财务顾问的时候是不会遇到什么障碍的。然而，一旦角色转换成卖方顾问，经常就会不那么顺利。因为卖方企业家通常不具备那些必要的知识储备。此时投行人员如若依然按照习以为常的沟通节奏或者方式方法去做，就无法有效解答客户的疑虑。沟通并不单纯是一个会不会聊天的问题。想要实现有效的沟通,你的顾问至少需要做出以下努力:首先,他应该主动向你的语言体系靠拢,而不是始终坚持专业人士的清高,用一种居高临下的姿态对待你。其次,你的语言体系是和你的个人背景以及企业和行业背景密切相关的。他要想用你的语言和你聊天就应该重视前面提到的学习能力,至少应该展现出良好的学习态度。这比阿谀奉承更能体现对你的尊重。最后,没有什么专业术语不能用白话文或者生活中的其他例子来解释。假如无法让你听懂,要么证明他经验不足,要么就是他不够重视你,所以不愿意为了和你的会面做足功课。简而言之,你聘请的是一个为你工作的人,与他沟通是否让你感觉舒服很重要,作为客户你也有资格得到舒心的服务。

■销售能力

毫无疑问,眼下的任务就是把你的企业成功卖出去,因此你的顾问必须具备优秀的销售能力。然而,你是第一次卖企业,你对现在这个销售场景不熟悉,不像你亲自面试自己企业的销售总监时,对方的话术你一听就能判断是否管用。怎么办呢?其实也很简单,一个合格的顾问在把你的企业销售给别人之前,先要有能力把自己销售给你。为什么经常有老板因为选错顾问而后悔呢?通常是因为他们自己违反了买东西的基本原则,主动放弃了考察对方(顾问)能力的必要过程。在购买其他服务的时候,大家都会遵循不满意不签约的原则。但是到了卖企业这个场景里，企业家却经常会对那些专业术语感到“不明觉厉”，甚至会觉得多问一些问题都显得自己太业余。一些江湖经验丰富的中介也很会掌握这种心理，用添油加醋的个人履历和雾里看花的社会资源对你进行各种忽悠。请你牢记：想不通的就再想，听不懂的就再问，这是你最重要的一次交易，千万不要半信半疑、一知半解地作出任何决定。

■细节能力

企业出售是个细致活。业余的顾问喜欢“归类”，对于任何一个企业都给贴上一个“××题材”的标签；专业的顾问恰好喜欢“差异”，任何一个企业经过他们的梳理包装都显得独一无二，具备独特的市场定位和竞争优势。你细想一下，“归类”是不是不需要专业能力？造螺丝的、造机床的、造飞机的，都可以叫作“制造业”；做剪刀的、做纱布的、做试剂的，都可以叫“医疗器械”。分类有意义吗？顶多是冠以时髦的标签，给做传动带的安上一顶“工业4.0”的帽子而已。言过其实反而是一种对你企业的伤害。所以，不要被“名词”蒙蔽，那些夸夸其谈的人只不过是把你埋头苦干的时间用于搜集八卦消息而已。虽然表面上显得见多识广，其实和专业并不沾边。真正的专业，一定出自对细节极致的坚持。这一点无须想象，你回顾一下自己的创业历程便会同意。你并非一个绝顶聪明的人,并非发现了一个只有你看见而别人都看不见的致富机会,并非做着一个只有你能做而其他人都做不了的生意。真正带给你成功的,是通过改进 0.1% 的配方,或者调换一下生产线的布局,或者实施了一套创新的考核方法,或者大海捞针般找准了客户的关键需求……细节能力造就了你的成功,细节能力也应该继续在出售交易的过程中发扬光大。你在十几年乃至几十年经营过程中积累的点滴智慧,将通过顾问之手总结出来,并编织成一个精彩的"投资故事"。业余的顾问会在剧本的显著位置写着"这是一个好故事",而专业的顾问没时间喊口号,他在忙着思考情节、冲突、人物、心理这些剧本细节。

■ 网络能力

成功的销售依赖于通畅且丰富的买方资源。然而,"资源"这个词在国内市场经常被滥用了,因为几乎你见到的每个人都声称自己拥有某种高人一等的资源。在约定俗成的理解中,"资源"等同于"人脉"。老板们最容易犯的错误就是毫无理由地认为年纪大的人比年轻人拥有更好的人脉,或者曾在某某机构担任某某领导职务的人应具备更加宽广的人脉。这种错误的根本原因在于误读了"人脉"的实质。首先,认识不代表信任。因为认识某个上市公司,所以可以把你的出售材料发送过去并不是一种价值。其次,人脉本质上是利益的交换。交换越频繁,关系才越紧密。所以，即使熟悉也没用，重要的是专业领域的经常合作。再次，人脉有保质期，长期不用便作废。最后，哪把钥匙开哪把锁，谁也别吹嘘自己是把“万能钥匙”。

面对各色吹嘘，你一定要保持头脑清醒，尤其要注意以下两个问题。

(1) 交易要做成，关键不是“找到”买方，而是“说服”买方。找到并不难，说服却很难。
(2) 大机构的服务网络和出售交易所需要的网络是两码事。强如高盛这样的并购之王，也不会说它是因为网络机构多所以交易能力强。论网点数量，它比得过工商银行，比得过汇丰银行吗？并购交易，尤其是出售交易，历来都是“人”比“机构”重要得多。找到正确的人，即使他代表一个小机构，也丝毫不影响他可以与广泛的第三方机构密切合作。

关于“资源”的问题，我的建议是：参考一下就好了，不必太当回事。包装精美的项目是“你若盛开，蝴蝶自来”。大多数的项目，50%的成败取决于前期准备，所谓的资源只是锦上添花，而非决定性因素。

面试财务顾问的实用技巧

开创量子力学的德国物理学家海森堡(Werner Karl Heisenberg)曾说:“提出正确的问题,往往等于解决了问题的大半。”这是一句值得每一位企业家反复品味的至理名言。你不可能成为所有领域的专家,比知道答案更重要的,是明白如何提出问题。

选聘财务顾问就是一个棘手的工作,核心原因在于你和面试对象之间的信息不对称非常严重。一旦这种沟通落入对方的节奏,任凭对方海阔天空,你的头脑将很快陷入一团糨糊之中。行走江湖的人,必然脑子不笨,口才通常也还过得去。即使不见得专业,但毕竟耳濡目染,堆砌一些名词、散布一点小道消息、偷梁换柱地吹嘘一下自己的经验应该也不太难。这样的套路对行家来说是漏洞百出,然而你却很可能缺乏足够的辨别能力。

因此,你应该学会提出正确的问题,把面试的主动权牢牢掌握在自己的手中。即使这些问题并没有绝对的标准答案,但从对方的回答方式就能反映出经验的深浅，“伪专家”也就无从遁形。

我把财务顾问的面试技巧总结为“3 个 W”（WHO、WHY、WHAT），由每个 W 再衍生出 4 个问题。

■第一个 W：WHO

Who are you?（你是谁?）

1. 四个问题

(1) 请介绍一下你的个人履历。

(2) 请介绍一下你在并购交易中担任卖方财务顾问的经验。

(3) 请以一个你牵头完成的出售交易为例，讲讲当时的出售流程、交易技巧和交易难点，以及你在谈判中抓住哪些关键要素帮助客户争取到了更好的估值。

(4) 可否在不涉密的情况下分享一下之前案例中的推介材料。

2. 识别点分析

(1) 有经验的顾问在介绍自己的时候一定会非常注重履历的相关性。年龄不等于资历，有相关性的工作经验才叫资历。否则,就只是他的人生,对你没有价值。

(2)即使面前摆着一本精美的介绍材料,充斥着这个机构的各种荣誉和成功案例,你也一定要追问:第一,哪些是面前这个人牵头做的? 别人做的,或者面前这个人只是配合参与的,那就不用讲了。第二,对方担任的是不是卖方顾问? 鉴于国内具备卖方顾问经验的机构和个人数量极少,这两个问题基本可以排除大多数的候选者。

(3)任何一个成功的交易,如果把中间的细节与波折写出来,都是一部长篇小说。换言之,吃过猪肉的人对于个中滋味的体会,与只见过猪跑的人完全不在一个层面。你很容易分辨出谁有真知灼见,谁在胡编乱造。

(4)除了少数情况,一般已经完成并且公开宣布的案例,最多隐去个别敏感信息,是没有什么见不得光的。所谓耳听为虚,眼见为实。为了防范那些口才好到以假乱真的人,看他做过的材料是一个加深判断的方法。只要是他亲手操作过的项目,即使无法把材料中的每一句话都背出来,但至少在完成项目两三年内,当你对照材料问一些当时的细节时,对方不应该答不上来。

第二个 W:WHY

Why should I sell?(我为什么应该出售?)

1. 四个问题

(1)你对我的公司了解有多少?

(2)你认为现在是出售的好时机吗?

(3)你认为我的公司为什么对买方具备吸引力?

(4)你认为我的公司主要的短板是什么?

2. 识别点分析

(1)好的顾问都会认真地准备与每一个客户的会面(面谈)。这不仅是对客户的尊重,也是一种起码的职业素养。我并不赞同一些企业家凡是开会就先播放一通自己企业的宣传片或者PPT展示。也许你是出于礼貌,也许这是你一直以来的习惯,但我强烈建议你在面试财务顾问的时候不要这么做。要先听听他对你企业的见解。虽然他说的不一定全对,但你要知道:其一,想办法通过各种渠道了解自己的潜在客户是顾问的一种必要的工作态度;其二,信息搜集能力和在有限信息下进行逻辑推理并作出判断的能力,这本来也应该是财务顾问专业水平的一部分。

(2)别担心询问对方是否应该出售是一个尴尬的问题。你当然是经过了深思熟虑才会约他前来讨论。在这里,你的问题焦点是“为什么是现在”。一个有经验的财务顾问会从以下几方面回答这个问题：第一，行业趋势。比如，行业最新的变化是什么，这些变化对行业格局造成哪些影响，行业龙头们在干什么等。第二，瓶颈与压力。比如，你的企业处于什么竞争位置，你的竞争对手近期有什么动向，你的发展机遇是什么，主要的瓶颈是什么，交易能不能解决这些瓶颈等。第三，交易动向。比如，最近市场上有哪些类似交易发生，交易背后体现了什么逻辑，交易的估值有什么趋势变化，潜在买方的资金实力有什么变化，有哪些潜在买方宣布了战略规划可能对你有利等。这些问题都在第一章的“何时出售”部分建议你思考过，所以你应该已经有了自己的观点。因此面试的任务就变得简单了，你无非是在寻找“知音”。并且你应该相信，“知音”肯定也是“贤达”，否则不可能有如此全面的思考能力。

(3)“吸引力”这个命题在并购专业里面有个专门的术语，叫作“Synergy”（中文叫作“协同效应”），白话文可描述为 1+1>2。最差的回答恐怕是“因为你有利润，买方可以合并报表……”除非专业的顾问，一般人是描述不好这个协同效应的。因为首先“协同”不是泛泛而谈，必须有一个假设的买方，所以这个回答就被迫变得非常具体。在回答这个问题的时候，要先从市场上锚定一个潜在买方，要对于挑选的逻辑有理有据，同时要熟悉这个买方，否则就无法深入阐述业务上怎么共享客户,品牌上如何高低搭配,市场方面怎么相互补充等。喜爱忽悠的人最擅长大而空的话题,因此迫使话题具体化、案例化、细节化,忽悠的套路就不攻自破了。

(4)财务顾问是帮助你保持清醒的人,所以真话比奉承更有价值。所谓短板,第一是站在市场对比的基础上。要回答这个问题,就必须要对你的行业以及竞争对手有基本的认知。第二是站在买方的角度,经常是一些资本市场的惯性思维。这需要回答者熟悉买方思维逻辑,站在一个第三方的视角来模拟别人对你的看法。在听取回答的时候,你要学会控制自己的情绪,不必争辩回答本身的正确性,更不要感觉被冒犯。在面试的时候,你只需要关注对方"有没有"观点,以及"能不能"自圆其说。借此筛除掉只会溜须拍马的人,便达到了目的。

■第三个 W：WHAT

What is your plan?(你的计划是什么?)

1. 四个问题

(1)你的团队包含哪些人,各自负责什么?

(2)你打算怎么卖,分成几个步骤,每一步的目标是什么,预计多长时间?

(3)请列举两三个潜在买方,再分析一下它在交易中能得到什么,我能得到什么?

(4)你初步认为我的公司值多少钱,如果想要卖得更好,关键要解决什么问题?

2. 识别点分析

(1)鉴于金融机构喜欢领导带队组团营销,你需要在寒暄之余问清楚:对方准备由谁牵头担任你的顾问?经常出现这种情况:对方领导出席只是为了体现对你的重视和尊重,但你可能热情过度,并且本着级别对等的原则整场会议都在和对方领导海阔天空,结果会开完了你却连到底谁是你的顾问都没对上号。如果对方主动介绍工作团队当然最好,如果没有,就需要你在恰当的时机从寒暄切换到正题,开始考察真正的面试对象。另外,一些机构善于用名片头衔迎合客户,参会的都是“高级合伙人”“董事总经理”,貌似给足了客户面子。其实这是有悖常理的。正规机构里,1 个项目里面高级别的牵头人一般只有 1 个,最多不会超过 2 个,同时必须另外配备 2~3人的业务经理或者助理级别的员工。在一个项目团队里，分工也是明确的。项目负责人的主要精力放在和客户沟通、制订交易策略和计划、与买方高级别代表沟通、牵头项目谈判等方面，而项目组的其他成员则负责市场调研、材料起草、数据库维护、协调尽调细节等工作。忽视基础工作的重要性是愚蠢的，因为基础不扎实的所谓沟通恰好就叫作“忽悠”。我将在第五章至第七章展现基础工作的庞大工作量。所以，一个成熟的项目团队应该是高低搭配、各司其职、配合默契的团队作战。因此，面试过程中也要适当了解顾问团队全体成员的背景与经验。

(2) 成交是一个结果，结果是过程的终点，离开好的过程控制就无权期待满意的结果。再复杂的事情也能拆解成若干小目标。每个小目标就是一个个相对独立却又环环相扣的任务模块。每个模块都应该有侧重的核心任务和工作方法。作为客户，你有权知晓这些目标、任务、方法到底是什么，并追问他的计划。如果他始终含含混混，保持一种莫名其妙的神秘感，那么你应该引起警惕。市场是一面照妖镜，那些所谓的秘密，经常被证明只是伪装者的面具。

(3) 好的顾问不会介意和你讨论潜在的买方，而其他一些人对此经常讳莫如深。常见的借口是：“按行业的惯例我不可能告诉你买方的名字，但我向你保证我和他们的高层有非常直接的关系。”这种借口是滑稽的，有三点原因：第一，这个所谓的买方并不见得你不认识，只是他不告诉你而已。第二，认识没有价值，说服才是关键。第三，倒卖信息不是顾问行业的正确商业模式。这种借口的核心目的就是引诱你签约，然后中间人就可以放心大胆地去碰运气，而你只是他积攒的诸多彩票中的一张而已。他可能一年飞行十几万公里，见几十个老板，刮奖几十次，这便是不少中间人的工作模式。好的顾问正相反。其一，他是自信的，不怕你会越过他直接联系买方。其二，他是理性的，每个潜在买方都具备可能性，但也存在各自的不确定性。如果在这个阶段就确定谁一定会买，那么这个顾问想必是个新手。这个话题依然是为了制造一个足够窄、足够深入的场景展开讨论，便于你借此观察面试对象的视野宽度以及逻辑能力。

（4）准确的估值在这个阶段必然做不出来，你也不要天真地把这种讨论当成一种承诺。此时对于估值的初步判断主要是通过“市场法”完成，即对比相类似的上市公司估值倍数，或者参考近期发生的其他交易案例。你要找的是一个真正深耕于市场，所作出的任何结论都是基于亲身实践和真实案例的“实操者”，而不是靠着想象，对你察言观色，只会顺着你的喜好口吐莲花的“墙头草”。你甚至可以多加追问：和近期那个交易相比，我的估值应该比它高还是比它低？什么因素导致我应该比它高？什么是我的相对弱项？什么样的买方会最在意这些弱项？你认为我在最近的几个月是否来得及优化调整？当然，要想利用这个话题取得满意的面试效果，前提条件是你本人对于常见的估值技术拥有最基本的认知。我们将在第五章对此展开讨论。别担心，你不需要也不可能像专业机构那样掌握估值技术的全部细节。作为指挥官，你只要抓住技术背后的逻辑主线即可。

财务顾问协议

对方摆在你面前的财务顾问协议,也能作为一项指标来判断这个机构的规范程度及专业水平。

我们将在书后附录 1 中展示一份卖方财务顾问协议的样本,并针对实际工作中多数企业家比较关注的或者容易误解的重点条款进行解读。但在此之前,我们首先有必要讨论一下合同的本质是什么,以便让你带着正确的预期去审视你与财务顾问之间的关系。

合同的本质是"契约精神"。"契约"一词源自拉丁文,原义是"交易"。交易是商业社会存在的基础。在交易中,双方用自己所拥有的,去交换自己没有却想要的东西。契约将双方的权利、责任、义务进行明确的划分。中国的市场经济发展到现在,在有形的商品交换方面,已经形成了非常良好的契约精神与社会氛围。但是在无形的服务交易领域,还是存在契约精神不足的问题,且这种不足是双向的。从提供服务的一方来说,市场上鱼龙混杂,常见拿人钱财却不替人消灾的投机者;从购买服务的一方来说,也不乏欺瞒压榨的小聪明。这种漠视规则的行为不仅有害于当事双方的利益,也不利于交易的顺利实施。

为什么我们要在这里强调契约精神的重要性?最关键的原因是:任何优质的顾问机构都不会视合同为儿戏。因此,你有必要站在顾问机构的角度懂得他们的立场,才有可能在合同公平的前提下招募到真正优秀的人为你工作。

契约的前提是公平。如果你是个喜欢占人便宜的人,其实很多时候你只是“以为”自己占到了便宜。比如你找来很多顾问,在成交之前却拒绝支付一分钱的费用。那么请问,假如换作你是对方,尤其当你是一家优质的顾问机构因此不缺业务机会时,会选择接受这样的条件吗?任何从事中介服务的机构,最宝贵的都是时间,最大的成本都是机会成本(也就是选错一个客户导致失去同一时间为另外一个客户服务的机会)。优质的机构都懂得小心挑选客户,来者不拒的反而值得你怀疑和警惕。

契约的规则具备社会属性,是在长期的实践中得到共识的普遍标准,而不是由合同的任意一方随性划定的。基于你可能是第一次出售企业,而财务顾问业务已经在全世界存在百年,那么了解这套规则就能帮你搞清楚“合理”与“不合理”的边界,以及背后的逻辑。你越熟悉规则,就越能在合同关系中如鱼得水,不仅能有效保护自己的权益,还能交到很多能为你提供真正帮助的朋友。

契约里作出的应该是可实现的承诺。中国文化比较含蓄,因此很多时候大家并不擅长拒绝。经常出现这样的情形:卖方企业家在尚未对自己企业的价值和潜在的买方市场进行充分思考的情况下,随意答应了一个佣金费率。交易做完一算账,突然发现原来佣金这么多,可能就会产生纠纷。另外一种极端是卖方企业家既没有客观分析自己企业的价值,也不给顾问机构充分了解自己企业的机会,一上来就比较各家机构谁敢说大话。胆子大的机构往往报一个很好的预期估值来取悦客户(请注意:其实你很清楚财务顾问并非掏钱的买方,因此这种表态毫无意义),反而那些专业水平较高的机构普遍会保守一些。结果就是企业家被空头支票蛊惑,错过真正优质的顾问。

卖方企业家需要把顾问当成平等的合作伙伴,从顾问协议谈判开始就做到换位思考。既要捍卫自己的权利,也要让有能力的顾问感到被尊重。毕竟,顾问协议的谈判不是争输赢的时候,而是选择一个可靠的盟友一起夺取交易的胜利。

财务顾问协议的重点条款包括以下四项。

■独家委托

独家委托是并购财务顾问行业的国际惯例。在中国市场,优质的财务顾问也会把独家委托作为双方合作的前提条件。

独家委托对协议双方而言都有好处。对你而言,要想交易结果符合甚至超出预期,必须采取独家委托的方式。原因如下。

首先,企业出售对你意味着是个一次性的机会,换句话说,只能成功不许失败。凡是这种类型的事情,质量比速度更加重要。只有在独家委托的情况下,顾问机构才有可能沉下心来和你一起进行扎实的准备,而不是在恶性竞争下变得心浮气躁。我经常反问那些急不可待的客户:“同样是给自己的企业定价,IPO 能耐住性子三年磨一剑,出售的时候却连一个月都等不起?”

其次,顾问工作 50% 是售前准备,另外 50% 才是对接买方。为什么这么说呢?第一,任何买方都只会根据对你的企业情况判断来出价,而不是根据中介的一面之词。第二,买方并不难找,因为他们就在那里。以上市公司为例,在市场上通过两个人以内的介绍就一定可以联系到指定上市公司的高管。所以要找到买方并不难,难的是抓住人家的兴趣。绝大多数不专业的中介机构不是联系不到买方,而是把粗制滥造的推介材料发过去之后就石沉大海了。这才是所谓的“交易撮合”过程中残酷的真相。

最后,“销售氛围”很重要。我们在第三章中拿艺术品拍卖进行过对比。拍卖要在固定的场所,按照事先约定的规则,听着拍卖师富有磁性的嗓音在场地上空环绕:“6 号买方出价 1 亿!8 号买方出价 1.2 亿!18 号买方出价 1.5 亿!还有要出价的吗?1.5 亿一次,1.5 亿两次,1.5 亿三次。成交!恭喜 18 号买方!”

拍卖师在拍卖会上的这种语言技巧叫作“节奏性话语”(“Chant”)。它的目的是调动现场气氛,给予竞买人一种压力感和紧张感,激发人性中的好胜欲望,诱导更高价格的出现。请注意:这不是奇淫巧技,不是给买方的圈套,而是一种合理的,并且是在生活中司空见惯的销售技巧。买方要不要控制自己,设定明确的预算,不被这样的技巧所影响,这是他们自己的事,也是买方财务顾问的技术范畴。但站在卖方的角度,一定不要忽略“氛围”这个常识。为什么只有独家委托才能保证营造一个对卖方有利的氛围呢?假设一下,你不把买方聚集在一起,而是为他们每人配备一个拍卖师进行一对一服务。在没有竞争氛围,甚至完全感受不到竞争对手的存在时,试问谁不会伺机“砍价”,而又有谁会主动“加价”呢?在企业出售交易中,大部分的卖方企业家发现:一旦开始和买方接触,节奏就被对方带走了。你着急但人家不着急,你想着卖出好价钱,可人家不慌不忙地给你压价。每个企业家都痛恨“失控”,而大多数交易中的失控并不是因为买方天生就应该比你强势,只是因为你忽略了“销售氛围”的营造。

当然,从另外一个角度讲,独家委托对于优秀的财务顾问也是一种保护。但这种保护并不是真正的特权。因为他们的回报是和你的成功交易绑定在一起的。在签署财务顾问协议之时,距离交易成功还相隔千里。与其说是保护,不如说是定心丸。让财务顾问定下心来,用正确的方法和节奏展现他们的专业。

■财务顾问费用（佣金）

作为卖方股东，你需要承担的费用主要分成三部分：成功费、工作费和杂费。

1.成功费

成功费是在交易完成的情况下你需要支付给财务顾问的酬劳。对你来说这意味着最大的单笔支出，对财务顾问来说则是最重要的一笔收入，因此你们双方都会将此作为谈判焦点。

从国际惯例来看，大多数交易的成功费是按照成交“企业价值”的百分比来进行计算的。因此，首先就有必要知道什么是企业价值。当然，了解企业价值的定义也并不是单纯为了计算你应该支付给顾问多少钱。在第五章的估值部分我们也会提到这个概念。因为估值用技术语言表达，就等同于“企业价值”或者“股权价值”。同时，在股权转让协议中，也会以“企业价值”或者“股权价值”作为估值的正式表达方式。

投资银行学教科书中的定义为①：

企业价值(Enterprise Value) = 股权价值（Equity Value） + 有息债务（Interest - bearing Debt） - 现金（Cash and equivalents）

①完整的企业价值公式是：企业价值 = 股权价值 + 有息债务 + 优先股 + 少数股东权益 - 现金 - 投资。鉴于绝大多数的中国标的企业不涉及优先股、少数股东权益及投资，为避免读者混淆，未作赘述。

对于很多卖方企业家来说，可能是第一次接触这个公式。为了说明得更简便、形象一些，我们拿一个在大城市蜗居奋斗的年轻家庭作为例子，看一看他们的家庭财富如何计算。

小王和他的新婚妻子大学毕业后留京工作。为了结婚，双方家庭凑了300万元的首付，又向银行申请了700万元的贷款，购买了当时价值1000万元的婚房。3年以后，由于始终没能解决北京户口问题，小王夫妇决定返乡创业。他们咨询了房产中介，据说自己的婚房此时能卖到1500万元。小两口很高兴，便开始计算自己的家庭财富。

此时房产的市场价值是1500万元，但这并不都是小王夫妇（股东）的，而是由小王夫妇（股东）和银行（债权人）共同所有的。他们如果想要利用房价上涨的好时机将自己的家庭财富变现，就需要首先清偿银行贷款。所以他们的家庭财富应该这样计算：

小王的家庭财富（股权价值）= 房产价值（企业价值）- 未结清的贷款本息（有息债务）+ 小王家的银行存款（现金）

这个公式也可以变形为：

小王的家庭财富 = 房产价值 -（未结清的贷款本息 - 小王家的银行存款）

其中，“未结清的贷款本息 - 小王家的银行存款”也可以称为小王家庭的“净债务”，因为在筹钱还贷款的时候肯定会首先把家里的存款用上。

卖企业的时候情景类似。你作为股东在交易中获得的是股权价值，它是企业价值减掉净债务之后剩下来的部分。从另一个角度看，在企业清算的顺位中，债权人也是排在股东之前受偿的，和公式的逻辑完全一致。

你可能还会问：既然使用“企业价值”更合适，为什么和上市公司初步沟通的时候对方的口头报价经常是“×倍 PE”呢？的确，当对方提到“×倍 PE”的时候，是在谈论“股权价值”，而不是“企业价值”。但这更多的是一种习以为常的沟通方式。上市公司的估值最常用的指标就是“市盈率”，市盈率是用股价除以每股盈利而得到的。也可以反过来计算，上市公司的净利润乘以市盈率倍数就等于市值，也就是全体股东享有的股权价值。在对收购标的报价的时候，用标的公司净利润乘以一个倍数，卖方马上就能听懂自己作为股东将会拿到多少钱。因为足够简单，所以消除了很多沟通障碍。然而，作为一个明智的卖方，你不应该高兴得过早，而有必要了解下面两个事实。

(1)上市公司的市盈率也代表了市场的普遍看法，并且市场看法中理论上已经把各个上市公司之间资本结构的差异考虑在内了。这是什么意思呢？还是拿小王买房为例。小王按揭700万元，和他情况类似的朋友小李只按揭了300万元，他们两家在卖完房之后的财富数字必然是不同的。这就说明债务的占比(资本结构)也会影响股权价值，所以把上市公司的市盈率直接套用在非上市公司的估值中并不十分准确。

(2)即使你听到对方董事长亲口报价“X 倍 PE”，也不要太当真。这倒不是说上市公司信口开河，但的确有可能出现这种情况：买卖双方浓情蜜意，价格都谈得差不多了，但是评估公司表示反对，或者买方聘请的独立财务顾问不敢对定价的合理性发表意见，再或者监管机构对估值提出诸多质疑，那么价格就还得重新谈。我们在第五章会详细介绍，对非上市公司的估值，尤其当你希望卖得好的时候，市场法只是一种参考，而收益法却更加重要。

上面讲的，是关于“企业价值”这个顾问佣金的计算参数“是什么”的问题。我们接下来说“为什么”的问题。为什么要用“企业价值”而不是“股权价值”来算账呢？很多企业家会觉得，顾问为我创造的价值是我从交易里面得到了多少钱，所以使用“股权价值”更恰当。

我们举一个极端的例子，来告诉你财务顾问会担心什么。并不是每个待售企业都处于盈利状态，必然有一部分是面临经营困难，权衡之下被迫出售。这种情况下的出售，对企业家而言核心目标就不是“财富变现”，而是“全身而退”。站在买方的角度，债台高筑的标的公司也不见得没有价值。但是这种情况下的交易常被称为“承债式收购”，极端的方案就是“买方承担标的企业全部债务，只给原股东支付一块钱的象征性对价”。站在卖方的角度，在交易中没有获得任何财务上的收益，但是却规避了债务责任与潜在的连带风险。比如,股东可能以家庭财产对企业债务承担着无限连带担保。因此,“避免坏的结果发生”也是一种价值,是财务顾问工作带来的贡献。假如按照一块钱的股权对价计算佣金,显然不会有任何顾问愿意为你工作。

顾问协议的沟通常常发生在财务顾问对你的企业进行细致摸底之前。此时,他对相关情况知之甚少,就算看过几张报表,也难保企业没有隐性债务。出于对自身利益的保护,选择用“企业价值”作为计价参数是合情合理的。

常见的成功费报价方式分成两类:一类是固定金额;另一类是成交企业价值乘以一个固定比例。

在实际案例中,选择后者的情况居多。佣金收入与交易的结果(企业价值)直接挂钩,能够有效激励卖方顾问尽最大努力为你争取最好的结果。在并购交易中,作为卖方,你不需要对此有过多疑虑,因为你的利益和卖方顾问的利益总体一致。有意思的是,买方和他们的顾问之间的关系就显得比较微妙。理论上说,买方顾问应该完全忠于买方利益,但是通常佣金的计算逻辑并非如此,高估值更加符合买方顾问的经济利益。这就会导致以下两种结果。

(1)不要相信“一手托两家”的中间人。即使他口口声声说只从买方收钱。买方天然存在的提防心理会导致中间人传递的信息只会被当成参考,真正的投资决策一定是基于买方的亲自判断。

(2)卖方在运用正确出售方法,并且获得优秀顾问辅佐的前提下,能够获得比买方更大的谈判优势。因为虽然买方可能也聘请了专业顾问,但他们不会倾尽全力,只会点到为止。

还有一种报价方式,适用于对自己的企业价值判断更加专业也更加自信的卖方企业家。比如,你在充分消化本书的基础上,可以尝试用一种更加刺激的方式来激励你的顾问。

我们在第五章即将讲到:企业估值应该是一个范围,而不是一个固定的数字。我们假设你有能力判断出合理估值范围的底价大约是5亿元,且拥有一定的向上空间。你很希望获得额外的溢价,但你同时又明白获得溢价所需要的努力可能是双倍的。从理性的角度分析,你的顾问完全有理由选择承接另一个5亿元规模的案子,而不是"事倍功半"地为了你的溢价去尽心竭力。想改变他们的态度,最有效的方法就是对溢价部分约定更高的奖励比例。此时可以考虑采用阶梯式计酬,或者称为增量式奖励。以下是一组阶梯的示例。

当成交企业价值小于或等于5亿元时,按企业价值的3%计算成功费。

当企业估值大于5亿元时,

对小于或等于5亿元的部分,按3%计算;

对大于5亿元并且小于或等于6亿元的部分,按5%计算;

对大于6亿元并且小于或等于7亿元的部分,按7%计算;

对大于7亿元的部分,按9%计算。

2. 工作费

工作费是一笔固定的金额，无论交易成功与否，按照协议都要支付给财务顾问。工作费是国际投行的惯例，相当于“订金”，预订的是顾问团队在未来一段时间内的服务。在中国市场，存在以下截然不同的两个事实。第一，大多数的历史交易中客户没有支付工作费的习惯。第二，越来越多的优质顾问机构正在把收取工作费作为接受客户委托的前提条件。这两种矛盾的事实同时存在，恰恰代表中国并购市场的规则还不够成熟，尤其是在卖方顾问服务领域，还处于试探和摸索的阶段。我在这里并不是要把一个“该不该付工作费”的结论强加于你，而是帮助你了解顾问机构的立场和想法，并为你分析对这个问题的不同决策将会带给你的影响。我想，对任何企业家而言，了解一个决策背后的“逻辑”，比被告知必须遵守一个所谓的“惯例”要重要得多。

(1)顾问机构为什么要收工作费?

首要的原因并不是为了钱。再愚蠢的顾问机构也不可能指望通过四处忽悠工作费来发财。更多的时候，工作费是一块“试金石”，借此判断你的出售决定是否慎重。我们不特指任何人，但对顾问机构来说，“免费”确实有可能招来“伪需求”。也就是会招来那些其实还没想好是否出售,却又冲着服务免费而带着好奇心来试试看,但随时有可能改变主意的客户。顾问机构最怕的就是遇到他们,因为谁也不愿看到自己的努力只换来无情的戏耍。更糟糕的是,一旦遇到好几个此类客户,输掉的就是宝贵的时间,而这才是中介机构最大的成本。所以,工作费首先代表的是一种态度,代表客户经过深思熟虑。你一旦决定,就是慎重的、不轻易撤回的,并且对待财务顾问协议也是严肃的,而不是因为免费而随意签署的。在你责怪财务顾问对你缺乏信任之前,不妨换位思考一下。

当然,工作费也是为了维持顾问机构的最低工作开支,缓解他们在现金流方面的压力。财务顾问和其他中介机构,比如会计师、律师类似,都是端着专业饭碗的服务型工作。这种类型的工作普遍都会要求一个保障性的收费,比如律师按小时收费或者按项目约定最低收费。由于财务顾问在交易中的戏份最重,同时收费最高,所以在交易成功之前,都要把他们绑在同一艘船上,保证他们与客户的利益一致。这就是为什么成功费要在成交之后才能支付的原因。然而,这并不代表有了成功费的诱惑,现金流的压力就不存在了。毕竟,没人可以保证每个交易都能成功。在你收到买方支付的对价之前,任何意外都有可能让前期的努力付之东流。因此,工作费是缓解顾问机构成本压力的一种手段。你可以选择不支付,但一个优质的顾问机构也可以优先选择那些愿意支付工作费的客户,从而放弃与你的合作。

优质的顾问机构不会轻易答应免除工作费,而那些貌似爽快的机构不一定具备相应的专业能力,或者就没打算在你的项目上投入足量的精力。这是一个需要你去平衡的矛盾。如果你愿意考虑付费,你就值得继续往下看。

(2)支付多少工作费合理?

即使在国际惯例里,也没有统一的工作费标准。某些外资投行执行的内部政策是:1/4 的成功费要转化为工作费在前期收取。对于大多数的交易而言,这意味着一笔数百万元的前期费用,显然超出了绝大多数卖方企业家的心理承受能力。

我个人认为,在谈判工作费金额的时候,应该重点考虑以下几个因素。

① 交易的难度。难度越大,工作费应该越多,这也是对顾问的一种激励方式。
② 顾问团队的规模。一般来说,大机构的固定成本高于小机构,从成本覆盖的角度来说,大机构可能会要求更高的工作费。
③ 出售的对象范围。如果潜在买方非常明确,且数量不多,甚至你只是希望财务顾问按照你的明确指令开展工作(前提是你自身的交易经验足够丰富),那么工作费就不应该太多。反过来说,如果你希望进行全球出售,不仅要进行更多的买方调研,甚至交易材料也要做成中英文对照,那么工作费就应该酌情增加。
④ 既能体现你的诚意,又不会让顾问机构不劳而获。

(3)常见的工作费支付方式。

① 签约之后全额支付。
② 按月支付直到触及某个约定的最高金额。
③ 按照交易进程分阶段支付。比如,签约之时支付10%,出具卖方尽调报告后支付20%,完成全部推介材料后支付50%,获得初步买方意向后支付20%。

从规避风险的角度,第二种或第三种支付方式对你更加有利。当然,分阶段付款最主要的意义是在于“过程监控”,而前提是你自己需要清楚一个好的出售流程应该包含哪些步骤或者工作内容,才能对你的顾问所实际交付的阶段性成果进行验收。不少企业家在谈顾问协议的时候百般刁难,签约之后却又放任自流,这是非常不明智的。

3. 杂费

杂费主要是一些差旅支出,也包含可能发生的第三方费用(例如第七章将会介绍的虚拟资料库费用)。在杂费的处理上只要把握两个原则就不会吃亏:一是费用发生需要经过你的事前批准;二是实报实销的原则。这部分的费用不多,就不在此赘述了。

■分手费

之所以把分手费和上面的成功费与工作费分开解释，是因为这并不是一个必然发生的费用。为什么会有“分手费”呢？其实这还是顾问机构的一种自我保护。比如，你的顾问勤勉尽责地完成了交易准备工作，并且在你的监督下找来了买方，而且买方的报价也令你满意。接下来，你们一起经历了漫长的准备、测算、包装、推广、沟通、尽调、谈判……但是在最后即将与买方签署正式协议的关头，你却反悔了，不想卖了。公司是你的，你当然有权利反悔。但是对财务顾问来说，长达数月，甚至数年的努力就付之东流，整个团队将面临巨大的损失。而“分手费”就是对这种损失的补偿。

在你的想法足够成熟，交易决心足够坚定的情况下，分手费并不是你的一种成本，对你没有任何实质性的影响。也许你还会问：如果我的心理预期是 5 亿元，但是最高的出价只有 4 亿元，难道就因为有人出价，不论是否合理我都要支付分手费吗？当然不是。分手费的触发条件是一个“你之前已经认可的价格”又在之后的某个时间被你推翻。毫无疑问，这是一种出尔反尔的行为，也是在浪费顾问机构的劳动成果，所以设立分手费作为一种惩罚机制。

■协议的有效期

协议一般都会有明确的有效期。你肯定希望给自己留下灵活的空间，以便万一最初选择的财务顾问没有达到预期，要避免被这个顾问机构永久绑定。常见的协议有效期是2年，最短也不建议短于1年。因为出售交易毕竟是一个比较烦琐的工程，买卖双方任意一方的变化或者市场的波动都有可能导致交易时间表延迟。

值得注意的是，严谨的顾问机构会在协议里加上这样的条款："如果交易成功发生在本协议到期后的______个月内，并且在本协议有效期内，投资者通过××公司（顾问机构名称）参与了本项目并表达过对目标公司的兴趣，则也应向××公司支付本协议约定的财务顾问费。"你遇到这样的条款请勿见怪，这是在规避一种道德风险：少数过河拆桥的买卖双方串通，故意等待财务顾问协议过期后再成交，以此逃脱支付佣金。

第五章
估值与包装

夫未战而庙算胜者，得算多也；未战而庙算不胜者，得算少也。多算胜，少算不胜，而况于无算乎！吾以此观之，胜负见矣。

——《孙子兵法·计篇》

译文：在未开战之前，经过周密的分析、比较、谋划，如果结论是我方占据的有利条件多，有八九成的胜利把握；或者如果结论是我方占据的有利条件少，只有六七成的胜利把握，则只有前一种情况在实战时才可能取胜。如果在战前干脆就不做周密的分析、比较，或分析、比较的结论是我方只有五成以下的胜利把握，那么在实战中就不可能获胜。仅根据庙算的结果，不用实战，胜负就显而易见了。

基础尽调

选聘财务顾问之后，首先要在他们的协助下对你的企业进行全面包装。

一些人不喜欢“包装”这个词，认为这包含着“弄虚作假”和“夸大其词”。这是一种普遍存在的误解。然而，作为卖方企业家，即使你暂时不清楚具体的包装方法，或者不理解包装对于项目成败的具体意义，但从直觉上来说，你一定认可“包装”对于任何“销售”的重要性。最近几年，伴随着汹涌的创业浪潮，项目融资使用的 PPT 也越来越精美。这种趋势也影响到了并购重组市场，纯文字形式的项目介绍材料逐渐被各种外观漂亮的 PPT 所取代。某种意义上讲，这是一种进步，至少大家对于形式上的美化更加重视了。然而，从内容实质上看，市场上可见的绝大多数材料空有精致的皮囊，却无充实的灵魂，导致很多有经验的买方已经出现了审美疲劳。

项目包装绝不等于粉饰 PPT！我们即将通过本章介绍企业出售适用的包装方法。

■ 基础尽调的意义

基础尽调是首先需要开展的工作，相信每个人对此都不会反对。它之所以必要，简单来说，是因为你需要让你的顾问团队更加了解你的公司，如此才能协助你准备推介材料，并代表你与潜在买方开展沟通。

从交易的角度讲，基础尽调的意义还包括：

(1) 为交易的成功实施扫雷清障。尽职调查可以帮你尽早发现自身存在的风险或问题。越早发现这些风险，你用来化解风险的时间就越充裕。反过来说，如果这些问题不是被自己先发现，而是被买方尽调发现并在谈判桌上突然抛出，你会感到措手不及。

(2) 为参加交易的各方建立信心。买方需要信心，你的财务顾问需要信心，你自身同样也需要信心。在并购交易中，信心的多寡与信息不对称的强弱呈反比。信息透明度越高，各方的决策压力越小，信心就会越足。对于买方来说，它们的报价可以看作对企业价值的认可，也可以换个角度视为对潜在风险的定价。如果你的自我尽调不充分，材料中的信息披露不完善，那些未知的“黑洞”便会演化为风险的信号，提醒买方调低出价，从而降低在最坏情况下的损失。

(3)确保交易如期完成。中国市场上绝大多数的出售交易所花费的时间都超过了卖方企业家最初的预期。那些过来人会告诉你：时间并不在你的手中，而是在买方的掌控之下，你着急也没用。然而，国际市场的经验恰好相反，不信你可以咨询一下凡是有过海外并购经验的上市公司朋友。理论上说，卖方远比买方了解待售企业，俗语称“买的不如卖的精”其实就是在讲这种信息优势。遗憾的是，这种优势并没有被有效利用，多数的卖方对待推介材料草率从之，留给了买方大量可以质疑的口实，于是卖方从主动的一方变成了疲于回答问题和补充材料的一方。多数案例中，时间表的失控是卖方失败的开端，因为有经验的买方懂得利用时间来消耗你，借此获得交易的胜利。

(4)提前熟悉买方思维方式。你的卖方财务顾问将在这个过程中扮演“假想对手”的角色。当然，前提是他的确具备这种模拟能力。你的交易对手必然包含 A 股上市公司，或以它们为主。上市公司的高管们，也即你未来的谈判对手们，大脑里都被植入了无法卸载的规则意识。他们会本能地使用这些规则去丈量每个投资机会，并且这些规则也演化成一种在资本市场流行的语言体系。你若不熟悉，便会在即将面对的沟通谈判中遇到语言不通的麻烦。

■ 基础尽调的内容

我在书后附录2中提供了一份基础尽调清单样本。鉴于这只是出售准备工作的第一步，它的内容结构与券商针对拟IPO企业或者私募基金针对拟投资企业的尽调并无二致。比熟知尽调内容更重要的是树立正确的态度。请保持足够的耐心和细致，切勿在迈出第一步时就犯下操之过急的错误。

■ 基础尽调的方法

(1) 文件审阅。通过审阅工商信息、财务报告、业务文件、法律合同等各项资料，发现风险或异常。

(2) 公开信息查询。通过互联网等渠道重点关注：第一，涉及标的公司的负面消息、成因及影响；第二，涉及行业及公司的情况与你提供的资料进行比对。

(3) 相关人员访谈。主要访谈对象为你本人、其他重要股东以及你指定的代表（参见第四章“团队的结构与分工”）。

(4)企业实地调查。获取企业管理、运营、人力等方面的直观印象。

■基础尽调的注意事项

(1)客观真实。你与财务顾问签署的聘用协议中包含了保密条款(为稳妥起见,你也可以要求财务顾问对收到的文件目录予以书面确认);且我们在前面讨论过,优质的财务顾问机构会主动规避利益冲突,因此你不必对财务顾问隐瞒真实情况,或有所保留。专业机构比你更擅长项目包装,但前提是它们掌握真实全面的第一手信息。

(2)除具体资料的搜集准备外,你应亲自参加财务顾问的访谈,并认真审阅对方提交的尽职调查报告。财务顾问的独立视角能够给你提供很好的参考借鉴;同时,尽调报告中涉及的风险或问题极有可能也是未来买方的关注点。对于这些问题的应对思路,应该从这个阶段就开始构思和准备。

(3)尽调资料准备涉及企业内部的跨部门信息提取,应注意对信息搜集的真实目的(即你正在准备出售企业)严格保密。常用的理由可以是银行贷款审批要求。

(4)针对潜在风险或问题的合理解释、整改方案或解决对策,应与财务顾问深入讨论并形成文字。目的是:第一,强化你对这些问题及其影响的认识;第二,对部分问题形成标准答案,在后续应对买方尽职调查以及与买方谈判的过程中,全体卖方团队成员(包括你、你的代表、财务顾问、法律顾问以及其他可能与买方发生接触的己方人员)应根据必要性原则熟悉这些问题及答案,以便口径一致。请留意:保持口径一致的核心目的是避免不同成员在突然面对买方提问,而自身掌握的情况不全面时做出不慎重或不准确的回复,从而引发不必要的误会及担忧。

■基础尽调的工作目标

(1)全面掌握目标企业的真实情况。

(2)财务顾问向你提交尽调报告初稿。尽调报告应包括四项内容:第一,发现的风险或问题;第二,影响及后果评估;第三,整改方案或解决对策;第四,敏感问题模拟问答。

市场法估值

完成基础尽调之后，财务顾问已经对公司的基本情况，特别是显性的指标（如行业分类、业务区域、收入、利润等）有了比较清晰的认知，因此基本具备了对公司开展初步估值的条件。

为什么需要在买方报价之前自己进行主动估值？原因如下。

（1）预期决定幸福。满意与否是你的一种主观感受，它受到预期的影响。恰当的预期才能带来理性的满足。

（2）预期是选择的基础。建立在合理预期基础上的判断能力，才能帮助你不接受一个错误的报价，也不错过一个合理的报价。请注意：错误的报价不等于偏低的报价，它反而很可能是一个最高的出价。诱饵的背后或许是一个令你力不从心的业绩承诺，代价是输掉对赌，从而造成损失。

（3）这是你迫切想要知道的答案。在你下决心出售的过程中,你就已经有了一个主观的价格预期。无论它是来自你对个人财富的设想,还是参考同行成功的案例,总之你是带着一个至少包含底价的心理预期踏上征程的。你可能未曾向任何人透露过你的心理价位,但你肯定很想尽快验证一下胜算几成。

在中国市场,以 A 股上市公司为主的买方在必要情况下都会聘请持牌照的资产评估机构,对于标的企业的估值发表意见。目前,评估机构的主要工作依据是财政部发布的《资产评估基本准则》和中国资产评估协会发布的《资产评估执业准则》及《资产评估职业道德准则》。从资产评估方法上看,主要包括市场法、收益法和成本法三种。从多数股权出售的操作实务上看,市场法和收益法应用最普遍,而成本法仅在少数场合适用,且通常并非卖方企业家乐意接受的方案。本章涉及估值部分的理论及方法将与资产评估机构采用的标准保持一致,目的是令包装阶段的所有工作尽量贴近实战,从而完美模拟买方视角与工作方式。

初步估值通常采用"市场法"。相比"收益法"来说,市场法的逻辑更简单,更容易让你理解,分析过程耗时最少,可以在最短的时间内给到你初步的参考。

■市场法的原理

市场法也被称为比较法、市场比较法,是指通过将评估对象与可比参照物进行比较,以可比参照物的市场价格为基础来确定评估对象价值的评估方法的总称。企业价值评估中常采用的是交易案例比较法和上市公司比较法。

市场法使用的前提条件是:评估对象的可比参照物具有公开市场以及活跃的交易;同时有关交易的必要信息可以获得。

可比参照物的选择通常遵循以下原则。

(1)交易市场的选择要有可比性。

(2)参照物的数量要适当。

(3)参照物的价值影响因素要有可比性。

(4)参照的交易时间要接近。

(5)参照的交易类型应一致。

(6)参照的交易价格应正常或者可以修定正常。

■ 市场法的实施方法

1. 上市公司比较法

步骤一:挑选参照系。

(1)常见的参照系筛选办法。

① 财务顾问通过公开信息检索或对你进行访谈,获取你的竞争对手中的上市公司名单。

② 财务顾问通过 Wind, ifind 或者 Capital IQ 等金融数据库，按照行业分类代码获取与你位于相同或相近行业的上市公司名单。

(2)注意事项。

按照评估原则，参照物应尽量处于相同或相似的交易市场。因此，首选沪深交易所上市公司，次选国际市场主板上市公司。鉴于市场流动性不足，交易价格可能大幅扭曲，全国中小企业股转市场(新三板)的挂牌企业一般慎选。

步骤二：搜集参照系公司的经营指标、财务指标及交易估值指标。

(1)常用指标。

① 常用的经营指标包括：产品或服务的名称或功能、面向的终端市场、服务的客户群、开展运营的区域范围等。
② 常用的财务指标包括：收入、毛利润(率)、EBITDA("息税折旧摊销前利润")、营业利润、税后净利润(率)、流动比率(流动资产/流动负债)、速动比率①、资产负债率、利息

①速动比率 =(流动资产 - 存货)/流动负债。

保障倍数(息税前利润/利息费用)、债务保障比率(经营性现金流/负债总额)等。

③ 常用的交易估值指标包括:市盈率(总市值/税后净利润)、市销率(总市值/收入)、市净率(总市值/净资产)、EV/EBITDA("企业价值倍数",国际上被广泛使用,近年来在国内的应用也逐渐增多)等。

获取上述指标的数据来源有:各类金融数据库、行业协会统计、券商研究报告、评级机构出具的信用评级报告、上市公司定期报告、上市公司公告等。

(2)注意事项。

① 参照系中可比公司数量不宜过多,应综合各类指标选择与评估对象最接近的几个对象纳入对比。

② 市盈率是大多数企业家最熟悉也是最关注的估值指标。根据不同的计算口径,市盈率又可细分为静态市盈率(用测算时的总市值除以前一年度的净利润)、动态市盈率(用测算时的总市值除以当年的预估净利润)和滚动市盈率(用测算时的总市值除以最近四个季度的净利润之和)。在实践中,我比较推荐适用性更强的滚动市盈率,这主要是因为每个出售交易启动的时间不同。比如,若2020年2月启动项目,这时候上市公司2019年的年报尚未披露,此时呈现的静态市盈率使用的是2018年的利润数据,因为相隔时间较远,参考价值就变低了。而此时

2020 年刚刚开始,对于全年业绩的预测也未必准确,因此动态市盈率可能也会遭到质疑。相对来说,滚动市盈率从数据的可得性与适用性方面是一个比较平衡的选择,无论项目启动时间在一年之中的什么时候都可以采用这种口径进行计算。

步骤三:对比得出估值结论。

财务顾问向你交付的工作成果通常是一个包含 Excel 表格的估值意见。它的常见格式如图 5-1 所示。

公司名称	股价/元	市值亿元	收入亿元	毛利润率	净利润率	市盈率 P/E TTM	市销率 P/S	市净率 P/B
A 公司	15.49	29.85	11.25	32.6	23.3	16.9	2.7	2.3
B 公司	6.43	28.94	6.29	42.5	20.9	33.0	4.6	4.6
C 公司	22.90	26.83	6.19	34.2	21.5	31.8	4.3	3.7
D 公司	5.81	18.21	9.19	22.9	10.0	20.0	2.0	2.3
E 公司	15.89	17.97	8.44	27.9	11.7	29.0	2.1	1.5
平均数						26.1	3.1	2.9
中位数						29.0	2.7	2.3
你的公司			2.98	28.5	16.8			

图 5-1 上市公司比较法示例

(1)如何解读这个结论。

参照系中的上市公司市盈率最高 33 倍,最低 16.9 倍,经过取平均数和中位数两种方法，得出的市盈率参考区间是 26.1 倍至 29 倍。

不过，这并不意味着你应该按照这个参考区间向买方要价。这是因为投资者普遍认为一、二级市场[1]应该存在合理价差。从某种角度看，这是对多年以来 A 股市场平均估值高于国际市场的一种修正。若非如此，假设出现看似差不多的两个投资机会，国内标的卖 25 倍，而国外标的只卖不到 15 倍，上市公司可能就会选择性价比更高的国外标的。2016 年前后海外并购的火爆就有这方面的原因。

多年以来，A 股并购重组市场存在一个约定俗成的定价“潜规则”，就是一般不超过标的公司业绩承诺期平均动态市盈率的 15 倍（实际上能达到或接近 15 倍的案例非常罕见）。比如，你的企业 2019 年经审计净利润为 5000 万元，你想获得静态市盈率 27 倍的估值（27 × 5000 万元 = 13.5 亿元），那么你的承诺期平均净利润就至少要达到 13.5 亿元/15 = 9000 万元，这意味着未来三年 30% 以上的年化业绩增长！显然，这样的增长目标对于绝大多数企业来说都是难以完成的，因此你就有必要调低自己的预期。站在买方的角度，上市公司在与你初步接触的时候，肯定会询问你对未来三年业绩的预测。假设你估计年化增长 10% 有较大把握能够实现，对应三年净利润分别为 5500 万元、6050 万元、

①一级市场是发行市场，投资标的都是没上市的公司，因此出售你的企业也是一种一级市场行为。二级市场是流通市场，投资标的是已经上市的公司发行在外的股票。上市公司的市盈率是二级市场的一种价格指标。

6655 万元,按照交易当年(2020 年)预测净利润的 15 倍估值就是 8.25 亿元,这相当于三年平均利润的 13.6 倍,相当于 2019 年净利润的 16.5 倍。这样的假设定价,相较上市公司比较法得出的参考市盈率有较大折让,按照三年平均来看也处于 15 倍以下,站在买方的角度,就有可能同意将此作为继续往下谈判的起点。请注意:只是起点,或者称之为一个参考价格,而不代表买方会这么快就接受这个价格。并且,在看完本章后,你也会发现这种估值谈判的方式并不科学。我们暂且不做进一步展开,仅帮助你增进对买方思维方式的理解即可。

(2)注意事项。

① 你想要的估值市盈率相比参考市盈率的折让越大,买方单纯对于价格指标的评价会觉得越划算,成交的可能性相应也越大。所以,如果你不愿轻易降低自己的预期,那就应该深度介入参照系的筛选过程。聪明的参照系选取能够有效引导买方的看法,而你比任何人都了解自己的企业,因此最有能力优化这个工作的结果。财务顾问的主要工作是初步筛选尽量多的参照物,并通过各种信息渠道尽量完整地向你呈现这些参照公司的经营情况。而你的工作不仅是要二次筛选市盈率相对较高的少数参照物,更重要的是通过细致的数据对比,确保选择它们的理由经得起推敲。你和你的财务顾问应该详细记录下这些

理由,将其作为工作底稿的一部分,在未来应对买方评估师以及参加交易谈判时作为重要依据。

② 你没有必要去深究,更没有必要与买方去争执 15 倍上限的合理性。它只是一种市场惯例。不排除这个基准线可能在未来的某一天变得更低或者更高,但在可预见的三五年内,它客观反映了大多数买方对于价格问题的真实心理预期。据统计,2018 年 A 股市场全部重大资产重组的平均估值对应静态市盈率 19.44 倍,对应交易当年动态市盈率的 14.25 倍,对应三年平均动态市盈率的 11.09 倍。2017 年发生的交易中这三组数据分别是 21.72 倍、14.58 倍、11.20 倍。2016 年的三组数据分别是 22.22 倍、14.96 倍、11.74 倍。2015 年的三组数据分别是21.13 倍、14.19 倍、11.23 倍。2015—2018 年这 4 年观测期在过去 10 年里非常具备代表性,既包括了并购市场火爆、交易估值水涨船高的 2015 年,也包括了悲观情绪蔓延、并购市场严重受挫的 2018 年。以此为参照,相信你能对自己企业的估值建立起恰当的初步预期。

2. 交易案例比较法

(1)三个步骤。

① 挑选近年发生的类似并购交易。

② 获取相关交易所涉及的标的公司的经营指标、财务指标及交易倍数。

③ 对比得出估值结论。

你将会看到的工作成果同样是一个包含 Excel 表格的估值意见。它的通常格式如图 5-2 所示。

交易日期	收购方	标的公司	标的公司指标			交易估值指标		
			收入亿元	毛利润率%	净利润率%	市盈率静态	市盈率交易当年	市盈率三年平均
××年××月	A 公司	D 公司	6.21	30.0	18.2	22.3	15.8	12.4
××年××月	B 公司	E 公司	4.85	26.5	14.5	20.6	14.2	11.5
××年××月	C 公司	F 公司	3.86	25.0	15.0	18.2	13.5	10.6
平均数						20.4	14.5	11.5
中位数						20.6	14.2	11.5
你的公司			2.98	28.5	16.8			

图 5-2　交易案例比较法示例

(2)注意事项。

① 在可以找到合适参照物的前提下,交易案例比较法的参考意义更强。因为它直接反映了一个真实案例中的定价水平。相比而言,上市公司比较法则只能大约告诉你:超过某一个倍数,买方接受的可能性将微乎其微。

② 你并不一定能找到合适的参照物,或者你很难找到一定

数量的参照物来证明估值结论的普遍代表性。这主要是因为绝大多数没有构成重大资产重组的交易不会详细披露标的公司信息及交易定价细节。这些“重大”交易的数量在所有市场案例中占多大比重呢？同花顺 ifind 统计数据显示，按照首次公告日口径，2018 年全年和 A 股上市公司有关的并购重组事件共 2917 起，其中构成重大资产重组的只有 218 单，占比仅为 7.5%！最近 10 年里，重大资产重组交易的最高峰出现在 2015 年，但也仅有 424 单。交易数量如此少，如果再按照证监会行业分类指引拆分到 90 个行业，平均每个行业只有区区几单，而且还不能保证这几单涉及的标的公司与你的企业具备可比性。因此，无法获取数据经常导致交易案例比较法无法实施。

收益法估值

市场法建立的初步预期需要经过检验,否则实际意义就不大。这是因为:

(1)市场法为你展示了一个估值范围,而不是一个数值。既然是范围,就存在范围内的上限和下限。在前面可比交易的例子中,上限是2019年净利润的22.3倍,下限是18.2倍,中间相差了4.1倍,折成估值就是2.05亿元!即使按照参考系的均值计算(假设你接受均值作为交易估值),也会比上限少拿1.9倍,这意味着9500万元的估值损失。我相信没有任何企业家愿意轻易放弃这部分估值。

(2)卖方都希望向范围的上限看齐,然而买方的想法正好与你相反。因此,单纯基于这种间接的估值方式无法弥合双方的分歧。这就是采用“收益法”进行绝对估值的必要性。

■收益法的原理

按照《资产评估执业准则——资产评估方法》的定义，收益法是指通过将评估对象的预期收益资本化或者折现，来确定其价值的各种评估方法的总称。收益法应用的前提条件是：第一，评估对象的未来收益可以合理预期并用货币计量；第二，预期收益所对应的风险能够度量；第三，收益期限能够确定或者合理预期。

相信你读完上述定义就能直观地感受到：收益法是专业机构使用的估值技术，它从理论到实践都远比市场法复杂！你的感觉完全正确。但你还需要知道如下几个事实。

(1) 收益法是国际国内公认的在科学性和精确度方面更优质的估值方法。不仅是在并购领域，股票分析师判断一只股票的价格是被高估还是低估从而给出卖出或买入的建议时，也会把主要精力放在收益法模型分析上面。从分析过程来说，收益法的依据更加具体；从分析结论来看，收益法得到的估值区间通常更窄，因此更精准。

(2) 尽管如此，你仍然可能会听到一些人说收益法不靠谱。这些人的理由主要是收益法基于很多假设。我们之后会详细讨论关于假设的问题。但在此之前,你应该理性对待这样的断言:被否定的事物并不一定是因为它本身不合理,有时是因为否定它的人并不懂得,或者不想让你懂得其中的奥妙。

(3)相当比例的卖方财务顾问不会主动帮你开展收益法估值,因为它费时费力,给你解释起来也比较困难。然而,买方却会大量运用该方法,尤其当收购价格涉及明显溢价的时候。请记住这句话:当收购价格出现明显溢价的时候,买方就会派评估师上场,用收益法论证溢价的合理性。

(4)虽然评估师的意见对交易溢价的合理性判断很重要,然而评估师在极短时间内全面了解你的企业情况并做出合理假设的难度很大。现实中,无论卖方还是买方都不太经常参与评估师的工作过程,而只会参考他们的工作结果。

你可以从正反两方面来解读上述事实。

(1)从正面来看,评估师的工作带着严谨的专业性,有着固定的方法论和思维逻辑。你掌握了这种逻辑,就好比练成了太极拳里"借力打力"的身法。搞懂收益法,你就能接住买方的力;玩转收益法,你就有机会合理引导买方预期,从而赢得溢价。

(2) 从反面来看，买方评估师掌握的信息有限，并且承认溢价就要承担责任，因此他们会本能地选择最保守的估值意见。

掌握收益法并不难，关键在于掌握到什么程度才是恰到好处。

你没必要去阅读专业书籍、学习 Excel 模型搭建，以及一些具体参数的选取方法，这些技术细节交给你的财务顾问即可，而你要做的仅仅是抓住问题的主要矛盾，搞清楚对结果影响最大的关键因素有哪些，哪些受你控制，如何控制才能获得更好的结果等。请相信：正确的估值不是数学游戏，而是逻辑游戏。逻辑游戏摆弄的无非是生意的道理。跳出数字看道理，你就轻车熟路了。基于这样的出发点，我们先讲它的逻辑。

1.1 个核心逻辑

股权价值等于企业未来每年可向股东分配的最大现金数量的总和。

股东向企业投入的是现金或者能折算为现金价值的其他资源，期待的回报也是现金。企业想要回报股东，就必须具备良好的现金流。但是，现金流能不能全部上交股东呢？当然不能！因为债权人会要求还本付息，企业的流动资金需要钱，固定资产投资也需要钱。因此，可供分配的是留足了应付以上这些事情所需要的钱之后剩余的现金流，我们称之为“股权自由现金流”(“FCFE” – Free Cash Flow of Equity)。

一个持续运营的企业在未来创造的所有股权自由现金流的总和就是这个企业的股东所享有的股权价值。但不能进行简单加总，因为货币是有时间价值的。简单来说，你今天存进银行100万元，到了两年后就不止100万元，因为至少收获了利息。所以货币时间价值的通俗表述就是“今天赚的一块钱比明天赚进来的一块钱值钱”。基于这样的道理，在加总的时候要把未来预期能赚的钱打个折，这就是“折现率”。把未来的股权自由现金流折现之后求和，便得到了股权价值。这里所讲的计算逻辑可以用图5-3进行展示。

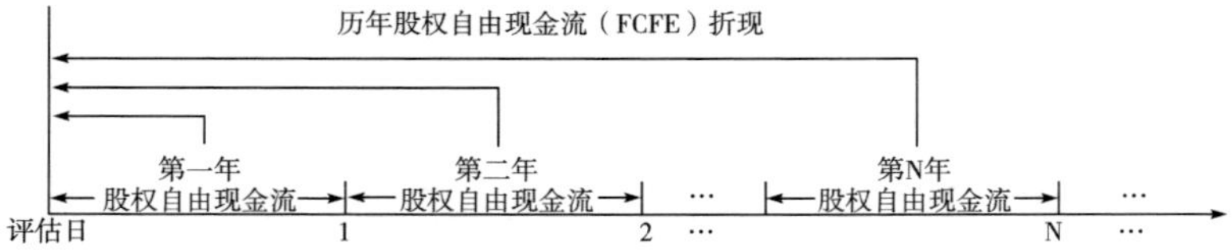

$$\text{股权价值} = \sum_{t=1}^{n} \frac{FCFE_t}{(1+r)^t}$$

n–企业的预期寿命；t–第t个预测期；r–折现率

图5-3 收益法估值原理

2.1个核心变量

可看出图5-3的公式中，影响股权价值结果的只有两个变量:未来每年的股权自由现金流和折现率。其中,折现率是个纯粹的技术参数,评估师不会参考你的意见。你唯一可控的变量只有股权自由现金流。

那么,需要详细推算未来几年的现金流才够呢?

我个人的建议是:从估值时点的下一年度开始三年足矣。按照国内交易的惯例,业绩对赌一般也就三年,买方最关心的是这期间承诺业绩的实现把握。比如,你在 2020 年内开展估值,详细预测期就最好包含 2021 年、2022 年、2023 年这三年。

超过详细预测期的更远的未来不需要你操心。因为操心也没用,再厉害的企业家也无法对三五年后的事情作出准确预测。若问你十年之后会如何,那就和算命差不多了。专业机构会用 Gordon 永续增长模型或者终值倍数法去看待更远的未来。这是他们的工作,不是你控制的范畴。

如此,你的关注点可以聚焦为:找到未来三年的股权自由现金流的来源。

3.3 组影响因子

要分析现金流,就要回到你的财务报表中。直接预测现金的进出并不容易,也缺乏依据。因此,间接推导的方法更易被大家普遍接受。

间接法以你的净利润为起点,逐一审视你的会计科目变化。有的变化意味着增加现金,那就加回;有的变化将会消耗现金,那就减去。

我们可以用图 5-4 展示这个过程。

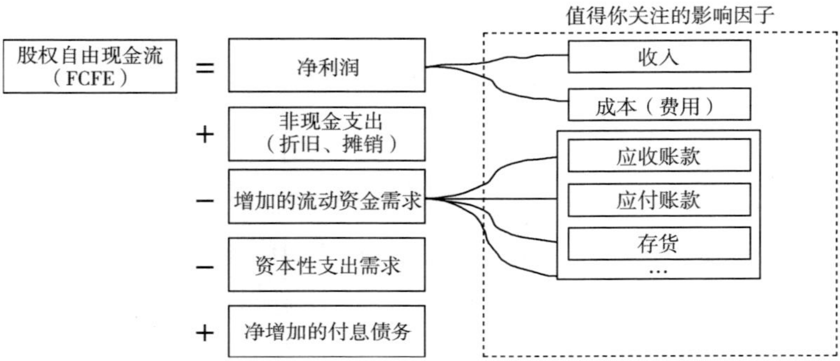

图 5-4　股权自由现金流的计算公式及影响因子

先看股权自由现金流的计算公式：

(1) 折旧、摊销只是会计处理，虽然冲减了利润，但并没有发生现金流出。所以，这两个科目对应的金额应该加回。

(2) 增加的流动资金需求，比如更多的存货，你的现金就被占压了，所以此处要减去。

(3) 资本性支出会消耗现金，比如你的固定资产投资。此处同样应该减去。

(4) 净增加的债务（由新增债务，减去到期债务的本金偿还金额）在企业正常运转且贷款银行不反对的情况下，可以用于股东分红。故此处应该加回。

上述加减项中的非现金支出不必重点关注。因为除非你有新的投资计划,否则在你估值的那个时点,折旧和摊销都是历史上的投资所带来的遗留问题。它只是客观存在的事实,本身不需要你去计划什么或者调整什么。你会在出售企业的同时规划新的投资吗?我遇到的绝大多数企业家都不会这么做。资本性支出将会消耗你的现金流,从而拉低你的估值。并且你的企业即将迎来新的主人,未来的投资让新主人说了算是不是更合理呢?净增加的债务一般也不用考虑。因为在多数情况下,企业家倾向于在对赌期保持债务结构的相对稳定。即使你的企业出现流动资金缺口进而增加了短期贷款,新增贷款金额和新增的流动资金需求在上面的公式中会相互抵消,因此也不会对计算结果构成影响。

经过上面的分析可知,你只需要关注净利润和流动资金。

利润是由收入减去各种成本费用之后的结果。至此,你需要关注的、自己能够掌控的、对估值结果构成关键影响的核心因子只有如下三组而已。

(1)收入。

(2)成本(费用)。

(3)流动资金(最常见应收账款、应付账款、存货,也可能包含预付账款、预收账款等)。

■ 收益法的实施方法

从最简化的视角来看，收益法估值只需两步。

（1）财务顾问使用 Excel，按照前面已经讨论过的推导股权自由现金流，以及折现求和的逻辑在表格里录入历史数据，并针对预测数据设置好相应的计算公式。这就是所谓的“建模”。模型中间会预留一些空格供你输入“关键假设”，还有一些位置供你简要描述做出这些假设的理由。

（2）你对这些假设填空，再写几句关于假设逻辑的描述（你也可以不写），电子表格就能自动完成计算，告诉你估值的结果。

图 5-5 展示的是一个极简的股权自由现金流推导模型。××公司的相关数据是杜撰的，仅为说明之用。同时，这也并非一个完整的收益法估值模型。我有意省略了折现率、永续增长率、退出倍数等技术参数的推导以免增加你的理解负担（前文讲过，这些参数不在你的控制范围之内，因此不需要你特别关注），也因此无法越过这些参数向你展示模拟的估值结果。不过，这丝毫不妨碍我们借这个例子给你拉响警报。

收益法估值的典型错误是：可能会有人用它来一本正经地胡说八道。

XX公司股权自由现金流推导模型

单位：万元

假设1：详细预测期内营业收入保持10%的年均增长

假设2：详细预测期内通过各种手段降低成本，将毛利率提升至35%

假设2：其他费用随营业收入同比变化，存货及上下游结算政策保持稳定。

	历史数据区			平均增长率	预测数据区				平均增长率
	2017	2018	2019	(17'-19')	2020	2021	2022	2023	(20'-23)
营业收入	22,704	27,029	29,800		32,780	36,058	39,664	43,630	
增长率	n/a	16.0%	9.3%	12.7%	10.0%	10.0%	10.0%	10.0%	10.0%
减：营业成本	15,893	18,244	21,307		21,307	23,438	25,781	28,360	
毛利润率	30.0%	32.5%	28.5%		35%	35%	35%	35%	
营业费用	1,362	1,622	1,214		1,311	1,442	1,587	1,745	
管理费用	454	541	436		492	541	595	654	输入变量
财务费用	227	270	168		164	180	198	218	
资产减值损失	0	0	0		0	0	0	0	
加：公允价值变动收益	0	0	0		0	0	0	0	
投资收益	0	0	0		0	0	0	0	
营业利润	4,768	6,352	6,675		9,506	10,457	11,503	12,653	
加：营业外收入	0	0	0		0	0	0	0	
减：营业外支出	0	0	0		0	0	0	0	
利润总额	4,768	6,352	6,675		9,506	10,457	11,503	12,653	
减：所得税	1,192	1,588	1,669		2,377	2,614	2,876	3,163	
净利润	3,576	4,764	5,006		7,130	7,843	8,627	9,490	
净利润率	15.8%	17.6%	16.8%		21.8%	21.8%	21.8%	21.8%	
加：折旧	454	541	596		560	510	459	413	
摊销	0	0	0		0	0	0	0	
减：新增流动资金需求					1,073	1,180	1,298	1,428	
资本性支出					0	0	0	0	
净增付息债务					0	0	0	0	
股权自由现金流（FCFE）					6,617	7,173	7,788	8,475	

图 5-5　股权自由现金流推导模型示例

我们对于这个样本模型的“逻辑”稍加解释。

毫无疑问，你的公司利润需要保持增长，这是大多数买方对你感兴趣的基本前提。提到利润增长，你本能的反应必然就是四个字——开源节流，也就是要提升收入、控制成本。因此，将预测期的收入增长率和毛利润率作为核心假设看似是合理的。负责搭建这个模型的人可能不会设置过多的假设，因为那很可能会让你费解甚至恼火。我曾见过很多实际案例中的模型采取了与图 5-5 同样的简化逻辑：假设除营业收入和营业成本由你主动调节控制以外，其他费用都随收入的增加而同比提高；同时，假设预测期内同客户及供应商的商务条款维持稳定，比如你原先给客户 90 天账期，现在依然不变，这样新增流动资金的需求基本上也会与收入同步变化。

只要变量输入了，无论这样的假设是否真的有意义，总会得到一个所谓的估值结果。然而,这个结果等于只是告诉了你目标是什么(如何“凑出来”你主观上想要的估值),却没有回答你应该做什么以及怎么去做,甚至你无法判断做不做得到。

这种纯粹的数字游戏在实践中的危害是巨大的。举个例子:你听说一家主要的竞争对手近期被收购了,从估值市盈率的角度非常令你羡慕。而这家企业的收入、利润和你的企业不相上下。你的潜意识里很容易把它的估值拿来对标。但是到了谈判的时候,买方评估师则表示:按照收益法测算,估值结果无法达到你的预期。

我们在这里补充一点背景信息:一方面,虽然你们两家公司的收入、利润接近,但对方的土地厂房是自有的,而你的公司是租用的,它同时拥有比你更多的专利,因此它每年的折旧摊销比你多2000万元。另一方面,你需要在激烈的市场竞争中抢客户,而它在技术上的优势导致客户对它的依赖性极强,几乎不需要投入太多推广成本,因此它每年的营销费用比你少2000万元。

假如在信息充分、知己知彼的情况下,我相信你也会承认另一家公司的价值应该更高。然而,首先,利润表的数字具有欺骗性,如果简单拿净利润对标就会高估你的价值。其次,大多数时候信息是不充分的。也就是说,你无法全面掌握所有相关的背景信息。最后,即使信息充分你也可能陷入意气之争,非得与之看齐。于是,估值谈判就会陷入僵局。

有的买方可能会坦率地告诉你:要么降低估值,要么终止谈判。从我的角度,我会欣赏这种立场明确的买方。因为他们的理性不仅保护了上市公司股东的利益，客观上也帮你避免了将来对赌失败的赔偿。然而，有的买方，尤其是没有尝过商誉减值[1]之苦的并购新手，可能会一边劝你适当降价，一边给评估师施加压力。这种情况在实际工作中很常见，并且一旦买方开始影响评估师的工作（尽管理论上讲，评估师的工作应该是独立的），收益法就会变成一种先有结果后找依据的形式主义。只要能凑拢买卖双方的价格预期，即使这种预期都是拍脑门，总之是可以反算出数学意义上的对赌业绩目标的。比如，你可能会听到这样的反馈意见：估值可以谈，但你承诺10%的业绩增长评不出来，至少得调高到20%才行。最终，你咬牙接受了20%的业绩承诺，历经数月的艰苦谈判画上了“圆满”句号。在参加完盛大的交割仪式后，你召集全体员工，鼓励大家齐心协力，保证对赌业绩的完成……

熟悉资本市场的人，无论是中介机构还是经历过交易谈判的买方或者卖方，我相信他只要看到这个例子，都会觉得无比熟悉。很多业绩对赌的确就是如此草率地做出的。当然，这并不是说定10%就合理，定20%就不合理。数字本身没有意义，数字推导的过程以及背后逻辑的合理性与可行性才是值得反思的问题。如果没有人去质疑20%是否超出了标的企业的能力极限，那么，错误的开始便注定了失败的结局。

---

①买方在收购交易中付出的超过标的企业净资产公允价值的价格部分将会被记入商誉。商誉也是企业的一种资产类型，但它的价值取决于被收购资产创造的实际经济效益与收购时预期的经济效益是否吻合。买方审计师一般会每年对商誉进行减值测试，一旦标的企业的业绩严重恶化或大幅落后于预期就可能触发减值。经确认的减值损失将直接冲减当期利润，且后续无法转回。

失败的原因有二：

(1)财务目标并不能直接告诉你经营目标。对一部分企业家来说，财务报表是埋头苦干一年后的结果与回顾。等你能够回看数字的时候，代表着一年已经过去了。假如数字没有吻合预期，但是木已成舟，买方已经开始帮你计算赔偿金额了。

(2)你还可能低估了部门之间的目标冲突。各个部门都努力，并不代表结果一定就好。销售部门的目标是扩大收入，他们不一定在意费用的增加或是流动资金的效率；财务部门的目标是控制成本，他们不会考虑市场机会的得失；研发部门的目标是新产品开发，他们不会担心当期业绩的好坏。一些人努力的方向，可能正在抵消另一些人努力的成果。我并不是说这种内部博弈不健康，问题在于，你几乎没有试错的机会。一旦博弈的结果有损当期效益，即使从长远来看是有益的，但游戏规则决定了你仍然需要赔偿。

众多真实存在的失败案例令收益法经常承担着骂名。

事实上，收益法的原理没有问题，经营假设也是业绩规划的一部分。但是，一定不要离开你的经营场景去做任何假设。什么是离开经营场景呢？无论你的企业是生产食品还是机械，或是提供互联网服务，都一律假设收入上升 10%，或者成本下降 5%，这就是脱离经营场景！这样的错误是对收益法的根本意义缺乏深度的认识。

■ 收益法的实质意义

对于买方来说，收益法是一种估值工具，它的主要职能是价格论证。然而，对于卖方来说，通过收益法进行业绩预测分析还有更为关键的多重意义。

1. 它是一个计算器，帮你确定财务目标

对赌期的经营目标，本质上是为了完成对赌，因此经营目标是为财务目标服务。不考虑出售的时候，很多企业家要么不做计划，要么到年底让各部门报计划，这样的习惯套用在交易中都是对自己的不负责任。经营目标必须出自顶层设计，并且要非常清楚与财务目标之间的对应关系。在与买方开展谈判之前，就应该如图 5-6 所示这样建立起估值预期、财务目标、经营目标三者间的对应关系，并且通过冷静分析确定保底目标与极限目标。在此基础上，中间部分就是你的选择空间。你可以选择估值低一点，自然经营压力也会小一些；也可以选择在极限范围内追求更高的估值，经营压力虽然有所增加，但也不是孤注一掷的赌博。

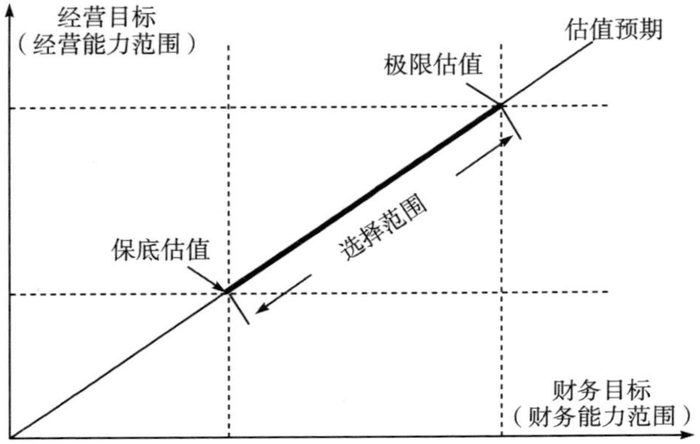

图 5-6　估值预期范围形成原理

2. 它是一个转换器，帮你把财务目标转换成各部门能够理解的经营目标

比目标更重要的是达成目标的路径与方法。这里存在一个普遍的困境:实现财务目标是企业在这个阶段的最高宗旨,然而财务目标却并不受财务部门的控制。因为推动企业增长的是业务部门而不是财务部门,而且各个业务部门并不能直接对企业的整体财务目标负责。以毛利润率为例,收入、原料成本、生产成本、人工成本分散在销售、采购、生产、人事等部门进行管理。因此,你把财务目标直接下发给各部门是没用的,必须将它转化翻译为各部门容易理解的经营目标。同时,由于部门利益之间存在天然的冲突,指望既能充分博弈又要在限定时间内保证整体目标

的达成是不可能的。所以,企业家需要自己拿着放大镜,从纷繁的经营细节中寻找重点,抓住那些对结果影响最大的关键问题,把资源倾斜到最有把握、短期最能见成效的事情上去。

3. 它是一把裁纸刀，帮你把经营目标拆解成切实可行、落实到人的执行方案与小组目标

全体动员绝不能变成全体盲动,战术上的勤奋反而会掩盖战略上的懒惰。战略一定是在顶层设计的,并且和常规状态下的战略不同,对赌期内的战略必须简单、有效,还要当期见效。所以,首先在规划阶段你自己要想清楚,其次你需要给各个关键部门下达明确的 KPI(关键绩效指标)。自下而上的集思广益不是不可以,但保证对赌业绩完成最需要的是自上而下的任务分发与贯彻执行。

如何正确发挥收益法的上述功能呢？我们需要打通“估值目标 – 财务目标 – 经营目标 – 经营规划 – 绩效指标”之间的逻辑关系,用正确的方法把资本市场的估值语言翻译成你熟悉且自信的经营语言。

估值预期与能力范围

打通“估值目标－财务目标－经营目标－经营规划－绩效指标”之间的逻辑关系需要包含五步，即画出你的“价值树”、找到关键变量、分析优势与潜力、平衡估值预期与能力极限、经营计划与实施效果监控。

■第一步：画出你的“价值树”

1. 价值树分析法的起源

1912 年，美国杜邦公司率先采用如图 5-7 所示的树形结构图来描述净资产收益率的形成原理，并将各种影响因素与计算结果之间的量化关系通过树形枝叶的形式清晰地展示出来。

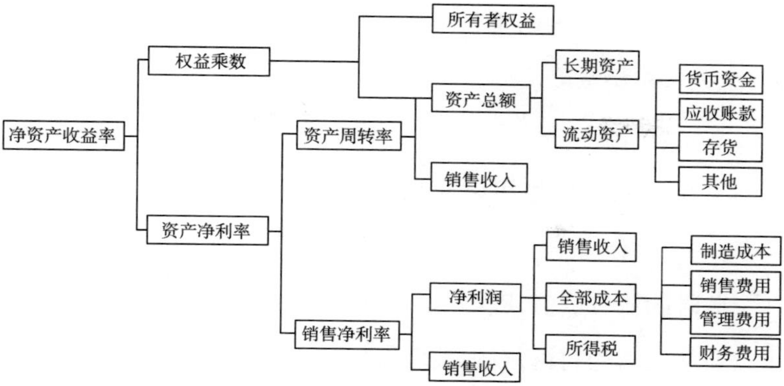

图 5-7　杜邦树形结构图分析法

在杜邦分析法的基础上，经过众多跨国公司和管理咨询集团在实践基础上的不断研发，逐渐扩展和完善了一系列企业价值管理方法，如基于价值的管理理论（Value Based Management）和经济增加值理论（Economic Value Added）等，在企业战略规划、绩效管理、投资决策等领域得到了广泛的应用。

2. 什么是价值树

本质上来说，价值树是把企业的价值创造逻辑用可视化的方式呈现出来。这种方式将管理层所追求的业务价值（即图 5-7 中最左侧的“树根”）与一组驱动因素（即任何可能影响业务价值的变量，在图 5-7 中显示为展开的“枝叶”）联系起来。搞清这些驱动因素与业务价值之间的关系，就能了解一个或多个驱动因素的变化将如何影响总体结果。管理层与股东关心的业务价值可能是一个财务目标，比如净利润率；也可能是一个非量化的经营目标，比如客户满意度。

3. 价值树分析也可以应用于企业出售场景

此时的业务价值，应该是股权自由现金流。按照上一节中关于收益法逻辑的讨论，对你估值影响最大、你能够掌控的、你唯一需要聚焦的关注点，便是未来几年的股权自由现金流。

紧连“树根”的几个主干，应该包括股权自由现金流的三组核心影响因子：收入、成本（费用）、流动资金的变化。收入、成本（费用）、流动资金的变化可以进一步分解。审计报告中的附注明细本质上就是一种分解。然而，财务报表是按照财务逻辑进行的分解。为了保证报表结构的一致性，这种分解是相对标准化的。一味套用财务逻辑进行企业价值树分析是错误的。因为价值树的目的是描绘企业的商业逻辑，报表结构的标准化与商业逻辑的差异化是一对天生的矛盾，导致你可能无法借此找出企业价值的驱动因素。

价值树分析需要不断深挖和延伸才能发现深层次的问题。分析的过程也就是对你的业务进行拆解的过程。财务报表把企业看成一个整体，反映的是这个整体在一段时间内的所有变化所带来的综合性结果。然而，在日常经营中，你和你的团队最经常面对的却并非那些整体性的问题或者挑战。举例来说，你可能针对不同的客户采取不同的营销策略，你在不同的市场投入的资源并不平均，你在国内市场和出口市场需要考虑的问题也不尽相同。想要获得深度的观察，就需要深入到每一个与你的业务息息相关的"细分市场"（Segmentation）中。

"细分市场"这个概念最早是由美国市场学家温德尔·史密斯（Wendell R. Smith）在20世纪50年代提出的。它是指企业根据消费者需求、购买行为、消费习惯等方面的差异，把企业面对的市场，甚至是某个具体产品面向的市场切分为若干具备共性的子集的过程。进行市场细分的标准通常包括以下几项。

（1）地理因素细分：国家、地区、城市、农村、气候、地形等。

（2）人口因素细分：年龄、性别、职业、收入、教育、家庭人口、家庭类型、家庭生命周期、国籍、民族、宗教、社会阶层等。

（3）心理因素细分：社会阶层、生活方式、用户个性等。

（4）行为因素细分：购买时间、购买数量、购买频率、购买习惯（品牌忠诚度），以及对服务、价格、渠道、广告的敏感程度等。

我们以一个制造型企业为例，它的股权自由现金流价值树也许可以按照图5-8中的方式进行分解。

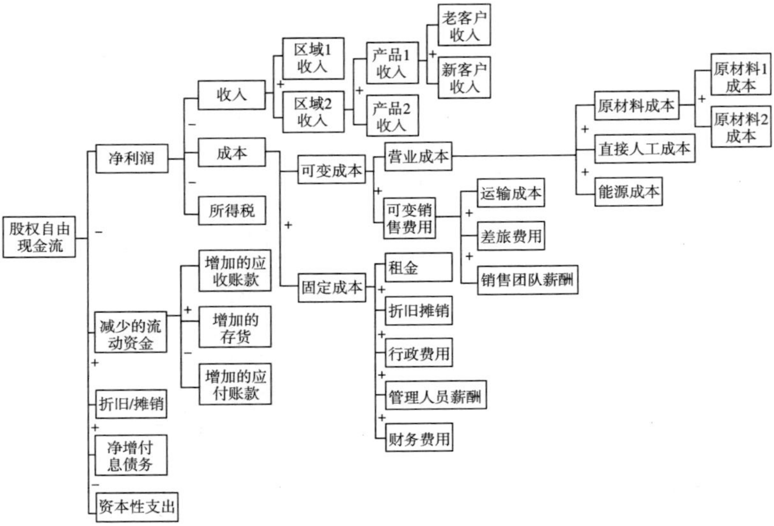

图 5-8　股权自由现金流价值树分析示例

这个简化的树形分解仅为举例之用。不同的行业，不同的公司，分解方式可能存在差异。你应该特别注意：价值树是为了讲述你独特的商业故事，因此分解的路径与方法需要吻合你的业务逻辑。换句话来说，如果你的团队给你呈现的价值树与你实际的经营架构不符，甚至你还要费劲去理解这个模型，那么这个分析多半就是失败的。失败了就需要返工，否则就成了形式主义。价值树分析的过程只是把你生意成功的秘密用一种特别的方式总结提炼出来，背后的故事是你创造的，而不是你的团队杜撰的，因此故事本身应该是你熟悉并且认可的。

■第二步：找到关键变量

经过价值树分析，就有可能将财务报表中的数字进行分解，再按照业务逻辑进行重新组合。我们可以回到收益法模型，对历史财务数据进行重新加工。

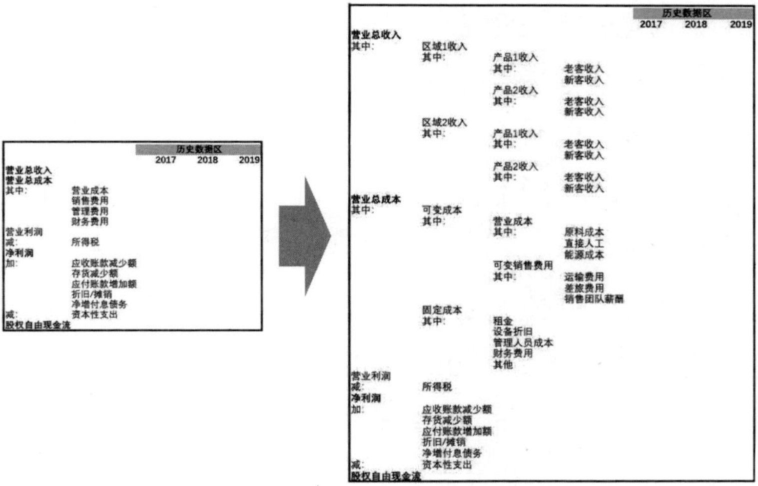

图 5-9　财务报表重构示例

由于图 5-9 中的模型仅为举例之用，所以它比绝大多数真实案例要简略。例如，企业收入分解的维度除了区域、产品、老客户（新客户）外，可能还会包括客户转化渠道、客户类别等；人工成本也可以按照生产部门进一步细化，原料成本可以按照原材料的具体种类或者采购渠道进行区分。定义细分市场的分解维度越多，市场就被切割得越细，重构后的模型就会越接近你的实际经营情况。每一个变量(如在区域1售出的产品1中的老客户收入贡献)都可以通过敏感性分析①看出它对最终结果(即股权自由现金流)的影响力和重要性。通过这个过程,你可以搞清楚经营规划的重点应该放在哪些细分领域,以及哪些领域出现了较为明显的正面或负面的情况变化。

此外,这个分析过程也帮助我们找到了为你的企业进行精准定位的正确方式。无论是在推介材料中,或是与买方初次见面的过程中,所有人都希望看到或者听到你用短短几句话来定义你的公司。很多企业家虽然对自己的公司了如指掌,但往往没有想过如何用几句话来说清楚自己的企业好在哪里,在最短的时间内引起对方的兴趣。

为什么企业出售需要重视定位?

这是因为绝大多数拟出售企业,当被看成一个整体的时候,往往都是不完美的。市场上总是存在比你规模更大、品牌更强、利润更高的巨头,人们很容易拿那些人尽皆知的巨头来定义完美。一旦这么比较,不仅毫无意义,并且基本可以肯定是对你不利的。如果你是做互联网的,被拿去和腾讯比;做手机的,被拿去和华为比;做金融的,被拿去和工商银行比……是不是很容易就被秒杀了?所以在本书早先的讨论中,我曾提到一个观点:那种

①敏感性分析是指从多个不确定性因素中逐一找出对最终结果或目标有重要影响的敏感性因素,并分析、测算其对结果或目标的影响程度和敏感性程度。若某参数的小幅度变化能导致结果的较大变化,则称此参数为敏感性因素,反之则称其为非敏感性因素。

流行的“标签分类”是一种毒药，对卖方非常不利。你要么被标签群里的王者秒杀，要么被平庸的群友拖了后腿。

因此，定位的秘诀在于分解你的业务，在分解的过程中找到你的差异化，以及你在细分市场中的相对优势。描述这个细分市场，你就可以用类似“公司的战略优势聚焦于向区域 1 中的老客户出售产品 1”这样的方式。一个开发手机游戏的公司可能在收入规模上远远不如腾讯，但是它的付费用户转化率非常高。其用户都集中在 25 ~ 34 岁年龄段的工作族，并且用户数量增长基本依靠口口相传而非烧钱推广。对于这样的企业，定位的角度就不能泛泛而谈，而要聚焦于它的产品为什么受到特定年龄层用户的欢迎，这个年龄层用户的使用习惯是什么，什么是激发用户付费的关键因素，在针对这个细分客户群的市场竞争中公司处于什么位置，是否可能扩展目标用户的范围，是否能够把握现有客户的需求场景开发更多产品等。公司不怕小，但要通过这些分析讲清楚一个“小而美”的商业模式。

找到关键变量，就是帮我们聚焦重点问题。在此基础上不断深挖和总结，打动买方的故事线索才可能在过程中逐渐清晰。

■ 第三步：分析优势与潜力

驱动因子是驱动关键变量的核心要素，你可能需要对某些关键变量进行再分解。

例如,你在区域1售出的产品1中的老客户收入可以进一步分解为单价乘以销量,直接人工可以分解为平均岗位工资乘以工人数量,原材料成本可以分解为单价乘以采购数量。

此处的分析包含如下双重目标。

(1)证明你在某个细分市场"有优势"。比如领先的市场份额,或者更多的客户数量,也可能是更低的采购成本等。部分"证据"可能来自现成的研究报告。某些证据如果重要性极高,甚至需要你的团队通过专家访谈等形式进行专门论证。

(2)证明你在某个细分市场"有潜力"。论述潜力最好的方法就是巧妙地寻找参照物。对比的方法很难一概而论,因为这取决于数据的可得性。但通常来说,主要包括自上而下和横向对比两种方式。如能获得行业数据或者区域统计数据,可以尝试通过行业的成长性、现有竞争格局的分布、竞争优势向头部聚集的趋势,以及公司在该细分市场的领先地位来论述你获取更多市场份额的可能性。如能获得竞争对手的数据,则可以通过相关指标横向对比的方式找到改进空间。比如,在产品质量及用户认可度差不多的情况下,对方产品的单价比你高20%,可以尝试将单价提升10%~15%写入经营规划;或者对方生产环节的物料损耗比你低10%,你就可以将损耗降低5%作为提升目标。

这里需要避免一个常见错误，就是认为“凡是有差距的地方都可以改进”，于是闭门造车地针对每一个存在差距的问题强行拼凑出一个改进方案。需要强调的是：卖方尽调阶段的自查分析必须客观，否则就是自欺欺人和浪费时间。必须承认，有的差距是缩小不了的。或者更准确地讲，放到一个 5 年或 10 年的周期里面它有可能改进，但在短短三年的对赌期内是很难做到的。因此要明确，我们并非在进行课堂讨论，也不是为了表决心、喊口号。我们落实到经营规划之中的，必须是短期内可实现的，并且最好是可量化的，量化目标能够带来财务业绩提升的举措。举个例子：在金属加工行业（如汽车零部件冲压、锻造等），并不见得哪个企业的自动化装备更多、牌子更好、年头更新，它的产品质量就一定更好。设备、专利这些东西只是“显性”生产力的一部分，还有一些取决于企业运营的年头，从无数的错误中汲取的教训，在日复一日的细微改进中获得的经验，以及凝聚在技术工人身上的“手艺”等。英文中有个专门的词，叫作“know - how”，接近中文里面“诀窍”这个词的意思。往往“诀窍”很难短时间被复制，因此这方面的差距就不要强词夺理说你明年就能追上。而反过来说，你的“诀窍”对手也很难偷走。只不过“诀窍”没有那么显性，在描述论证的时候需要更加注意方法，否则有时候也会被误解为故弄玄虚。

通过优势与潜力分析，我们将可以找到实现业绩优化的经营手段，并明确每种手段能够带来的价值影响（即创造的股权自由现金流)。这些手段的集合,可以看作你在对赌期内的"武器库",如图 5-10 所示。

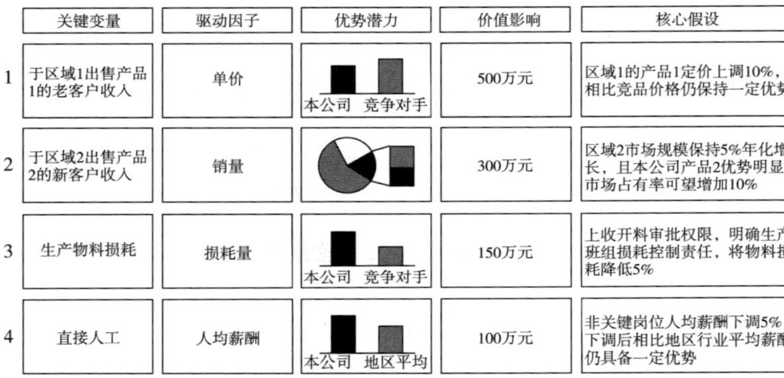

图 5-10　经营手段分析示例

■第四步：平衡估值预期与能力极限

第三步中界定的"武器库"如果在对赌期内完全启用,就是你的企业经营能力极限。而估值极限就是通过你的经营能力极限所对应的业绩承诺极限(也即财务能力极限)换取得来。

无论你已有心中锚定的估值预期,想看看是否超出企业能力范围进而产生风险,还是你从企业经营潜力入手来帮助自己建立合理的估值预期,两个方向都可以。它们本质上都是估值预期与经营能力之间的往复验证。这个过程可以用图 5-11 进行形象概括。

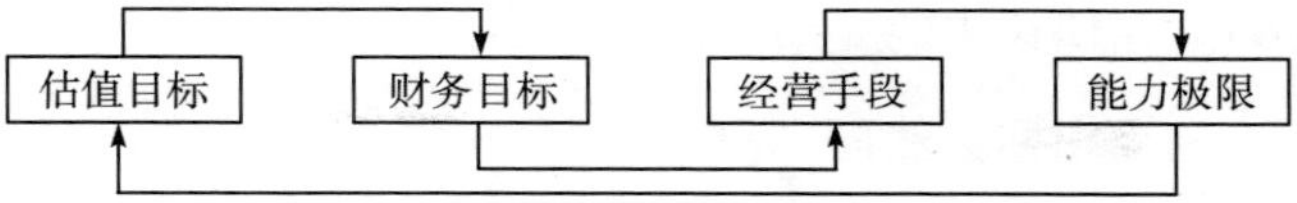

图 5-11　估值预期与经营能力的对照验证

我们现在可以花几分钟回顾一下上一节讨论过的内容。

(1) 股权价值等于这家企业未来给它的股东提供回报的能力,这就是收益法的原理。

(2) 你即将从交易中得到的收益是一次性兑现,或者最长不会超过对赌期。然而,买方的收益需要在更远的未来逐步实现,并且面对极大的不确定性。理论上讲,从双方签约之日起,买方承担的风险将永远持续下去,而你的风险只存在于三年对赌期。从这个角度看,如果你被要求对赌,希望你能平静面对。对赌类似于一个考察期,买方在此期间看看企业的实际价值是否像你宣称的那么大。如果不是,就通过业绩补偿的方式进行价格修正。这就是对赌的合理性。

(3) 不要草率对赌,因为这对双方都没有好处。失败意味着你要赔偿,对买方上市公司则意味着股价的压力,以及公众股东对上市公司资本运作能力的失望。理性的对赌与买方是谁关系不大,主要应该基于你对自身能力的客观评价。超出能力范围的,就是赌博;能力范围之内寻求更高的估值，则无可厚非。

(4)对赌协议中的业绩承诺是一组财务目标，最常见的是净利润指标。然而，完成对赌靠的是经营能力，这远远超出财务部门的控制范围。因此，在交易准备阶段，最重要的事情是认清自己。准确地讲，是打通财务逻辑和经营逻辑，知道自己要什么（尽量高的估值）、有什么（优势与潜力）、能承诺什么（理性的财务目标范围）、不能奢求什么（超出能力范围的估值预期）。

■第五步：经营计划与实施效果监控

制订经营计划与监控经营手段的实施效果，是成交以后以及贯穿整个对赌期的工作。在交易准备阶段，你已经清楚了自己的最大能力以及对应的最高估值。然而，是否以最高估值成交，这既是你的主动选择，也是未来谈判的结果。你并不一定需要运用全部武器。你为自己预留的手段空间越充足，完成对赌的把握也就越大。

包装材料

很显然，所有出售项目都准备了相应的包装材料，这已经成为大家的共识。然而，市场上大多数项目包装材料的质量并不过关。正如本章开始的观点，近年来项目包装的最大进步仅仅体现在 PPT 变得更加精美，但正确的项目包装绝不等于 PPT 的粉饰。这种舍本逐末的错误本质上是对于为什么准备包装材料没有想清楚。

■ 包装材料的目的

1. 买方的预期——两个“F”

最直观地来讲，包装材料是为了激发买方的收购欲望。材料是你与买方之间第一次的深度对话(即使你们尚未谋面)。因此,你有必要换位思考,什么是买方希望看到的项目介绍?我认为,买方的预期可以用两个“F”来概括。

第一个“F”,代表Fact(事实)。虽然我们称之为“包装”,但这种包装只是内容组织方式和投资故事逻辑性方面的加工润色,并不代表信息本身的误导甚至作假。任何项目材料首先应该保证的就是内容的真实性和完整性,要让买方看完这个材料后能够对企业的整体情况有一个全面准确的把握与认知,在此基础上才有可能为企业进行估值。

第二个“F”,代表Feasibility(可行性)。绝大多数的材料都忽略了这一点,因此无法有效引导买方预期,也不能为后期的交易谈判奠定良好的基础。从常识上讲,第一印象非常重要,而介绍材料就是你的企业以及你本人留给买方的第一印象。心理学上有个“锚定效应”理论,和“第一印象”的意思差不多,但是更加深入,也有着无数的理论和实证研究证明它的有效性。锚定效应是说当人们需要对某个事件做定量估测时,会将某些特定数值作为起始值,起始值像锚一样制约着估测值。在作决策的时候,会不自觉地给予最初获得的信息以过多的重视。如果材料质量上乘,买方就会在第一时间建立信心,而这种信心非常关键,它会直接影响到在后期的尽职调查或者交易谈判中发现问题或者出现矛盾时,买方将抱着什么样的心态以及做出什么样的反应。一开始有信心,在出现问题的时候就更有可能冷静处理,通过沟通和协商找到解决的途径。但如果从一开始看到材料的时候就充满了疑问，抱着试试看的心态向前推进，达成交易的可能性将非常低。任何细小的问题都会被层层放大，即使这种怀疑或是顾虑毫无根据。从这个角度去理解，优秀的项目包装材料相当于你在帮助买方撰写可行性研究报告！

站在买方的立场，兼并收购是一种重大战略行为，需要经过审慎完整的项目评估。买方进行投资决策的过程无疑就是一次项目立项、论证、审批的过程。

一份常见的项目可研报告应该包含什么内容呢？通常应该涵盖投资的必要性、技术的可行性、财务的可行性、组织的可行性和其他综合效益的可行性。而聚焦到收购场景，绝大多数买方认可的优质项目普遍具备以下三个特征。

(1)有战略。标的企业的经营策略是基于外部环境和内部资源进行的适应性安排。
(2)有手段。标的企业的优势和潜力是公司在经营策略上主动规划的结果。
(3)有前途。标的企业充分发挥自身优势和潜力，将使财务目标(业绩承诺)的达成具备较高的可行性。

从买方视角来看，了解第一个“F”(事实)固然很重要，但更关键的是由第一个“F”保障和带来的第二个“F”(可行性)。这决定了一份优秀的介绍材料不能仅限于事实的堆砌，而应该着眼于通过“事实”与“可行性”之间的有机联系来阐述一个完整的商业逻辑。这种逻辑，我称之为“价值创造过程”。图 5-12 为你展示了这个过程的正确描述方式。

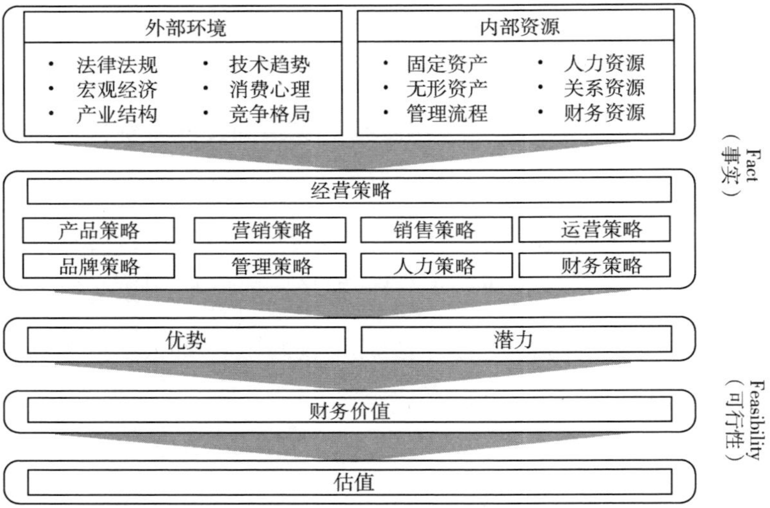

图 5-12　F&F 项目包装逻辑示意图

试想一下：当买方的投资部门收到一份事实详尽、论述严密、证据充分、结果乐观的项目资料，甚至未来自己需要开展的可行性研究工作都已经轮廓可见，还有什么理由拒绝呢？

2. 包装材料的作用

除了模拟买方思维之外，站在交易流程的角度，包装材料还有以下几个作用。

(1)过滤人。过滤不靠谱的人是整个出售工作中至关重要的一环。在第二章我们谈到过“Window Shopping”(“橱窗欣赏”)这种只看不买的行为。这种人不仅出现在逛街购物的场景中,也在并购市场上大量存在,甚至不少上市公司也是这样的心态。识别和剔除根本没打算做交易的人,不仅能够避免你的精力消耗,也能让你更专注于和有诚意的买方沟通磋商,还能最大限度地保护你的商业机密。关于推介材料的过滤效果,我们稍后便会谈到。

(2)省时间。企业买卖是个烦琐而细致的工作。不问问题就报价的买方反而值得卖方警惕,因为他的动机非常可疑。这种类型的买方通常走不到成交那一步。反过来说,越是有诚意的买方越会关注你的经营细节,以便说服自己这的确是个好机会。如果你没有准备详细的材料,而是等着买方自由提问,那么未来的沟通工作将会是一场灾难!不仅你和你的整个公司会疲于应付,并且很有可能你的努力不会换来买方的信心。因为当对方突然抛出问题而你事先并无准备时,你很难在短时间内有理有据地给予满意的答复。所以,项目包装阶段的“花时间”恰恰是为了后期出售阶段的“省时间”。

(3)定基调。前面我们谈到“锚定效应”这种心理学现象。通过项目包装,你实际上已经对自己企业的身价进行了

“定位”(尽管你尚未捅破这层窗户纸,即明确宣布自己身价几许),潜在包含着几层信息。首先,你在某些细分市场中表现优异,具备独特的投资价值,并且还有潜力可挖,因此你不可能便宜。其次,你对自身的优势和短板都进行了开诚布公的具体分析,那么任何买方对你表达兴趣的时候也应该有“具体的动机”,也就是需要说清楚到底看上了你的什么。最后,你将获得充分的理由说服自己去接纳一个“动机明确”的买方,或者拒绝一个“动机不明”的可疑者。

■ 包装材料的准备原则

1. 见字如晤

我们在日常生活中都知道要给对方一个良好的第一印象。在出售交易中,这个第一印象就是对方看到的推介材料。在与你会面之前,有经验的买方会根据眼前的材料来猜测和判断你的真实出售原因、你是否进行了专业的准备、你的公司是否具备真材实料,甚至你到底是诚意出售还是骑驴找马(比如,有一些材料上会写着“少数股权或控股权都可议”,就是典型的反面教材)等。巴菲特说:“我们经常根据卖家的前半句话排除掉98%的考察对象。”现实的确如此残酷。企业出售的容错空间非常小,如果失掉一个优质买方的信任，那么你获得满意结果的可能性就至少降低了10%。即使有机会和对方见面沟通，扭转负面印象的机会也是微乎其微。毕竟，必须认清的一个现实是：好的买方眼前从不缺乏机会，没有任何必要去吃回头草——在一个已经有过结论的项目上浪费第二次时间！因此，对待出售材料，务必做到字斟句酌、反复推敲，万不可草率。

2. 信息分层

我们刚才谈到推介材料的“过滤人”功能，其实就是信息分层的必要性。在并购交易中，出售的标的物不是一个静态的、明码标价的、可以像卖房子那样容易找到“参照物”的商品。目标公司的价值是一个动态变化的，只有估值方法但并无形成共识的公允价格且无法在市场上找到一模一样参照物的特殊标的。它的这种属性天然增加了交易的难度。如果推介材料里面的信息太少，买方无法获取为了估值所需的起码信息，那就不能给出报价；或者即使给出一个形式上的报价，也不具备实际意义。可是如果材料里面的信息太多，你就可能担心商业机密的泄露将会损害你的企业价值。为了平衡这种矛盾，就有必要通过信息分层的方式进行“过滤”。

第一层过滤：此时准备的信息简报在国际市场上常被称为“广告传单”（Teaser）。它通常是匿名的，涵盖一些最基本的事实，以及你认为足以打动潜在买方的“亮点”。“亮点”是你提炼出来的结论性描述，它本身并不涉密；但亮点背后的“论据”很可能就包含了深层次的企业情报，并不适合放在此处。信息简报的作用是保证项目推广的“宽度”，而非“深度”，它解决的问题是让潜在买方的接触面更宽一些，同时又不至于造成泄密。如果对方表达了初步兴趣，在获取进一步的资料以前，你的财务顾问将要求他签署保密协议，并将代表你与之初步沟通，摸清他的动机之后再与你讨论和判断是否有必要继续接触。

第二层过滤：到达这一层的买方已经签署了保密协议，同时你已经清楚了他的身份，初步了解了他的动机，也通过基本判断认为可以和他继续接触。此时就有必要提供完备的企业介绍供对方开展深入分析。这个阶段的材料在国际上被称为“信息备忘录”（Information Memorandum）。为什么说信息备忘录也能起到过滤的作用呢？我们在第三章讨论销售原则的时候提到过，好的销售需要懂得“测试”顾客。因为只有通过测试，你才能够进一步判断对方之前的说法有没有撒谎，或者对方之前的想法是否经过深思熟虑，继而判断谁的动机最清晰明确进而最有可能开展严肃认真的谈判。这是一个简单的逻辑：认真与不认真的买方口头表态可能是一样的，但他们对待项目的实际投入一定是不同的。如果没有信息备忘录，不认真的买方会借口信息不足，而你也无法辩驳。这些买方就会一直混在顾客的人群中让气氛嘈杂不堪，令你和真正的买方不胜其扰。但是有了信息备忘录，你的财务顾问可以在一段时间之后与所有的信息接收方再次沟通，从他们对材料的消化理解程度就很容易区分靠谱和不靠谱的买方。

不要觉得意外，无论你对自己的企业多么骄傲，无论你对出售多么有诚意，你都不可能从每一个声称具有初步意向的人那里收获对等的尊重与诚意。事实上，假设第一层不过滤，这个比例很难超过 30%；而即使经过第一层过滤，靠谱的买方最多也就 50%。我自己就经常遇到个别上市公司投资部的朋友，他们非常热衷于到处搜集标的信息，对于签署保密协议也不含糊。但是我很怀疑他们根本没有仔细阅读“信息备忘录”，因为他们关于标的公司的评论始终就那么几句话，有关问题也始终如一，而答案明明就在备忘录的显眼位置。遇到这样的人要当心，对他们说的话也不可太当真，否则假如你有兴趣与他们的老板见面时，你会感到非常失望。

3. 有理有据

我们刚才提到：匿名信息简报包含的主要是“结论”，而信息备忘录里面需要涵盖支撑这种结论的“论据”。无论结论还是论据，首先要确保的就是客观真实。这不单单是一种道德上的要求，更是因为买方必然会在稍后阶段开展详细的尽职调查。只有正式交易协议中写明的价格才具备实际意义，之前的任何报价只是相当于“假设你在推介材料中所述为真，我据此愿意支付的对价是××”。买方尽调的工作核心就是“验证”，看看之前提供的那些所谓的事实或论据到底是不是真的，或者真实的成分有多少，在此基础上，买方将会调整他的报价。因此，添油加醋甚至歪曲事实的营销材料并不是合格的交易推介材料，因为它终究经不起验证。而这种不严谨或者自作聪明的方式只会摧毁买方信心，导致沟通终止。我就经常遇到类似的卖方客户。

曾经有一个标的公司从事特种材料研发生产，传统的应用场景主要是在一些高温高压环境下作为耐磨材料，因此客户群以钢厂、铸造厂等为主。一直以来收入及利润稳中有升，产品供不应求，企业自身现金流状况非常好。近年来，随着科技攻关的重大突破，高纯度的此类材料也可以用在军工与核电领域，并且市场潜力也比较乐观；不足之处在于资质审核的周期很长，固定资产投资压力较大，启动出售之时尚未获得正式订单。平心而论，这是一个很不错的标的企业，它在传统应用场景具备牢固的领先优势，也将优势成功转化为优秀的业绩表现；同时，它面向的新市场也具备较高的准入门槛和较大的成长潜力。站在买方的角度，这是一个从业绩稳定性和成长性角度兼顾当下与未来的平衡选择。然而，企业老板是做营销出身的，为了材料更加抓人眼球，一意孤行蹭热点，直接将自身定位为军工核电题材龙头企业。这种夸大其词的做法很快遇到了挫折。每个兴趣方无一例外地要求企业提供最近三年前十位的大客户名单，结果发现一个军工或者核电企业都没有。再通过继续了解，发现军工资质审批仍然存在较高的不确定性，并非企业宣称的那样板上钉钉。若干个冲着军工题材而来的买方因此拂袖而去。而这个材料通篇未提企业实际上的主营产品，导致本可能对它的传统业务感兴趣的买方获取不到有价值的信息，因此也没有任何反馈。希望各位从这个失败的例子中吸取教训,用正确的态度理解企业出售场景下的“包装”,千万不可言过其实。

■ 包装材料的格式范例

上面的信息分层原则中已经介绍过,包装材料分成匿名简报和信息备忘录两类。其中,匿名简报可视为信息备忘录的缩减版本,因此工作重点聚焦信息备忘录即可。

我在书后附录 3 中提供了一份信息备忘录的内容提纲。实际内容可根据企业情况的差别和商业逻辑阐述的重点不同采取灵活调整。其关键在于围绕价值创造过程,让材料中的每句话都有意义,都直接或间接地指向最终的财务目标和估值目标。备忘录就是并购领域独特的故事书,所以它必须拥有清晰的主线,为你的核心利益——估值而服务。

知易行难

本章讨论的重点在于如何建立估值预期，并在经营规划的基础上完成出售包装材料。其中，经营规划是核心中的核心。虽然知道了它的重要性，然而做好经营规划并不容易。在实际工作中，普遍存在以下几个困难。

■ 企业家自身不重视、也不擅长适用于企业出售场景的经营规划

相比大型跨国公司而言，我们的中小企业尤其是民营企业在经营规划方面的能力非常欠缺，甚至意识也不到位。这种差距有一定的历史和社会背景。我国的市场经济还比较年轻，在过去的几十年中，政策不连续、行政干预朝令夕改、法律法规不健全等问

题都是“青春”的伴生品，这在一定程度上导致了部分企业甚至细分行业的生命周期比较短。在这样的市场环境下想要生存，规划能力远不如随机应变重要。我认识不少企业家，他们从下海创业至今已经辗转了多个行业，哪里有钱往哪去。这些企业家的优势，某种程度上也代表了中国民营经济的特色，是开放的心态、敏锐的嗅觉和果敢的执行力。这样的创业经历决定了部分企业家的思维方式，也即规划和预测得不到重视是可以理解的。然而，理解并不代表赞同。并购交易是一种全新的游戏规则，多数企业家第一次接触，因此并不熟悉。但我希望你至少能够认清一个事实：想要取得胜利就要适应和运用规则，而不是我行我素。

游戏规则是什么呢？有以下三点。

(1) 你卖的是企业的未来，换句话说，你卖的是预期。你的交易对手是谁呢？是以上市公司为主的资本市场玩家。不要埋怨对方向你要预算，也不要愤怒对方要求你对赌。本质上讲，上市公司天天都在对赌，股票的价格就是由预期决定的。市场认为业绩超预期就会把股价炒上去，达不到预期就会拿脚投票把股价打下来，上市公司大股东的身价照样会跟着缩水。所以，游戏是公平的，既然卖的是未来，你就不得不描绘这个未来，并且对未来有所承诺。

(2) 出售状态下的规划和你长期持有时的规划完全不同。出售规划以完成业绩对赌为直接目标，所有的经营调整都必须围绕经营业绩的改善而展开。开玩笑地讲，你需要钻进钱眼里，而不是三心二意地让钱从眼皮底下溜走。另外，这里的规划有着明确的时间限制，你需要选择难度低、见效快的方式，有些人喜欢挂在嘴边的是“百年大计”，很抱歉，对赌期的经营规划不敢那么奢侈。

(3)鉴于时间紧任务重，你肯定无法面面俱到，所以必须瞄准重点、集中突破。对赌期的经营压力和神经紧张程度相比过去不慌不忙的小日子必然将会提升几个档次。上述游戏规则的改变所带来的挑战对企业家来说都没有现成经验可循。因此，你需要耐心听取财务顾问的建议，扎实做好售前准备。

■你的财务总监面对交易场景也可能需要协助

从我个人的观察来看，我国的非上市公司，尤其是那些从未将上市提上日程的公司，不一定配备了真正意义上的财务总监。在很多企业里，财务负责人“管钱”和“做账”的基本定位没有什么本质改变。这样的定位决定了人选通常是踏实可靠，并且深得老板信任的人。他们在应对交易场景的规划任务时，很可能需要顾问的协助。我们在这一章讨论了很多财务逻辑与经营逻辑的联系与互动，其实财务总监的正确定位应该是企业家的副手与伙伴，而非俯首帖耳的下属。不过，在“一把手”文化占据主流的中国企业中,又有几个财务总监真的获得了相应的地位与尊重呢?且不说中国市场的财务规划人才本来就奇缺,即使有这样的人,他的技能长期得不到练习便也生疏了。所以,还是术业有专攻的财务顾问最有能力在特定的时间段里协助你的财务总监开展工作。

■ 你基本不可能掌握全部现成的经营数据

并购交易是一个数据驱动的工作。买卖双方角力的估值是数字,你的业绩承诺是数字,驱动业绩的经营策略是数字,制定经营策略参考的市场信息还是数字……脱离数字喊口号,永远做不成交易。但在实际工作中,很多企业能马上提供出来的数据就只有三张报表。进行价值树分析所需的经营数据常常散落在不同的部门,存储为不同格式的文件,可能存在参差不齐的统计口径。举个形象的例子,如果你能理解为什么类似 SAP① 这些 ERP (Enterprise Resource Planning,即"企业资源计划")供应商需要好几个月的时间才能完成 IT 系统部署,你就能想象每家企业的数据是多么的离散。对于财务顾问来说,协助你汇总梳理这些数据,并从一堆数字里面找到线索与逻辑,并巧妙运用在投资故事之中,这是一个异常漫长而痛苦的过程。然而,这种痛苦是不可

①SAP 是全球最大的企业管理和协同化电子商务解决方案供应商。

避免也不能逃避的。因为数据虽然最庞杂，但数据却是最有说服力的。你需要用数据去引导买方的认知，说服买方靠的不是你的人格魅力，而是事实。在交易中，一半以上的事实应该是客观数据而非你的主观论述。

上述困难的存在决定了多数企业的售前准备工作不会一帆风顺。作为牵头这项工作的财务顾问，面对的挑战也是显而易见的。我曾与很多从事财务顾问业务的国际投行朋友讨论过这个话题。大家普遍认为，国际投行不会轻易染指中国中小企业的卖方顾问业务。一方面，在于预计交易规模有限，因此可预期的佣金收入达不到国际投行规定的最低标准。另一方面，相比于担任跨国公司的卖方财务顾问时所需扮演的"管家"角色，目前中国市场的卖方顾问更像"保姆"。管家主要负责统筹协调即可，然而保姆却要事无巨细，因为很多国内企业没有清晰的战略，没有现成的数据，也没有胜任交易事务的内部团队。这种差别直接决定了在目前中国市场开展卖方顾问业务所需付出的工作量大大高于国际投行的平均水平。也正因如此，你可能已经发现，我们在第四章谈论财务顾问协议的时候并没有涉及佣金价格的问题。这个问题的确无法一概而论。专业机构的收费一般都是和工作量呈正比的，如果只需要充当"管家"临场指挥，那么超过3%可能都叫贵；但如果要担任"保姆"，可能5%都算便宜。"管家"甚至能够隔空指挥，国际投行的同仁们一般都可以兼顾两三个项目。然而，这样的情况在中国市场很难发生。当然，我说的是真正有经验，能为你创造价值的优质顾问。当他们全身心为你的利益而战，几乎雷同你的半个财务总监时，他真的很难在同一时间段再服务其他客户。从这个意义上讲，中国市场的现状决定了卖方财务顾问的收费水平适当略高是合理的。

最后，我想送给你几句话，作为本书核心章节的总结陈词。

(1) 企业出售是一种买卖双方的博弈，但50%的胜败在你见到买方之前就已见分晓。

(2)"对赌"这个词汇造成了语义混淆。这本质上是一种价格修正机制，而不是赌博。带着赌博的心态出售企业，你很可能伤己害人。

(3) 建立客观的预期和进行周密的准备需要充裕的时间保障。请牢记，欲速则不达。

第六章 筛选买方

故策之而知得失之计，候之而知动静之理，形之而知死生之地，角之而知有余不足之处。

——《孙子兵法·虚实篇》

译文：通过仔细分析可以判断敌人作战计划的优劣得失；通过挑动敌人，可以了解敌方的活动规律；通过“示形”，可以弄清地形是否对敌有利；通过试探性进攻，可以探明敌方兵力布置的强弱多寡。

如何找买方

包装材料的撰写完成是售前准备工作结束的标志。从这个时点开始,就进入项目营销的阶段。这个阶段的主要任务是筛选“正确”的买方,工作的核心目标是邀请一家或两家买方开展尽职调查,并由你出面进行交易谈判。

■筛选的目的与意义

为什么我选择“筛选”这个词,而不是市场上更常听到的“对接”呢? 理由有三。

1. “筛选”代表了一种以我为主的态度

出售交易想要取得圆满的结果,就必须抱着以我为主的态度，掌控局面，并进行主动选择。市场上的普遍做法是由中介机构向几乎每一个自己能够接触到的金主（尚不能称之为“潜在买方”）进行推介。鉴于单个中介的人脉总是有限的，因此有一些企业家就会委托多个中介，以为这样能提高成交的把握。我们在第四章“常见的迷雾”中就已经进行过讨论。“一女多嫁”是典型的错误之一，对于保护企业家的切身利益以及促成交易毫无益处。但我们在第四章讨论这个问题的时候还没有详细阐述如何进行售前准备，因此你当时可能并不清楚原来项目包装阶段有那么多深入细致的工作需要开展。站在“轻准备、重对接”的角度，人脉当然是关键因素，而你认识的中介里谁拥有最广的人脉又是最难判断的，因此采取自由竞争的赛马模式也不见得完全不合理。然而，既然经过了第五章所述的周密准备，你应该能够发现企业出售是有章可循的，并且你已经对自身的价值通过深入的剖析从而拥有了清醒的认识。这个过程必然会极大地提升你的信心，并增强工作的方向性。“筛选”是主动选择，而“对接”一般是被动选择。孰优孰劣，不言自明。

2. “筛选”代表了一种有序的过滤方法

如果用销售的眼光看待出售交易，此时的待售商品只有一件，你不可能把它同时卖给好几个人，并且因为交易金额较大，所以买得起的人也不会太多。因此，买方的质量比数量更重要。交易成功的前提是与正确的人展开谈判。鉴于收购兼并是企业的一种重大战略行为,愿意掏出真金白银的买方必然抱着明确的动机,并且在你的企业身上发现了令他感兴趣的价值。而成交就是在双方认可的一个估值价位上完成的价值交换。可惜,这样的知音并不会很多。接触买方需要擦亮双眼,不然就会被别有用心的人趁虚而入,或者让没有诚意的人混淆视听。即使面对理想的交易对象也不能过于心急,而要循循善诱并不断强化信任,从而为最后的交易谈判奠定良好的基础。从这里开始,由于潜在买方的介入,出售工作将进入犬牙交错的角力阶段。虽然每个对手不同,应对策略也会有所差别,但整个出售流程中的每个环节都有成熟的经验可以借鉴,都有实用的技巧可以运用。你对此应该深信不疑。

3. "筛选"代表了对潜在风险的预判和防控

你甚至可能遇到一些伪装成买方的动机不纯者。如果不加筛选,这些人就可能趁虚而入。他们将有机会窥探到你的生意秘密,或者趁你军心不稳之时挖走你的员工,也可能在谣言四起之际抢走你的客户。还有一类,尤其是上市公司,热衷于概念题材的炒作,借收购新闻拉升股价并从中套利,而实际上并无成交意愿。虽然近年来监管机构不断提升打击力度,但我相信抱有此类动机的上市公司不会马上消失。它们仍然活跃于市场的各个角落,寻找戒备不严或者经验不足的猎物。不过,套利者是很容易露出马脚的,他们最典型的伎俩就是用空头支票充当诱饵。通过本章我将告诉你,报价并不是唯一的判断依据,完整的买方筛选过程是一套由多个指标构成的、彼此关联的评价体系。

具体来说,完成有效的买方筛选涉及以下几个问题。

(1)如何找买方?

(2)筛选标准是什么?

(3)筛选技巧有哪些?

(4)其他需要注意的问题。

■ 谁会对你的企业感兴趣

这是很多卖方企业家从决定出售起就开始思考的问题,本质上这是一个关于买方收购动机的分析。与其盲目地兜售自己,不如首先静下心来,站在买方的角度想一想对方感兴趣的原因可能包括哪些。得到了这些答案,潜在买方的名单自然也就浮出了水面。

从产业整合的角度看,典型的收购动机包括横向整合和纵向整合。除此之外,多元化并购和转型并购也是非常重要的交易动因。在中国市场,后两种类型的并购动机更加值得关注。

1. 横向并购

横向并购通常发生在同行业的公司之间。追求规模经济①

①规模经济(Economics of Scale)是指在一定的产量范围内,随着产量的增加,平均成本不断降低的事实。

是实施横向并购的主要目标。买方、卖方公司合并之后，由于规模的扩大，可望为业务部门带来更强的销售定价权、更低的采购成本等。这些好处被称为“经营协同”。同时，对于财务、人事、行政等非业务部门，深度的整合也有可能实现单位管理成本的下降及管理效率的提升。这些收益被称为“管理协同”。除了效益的改善，横向并购经常还能实现减少竞争对手、加强行业垄断、实现地域扩张等战略意义。

2. 纵向并购

纵向并购一般发生在产业链上下游的公司之间。它的直接好处是把原来互为供求合作关系的几个独立公司整合为某个大型企业内部的兄弟部门，因为“中间商”的减少进而带来交易费用的节约。对于特定行业而言，纵向并购还有助于加强端到端的全程控制，对于保证产品质量、保障供应链效率等具有积极意义。某些以获取核心技术为目的的交易本质上也可以划入纵向并购的范畴。在此类交易中，成为收购目标的公司往往以技术见长，但市场能力相对较弱；而收购方则市场能力突出，但在个别核心技术方面对于目标公司存在依赖。这种背景下的兼并重组是一种取长补短，对双方都有好处。

3. 多元化并购

多元化并购不以产业的关联性为必要条件，本质上是大型企业集团——尤其上市公司——对于优势资源的一种输出和共享。这些资源可能包括充裕的银行信贷额度、较低的融资成本、庞大的用户流量等。中国市场的多元化并购常常和财务型并购或者机会型并购密不可分。后两种描述方式更能生动地概括买方的出发点。之所以称为财务型并购,是因为这种类型的交易往往以“合并报表”为中心诉求,为买方带来的直接好处就是每股净利润的增厚。产业方面的联系不是考虑的重点,买方通常也不会过多干涉目标公司的经营。用流行的买方语言来说:“上市公司就是一个资源共享平台。”“合并报表”需求在A股并购市场具有相当的代表性。不少上市公司,即使自身财务状况健康,也会面临不小的增长压力。单纯依靠内生式的发展,不仅成长速度可能较慢,而且一旦行业遭遇周期性波动,所有的鸡蛋都在一个篮子里也会导致风险聚集,连个缓冲的余地都没有。因此,不少上市公司利用自己的优势资源,甚至是闲置资源在市场上积极寻找嫁接的目标。抱有这种想法的买方,一般会把兴趣面铺得广一些,所以我们可能经常遇到含混不清的买方需求。比如,有人声称对先进制造、生物医药、物联网等热门题材都感兴趣。买方最终决定做什么交易,很大程度上取决于碰到什么样的机会,而非在事先规划的基础上进行精准的搜索。因此,我们又可称之为机会型并购。

4. 转型并购

转型并购同样不以产业的关联性为必要条件,甚至越不搭界才显得转身越彻底。与多元化并购的区别在于，有转型需求的企业经常是已经遇到了麻烦，所以有的时候甚至可以称为困境并购。这种类型的买方，与其说交易的诉求是资源输出，不如说是一种自救行为。转型并购在A股并购市场也很普遍，这在一定程度上与我国资本市场的行业结构有关。从分行业上市公司数量来看，纺织、服装、化工等传统行业的占比较高；从市值来看，传统金融行业的比重处于绝对领先。相比而言，信息科技、生物医药等新经济代表性行业虽然近年增速较快，但整体占比相较国际水平还显得较低。从宏观视角来看，转型并购对于优化A股行业结构，提升市场吸引力有着积极意义。但是从单个交易，尤其是站在卖方的角度来看，面对有转型需求的买方并不绝对是好事。因为相比前面三种并购动机，转型并购交易的风险和不确定性明显放大，所以更需要谨慎。

除上市公司或大型企业集团外，私募基金在国际市场上也是并购交易的活跃参与者。然而，中国市场的情况略有不同。控股型并购基金在国内比较少见，大多数私募基金的运作模式还是由某个上市公司大股东参与的，围绕某个明确投资项目进行募资的项目型基金。这种类型的基金管理人无论是事先已经找好了合作上市公司，还是先寻找合适的收购目标然后再以此吸引上市公司参与组建基金。总之，未来的项目基金都将以合作上市公司为主要退出渠道，基金本身的投资决策也会以上市公司的意见为主。由此可见，私募基金在这类并购交易中只是扮演上市公司的辅助方，或者过桥①方，本质上体现的还是上市公司的战略意图。所以，我们在此不把私募基金当成一个单独的买方类型去展开讨论。同时，这类基金的获利模式基本都是通过在一买一卖之间赚取差价，它的存在主要是解决买方的资金杠杆或者融资效率等问题，对卖方来说没有什么实际意义。甚至在某些情况下基金为了留出套利空间，理论上来说它们的出价相比直接的上市公司买方会更低。所以，出售过程中遇到自称买方的私募基金，应该首先要有一个清晰的判断：多数情况下这只是他们猎取项目的技巧，实际上很多基金在这个时点尚未完成募集。更通俗地讲，他们自己都还没钱。所以，明智的做法是要求他们详细说明合作上市公司的情况，并把上市公司作为最终交易对手进行研判。

■ 交易价格的形成机制

并购交易本质上是一种价值的交换，最终掏钱的买方必然是看中了你的企业身上的某种亮点，或者价值能够给他带来的收益。不同的交易动机决定了对方看待这些亮点的眼光将会见仁见智。我们还是回到你最关心的估值问题，来看一下不同的买方类型将会如何影响他们的眼光，并间接决定最后的成交价格，如图 6-1 所示。

①这是形容基金的目的实质是为上市公司或上市公司大股东提供短期资金融通。即使基金出面收购，也只是短期持有标的资产，之后会迅速转卖给上市公司。

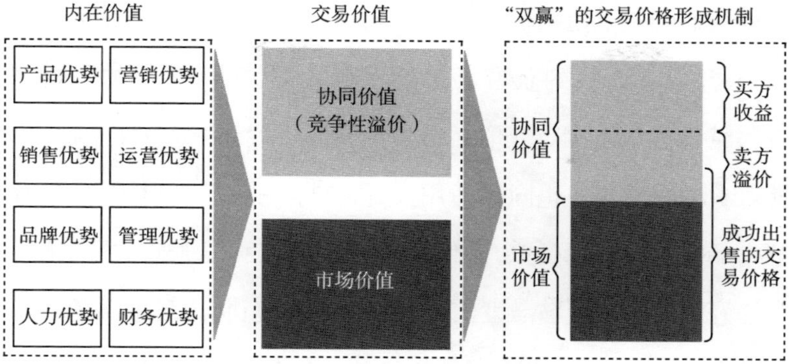

图 6-1　交易价格形成机制

在交易准备阶段,你已经充分挖掘了自身的价值和潜力,并搜集了论证这些价值或潜力真实存在的相关证据,同时还进行了收益法的验证(相当于买方估值方法的模拟),因此你的内在价值约等于“市场价值”。市场价值与买方是谁暂时没有关系,并且估值过程采用的是业界通用的方法,所以得出的结论应该是一个多数买方都会认可的较窄的范围。

然而,“交易价值”是由两部分组成。除了大家普遍认可的市场价值,还有一块溢价的空间。对于横向并购和纵向并购来说,买方有望从交易中获得可以计量的协同收益,这部分就是“协同价值”。而在多元化并购和转型并购中,由于买卖双方未来的整合潜力有限甚至没有,很难存在明显的协同效应,溢价主要是由竞争产生的,背后体现的是买方急需改变的紧迫性,或是面对好项目时志在必得的决心。对待“有协同的买方”,你要利用筛选和尽调过程中的接触机会，尽可能深入地了解买方背景信息以及他们关于协同价值的真实看法。这能有效地帮助你掌握买方思路，从而找到获取溢价的正确策略。对于“无协同的买方”，营造竞争氛围是获取溢价最主要的手段。“竞争性溢价”即使对有协同的买方也同样适用，原因在第三章已经讨论过：这和艺术品拍卖的逻辑类似，人们只有在压力感和紧张感之下，人性中的好胜欲望才会被激发出来。从这个角度讲，市场上普遍存在的随意对接买方，并迅速和某个单一买方进入到排他性谈判的套路是一种对卖方不利的出售方式。

在本书的开端，我就提出来一个问题：什么是成功的出售？很多卖方企业家，甚至部分专业机构都没有仔细琢磨过这个问题。我们在这里可以通过图 6-1 来阐述清楚。所谓卖得好，首先要完整地实现你的市场价值，同时还要分享一部分买方将要获取到的协同价值，或者通过巧妙的交易安排实现一定程度的竞争性溢价。一对一的对接谈判 100% 无法实现成功出售！

同时，图 6-1 还告诉你：即使在筛选买方的阶段，也应该采取“以我为主”的姿态。最直观的原因是你最了解自己，也最能掌控自己。至于买方，你是无法完全掌控的。你能做的无非是想清楚自己有什么，再搞清楚对方想要什么，然后按图索骥地把需求明确的兴趣方挖掘出来。

■开启你的搜索雷达

从挖掘或者筛选的具体方法上，四种收购动机对应两类不同的工作逻辑。

横向并购和纵向并购的潜在买方因为是同行，或者是上下游，多数应该是你比较熟悉和了解的公司。因此，提名的工作以你为主，财务顾问为辅，我把这种方式称为“主动接触”。

多元化并购和转型并购的情况相对复杂一些，筛选工作更多地需要敏锐的市场情报，也依赖其他机构的间接介绍，因此财务顾问将在其中扮演更加重要的角色。在这种情况下，你的财务顾问不一定事先知道潜在买方的身份。比如，他只是将匿名简报发给了有意撮合并担任买方顾问的合作伙伴，对方将介绍来哪些潜在买方可能要在一段时间之后才能获悉。这种方式我称之为“被动接触”。

对于准备主动接触的潜在买方，在你与财务顾问配合完成提名之后，应该由他们起草一份买方分析报告。

买方分析报告主要由两部分构成，分别是买方情报与优先级排序。

1. 买方情报

完整的买方情报应该针对每一个潜在买方制作至少一页纸的信息简报，内容至少要涵盖以下信息。

(1)潜在买方的背景信息。

(2)过往交易经验(包括近年对外收购案例、交易方式及交易价格)。

(3)潜在交易动机(包括公司高管在各种公开场合披露的企业战略、第三方研究报告中提及的公司机遇或发展瓶颈等)。

(4)潜在交易信号(包括核心人事变动、公司竞争对手动向等)。

2. 买方优先级排序

初步筛选的名单一般应该包含多个潜在买方。在后续的接触过程中平均用力是不明智的,这是因为:首先,平均用力可能会让最有价值的买方受到怠慢,而这样的买方一般也不缺投资机会。从某种意义上说,虽然你要运用技巧让他感觉在和别的买方一起竞争投资你的机会,但实际上你也在和别的卖方一起竞争被他投资的机会。其次,从前面讨论过的协同价值的角度看,每一个潜在买方可能从你这里获得的协同价值是不同的。这意味着为了获得溢价,和不同买方谈判的侧重点应该不同,针对性的准备也会不同。谈判和准备的背后是比较繁重的工作量,所以对待初步名单上的众多潜在买方不得不厚此薄彼。此外,梳理优先级顺序的过程本身也是对潜在买方进行初步尽调的过程(不要等待被买方尽调，你也要主动尽调买方）。你会从中发现一些问题，带着有针对性的问题与买方进行沟通有助于你更加清晰地判断他们的成交意愿和交易能力。

在判定优先顺序的时候应该综合考虑以下因素。

(1)潜在买方的财务能力(包括现金储备、融资难度、偿债能力)。

(2)交易意愿及紧迫程度。

(3)潜在交易结构的复杂程度及审批风险。

(4)可能威胁交易实施的重大负面消息。

“知己知彼，百战不殆”，潜在买方名单是正式开展项目推介之前的必备工作。虽然无法涵盖所有即将接触的潜在买方，但这项工作能帮你厘清思路，为接下来在与买方的沟通中占据主动奠定良好的基础。你也可以把名单准备看作一个“假设”的过程，假设这些潜在买方对你的兴趣点、他们的优势以及可能的短板。通过假设你会总结出一些有价值的问题，从而能够在接触沟通中提出正确的问题去“验证”答案与你的预期是否一致。最终目的是从那些“潜在买方”中找出真正的“有效买方”。

对于被动接触的潜在买方，暂时无法进行有针对性的准备，上述技巧将会失灵。因此提出以下建议。

(1)被动接触只能作为主动接触的补充。跳过买方分析，纯粹依赖被动接触的做法是错误的。

(2)平衡的做法是兼顾主动接触与被动接触，既能最大限度地掌控方向，又不放过可能随机出现的市场机会。

(3)从重视程度上还是应该以主动接触为主。准备越充分，获胜的可能性越大。

(4)被动接触仅仅是为了“接触”，而非“接纳”。筛选过程采取宽进严出的原则，采取下一节即将介绍的筛选方法，通过者不会太多。

筛选标准是什么

我把完整的买方筛选评价体系总结为“海盗法则”，如图6-2所示，一共包含交易报价（Price）、支付方式（Instruments）、战略资源（Resources）、审批难度（Approval）、交易速度（Timetable）、支付能力（Execution）等 6 个维度。

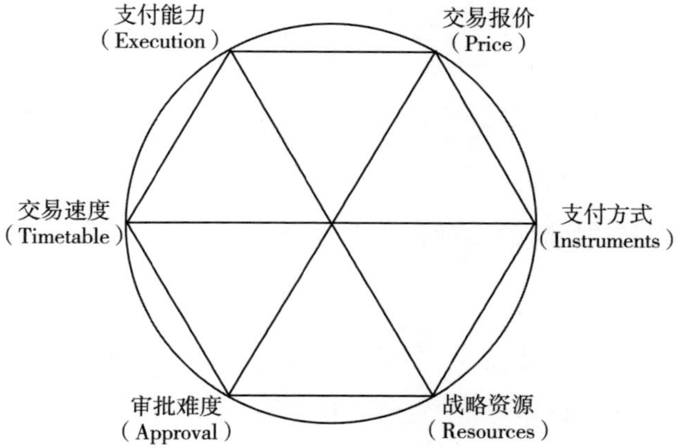

图 6-2　买方筛选评价体系——“海盗（Pirate）法则”

■ 交易报价

交易报价可以拆分成两部分理解：对方拟收购的股比以及对你全部股权的折算估值。

对于收购股比，最常见的陷阱是“只收控股权”。买方上市公司对此的解释可能是这样的：“我们至少要收51%保证绝对控股，这样才能合并报表。你留着剩余的股份，长期分享企业发展的成果。”这样的措辞乍一听并无不妥，如果你完全没有这方面的经验，甚至还会觉得受到了充分的尊重。然而，大多数这么讲的买方并不是在替你考虑。只收控股权对于买方来说有以下两个显著的好处。

(1) 用最小的代价达到了合并报表的目的，也实现了对你企业的控制。

(2) 剩余的少数股权就是对你本人最好的绑定，如果企业发展不好，你的利益也会受损，所以绑定你也是买方化解潜在风险的一种有效手段。

站在你的角度，只谈控股权而对剩余的少数股权缺乏明确约定会有什么风险呢？首先，控股权一旦出让，意味着企业的实际控制权就不在你手上了。新股东可能管理得更好，但也可能管理得不好，你将分担不好的结果所造成的损失，但对于结果本身却缺乏影响力。这就好比你已经离开了驾驶员的位置，那么这部车将开向哪里、行驶是否安全已经不是你说了算的事情。其次，假设企业发展得更好，你是不是一定能分享到成果呢？不一定。在股权没有流动性的时候，小股东想要实现收益将主要通过分红。然而，分红与否是股东会投票决定的，大股东不愿意分红的话，你也无能为力。最后，未来想要把少数股权再次出售是否可能呢？想要找到一个第三方来收购你持有的少数股权非常困难。多数情况下，你只能到合适的时候与控股股东商量由他回购你的股份。但如果没有明确的事先约定，届时的交易价格和条件就要另外谈判。在控股股东明知自己几乎是你唯一选择的情况下，这种谈判将是一边倒的局面，你基本没有议价的可能性。

综合以上考虑，在出售交易中应该尽量对于100%的股权处置方式进行明确约定。但这并不是说交易不可以分步实施，比如先收51%，三年对赌期结束之后再收购剩余的49%也是可以的。不过，具体的约定应该细化到下次交易的具体时间（比如，不晚于最后一个业绩承诺年度的审计报告出具日之后的180天）、交易的作价方式（比如，最后一个业绩承诺年度经审计净利润乘以一个事先约定的交易市盈率）、交易的触发条件（比如，买方收购剩余49%股权的前提条件是目标公司累计业绩完成率不低于三年合计承诺业绩的80%）等。

你公司100%股权的估值是个很好评价的指标，因为你在售前准备阶段已经对自己进行过估值。低于保底估值的报价，在必要的沟通之后，如果买方拒绝提高报价，可以果断排除。对于达到并超出保底估值的报价，也不要全部接受，更不要为这个阶段可能出现的“诱饵”抱太高的期待。“唯估值论”是一种典型的错误。按照“海盗法则”，你还需要衡量其他5个指标，否则再高的报价终归也是镜花水月。

■ 支付方式

支付方式又被称为支付工具。简单来说，就是买方拿什么付钱，是现金还是有价证券。随着金融创新的不断演进，并购交易中的支付工具也日益丰富。但目前来说最常见的支付方式还是现金和股票。

现金和股票之间的选择没有绝对的好坏之分，更多取决于你的偏好和看法。现金的确定性更强，这体现在以下两个方面。

(1) 你从交易中的获利金额是确定的。相比而言，股票的价格具有波动性，等你被允许出售这些股票时，股价可能变得更好，当然也有可能变得更坏。

(2) 交易程序的确定性更高。对买方来说，规模适中的全现金交易具有程序简单、不需要证监会审核的优势。不需要审核也就不存在被否决的风险。不过，这并不代表全现金交易就可以畅通无阻。在近年来的案例中，交易所对于金额较大的全现金交易频繁发出问询函，这也构成了买卖双方需要面对的实质性门槛。所以，我们这里所说的程序上的确定性是一个相对概念，而并非是指全现金交易就能彻底规避监管机构的审查。

真正意义上的全现金交易在我国并购市场的比例不算很高，这主要是由一些惯性的买方看法导致的。之所以称之为“看法”而不是“原因”，是因为我个人并不认为这些流行的观点一定有道理。我们在此不去争辩对错，只把买方的思维方式介绍给你。买方上市公司通常认为：全现金交易无法通过股权方式锁定标的方股东，不能将卖方收益与上市公司的长远利益绑定，也不利于业绩对赌的履约保障。

在实际案例中，最流行的支付方式是“现金 + 股票”的混合支付。相比上面提到的买方对于全现金支付的顾虑，以及实操中很少采用的纯股票支付所带来的上市公司大股东股权稀释问题，混合支付被普遍认为是一种折中或者平衡方案。

由于混合支付在 A 股并购市场占据了绝对统治地位，这在一定程度上导致了一对一出售方式的盛行不衰。所谓一对一出售，是一个相对概念。其一，它是指卖方在项目营销过程中不会付出那么大的努力去营造“一对多”的竞争氛围。其二，买方一般希望卖方只和自己谈，而卖方不一定拒绝这样的要求，也不会对买方进行深度的筛选评价，体现出一种轻易就范的姿态。从买方的角度来说，一对一出售意味着没有来自其他买方的竞争压力，当然是件好事。从卖方的角度来看，当特定条件具备的时候，一对一出售也不会明显伤害自己的利益。这些条件包括：

(1)监管机构对上市公司并购重组积极支持，且不过多干涉。

(2)二级市场投资者(股民)对上市公司并购重组普遍给予正面评价，交易宣布后上市公司股价普遍看涨。

监管机构的支持态度决定了交易被否的风险较小。市场的积极跟进意味着你作为卖方从股价上升中获得额外收益的可能性较高，即使交易估值不见得很高，但股票的溢价潜力可以视为对估值的一种补贴。并且在一些案例中，买方上市公司市值越小，甚至原先的自身业绩越差，交易带来的盈利预期对股价的拉升作用越强烈，因此你的套利空间越大。在并购市场繁荣甚至过热的时期，相信不少企业家都亲历了这个过程。用当时时髦的话讲：没必要过度选择交易对手，也不需要太纠结于写在买卖合同里的纸面估值，重要的是把握有利的交易窗口迅速成交，然后一起去挣二级市场的钱！

时过境迁，资本市场进入“新常态”导致上述基础条件已经出现了根本性的变化。具体来说，有以下两个方面。

(1)监管机构仍然在积极推进并购交易的市场化进程，但是近年频频出现的忽悠式并购和商誉“暴雷”同样令它们如坐针毡。由于股份支付必然涉及新股发行，按照相关法律法规必须经过证监会核准。如今监管审核的眼光更加专业，审核的尺度也更加严格，这意味着论证不充分的并购交易被否的可能性更高了。对你而言，选错买方，有可能连审核都过不去，交易就会半途而废。

(2)市场变得更加理性。2019 年以来，不少并购交易方案宣布之后上市公司股价不升反降。相比过去一边倒的看涨，投资者变得更加谨慎，更会对交易方案的合理性以及交易到底是创造价值还是损害价值进行独立的判断。对你而言，选错买方，即使通过了审核，你获得的股票也可能在未来出现贬值，导致你最终“落袋为安”的利益缩水。

这些变化让出售工作变得更加困难，需要考虑的维度更加复杂。挑选买方成为一种卖方刚需。可以肯定地说，在如今以及未来的市场环境下，沿用一对一出售的方式必然有损卖方利益。

■ 支付能力

支付能力决定了买方的履约能力。建立在充足的履约能力基础上的谈判才是有意义的，否则，你只能空欢喜一场。有经验的财务顾问在知晓买方身份的前提下，需要有能力测算对方的支付能力。

鉴于主流的支付方式就是现金和股票之间的配比问题,因此测算支付能力的时候要回答的问题无非是:现金和股票从哪里来?影响因素有哪些?

我们先看现金。买方的现金一般来自以下四个渠道。

1. 自有现金

我们在第五章的收益法讨论中,已经介绍过自由现金流的概念。你的财务顾问应该有能力根据上市公司的公开信息粗略测算出它们的现金流情况。现金流越强的买方,能够用于资本性支出(包含并购)的资金越充裕。

2. 银行贷款

大多数的全国性商业银行都能提供并购融资。除非通过特殊管道,你可能很难获知某个特定买方在某家银行的授信额度有多少。然而,从银行信贷审批的一般逻辑出发,你的财务顾问仍然有机会作出基本的判断。具体来说,并购贷款的审查主要考虑买方及标的公司的资产负债率、抵押担保能力、经营性现金流对还本付息义务的覆盖比率等。相对来说,目前国内商业银行的审查重点是买方,而对标的公司的审查只起参考作用。

3. 并购基金

近年来，一些大型交易中也频频出现并购基金的身影。它们的操作手法一般是由买方上市公司大股东参与发起并购基金，由基金出面先完成收购，再将收购资产择机装入上市公司。并购基金里面涉及三种核心角色：基金管理人、上市公司大股东、配资提供方。最初和你接触的经常是基金管理人。我们在上一节中已经讨论过，面对基金管理人需要多追问几个问题，因为作为管理者，他们自己并没有足够的钱，他们是否具备收购能力完全取决于用于收购的专项基金能否成功募集。这又牵扯以下三个决定性因素。

(1) 上市公司大股东的出资能力。一般来说，通过大股东的持股市值以及股份质押情况，再参考上市以来大股东的增减持及对外投资情况，即可以形成大致判断。

(2) 管理人的经验。私募基金市场越来越透明，所以应该有可能了解到这家管理机构过往募资的规模、投资过的项目、单个项目投资金额等信息。如果一个机构刚刚成立，主要合伙人没有什么投资案例，那就应该小心；如果这个机构有一定的经验，但过去的募资都在一两亿元人民币规模，现在突然要参加你这个预计 10 亿元人民币的项目，也应该对它们的能力打一个问号。

(3) 配资提供方的看法。相比国外并购基金的募资渠道以保险公司或者养老金管理机构等为主,国内的主要募资渠道还是银行,辅助渠道包含信托、资管、第三方理财机构等。从产品结构来看,完全风险共担的纯股权型投资占比也不高,大多数情况下还是需要资金的使用方(上市公司大股东)承诺担保或者回购。这些特点决定了看待配资提供方的思维方式可以借鉴银行的信贷审核眼光,也可以参考上市公司大股东的出资能力分析。

4. 发行股份及支付现金购买资产并募集配套资金用以支付部分交易现金对价

上面这句话是不是有些拗口?没关系,这只是证监会和券商们的标准措辞。其实意思就是说:在决定采取混合支付而现金又不够的情况下,反正也要向你定向发行新股作为支付工具,索性向其他投资者也发行一些,后者就叫配套融资。配套来的现金或者其中的一部分就可以支付给你。在这种情况下,股份支付和现金支付的关键合二为一,都取决于证监会批不批准买方的发行申请,所以这主要是个审核难度的问题。

■ 审核难度

全现金收购不需要证监会审核,但特别大的交易有可能被问询。混合支付下由于涉及发股,必然需要经过审核,并且如果触发了重大资产重组,审核的尺度会更加严厉。我们在此不去深究技术细节,作为卖方来讲,理解一系列政策背后的逻辑,把握监管机构的出发点即可。

监管机构都喜欢“品学兼优”的好学生,它们的评判标准包括以下这些。

1. 循规蹈矩

这主要包括标的资产的权属是否清晰,相关资产是否取得了必要的权证,是否涉及同业竞争,盈利预测是否合理,交易价格是否公允等。我们在第五章的售前准备中已经和你一起进行了详细的自查,此处不再赘述。

2. 天天向上

交易是否有利于提升上市公司的价值并为全体股东创造更大的回报。尽管国内外不少研究表明,每股净利润并不一定是唯一或者最恰当的评价指标,但在实际案例中,几乎所有的 A 股并购交易都一直沿用这个标准。影响每股净利润的因子有两个,分别是作为分子的净利润和作为分母的股份数量。现金支付如果运用了较高的债务杠杆,利息成本可能消耗当期利润,导致分子变小。股份支付会让整体股份数量增加,导致分母变大。上述两种情况都有可能带来每股净利润的下降,而这是监管者不愿意看到的结果。因此,在现金和股份的配比以及现金的筹措方式上就需要反复测算,以确保上市公司的每股净利润不会比交易前更低。反过来说,你的财务顾问应该有能力验证:对于某些上市公司,无论如何测算,很可能都无法过关。这样的候选买方当然就应该排除。

3. 家无二主

同样一个交易,买方上市公司的大股东没换人就叫资产重组,大股东如果换人了就有个特定的称谓,叫“借壳”。借壳交易有单独的审核程序,基本和 IPO 没什么两样,难度可想而知。同时,站在卖方的角度,“借壳”意味着你将成为上市公司的新任大股东,等于“曲线上市”了,这和你的出售目标是背道而驰的。因此,你不希望触发“借壳”。监管者同样很关注交易之后的上市公司控制权稳定性。股份支付的比例太高,你未来在上市公司的持股比例就有可能接近甚至超过原先的大股东,这样的方案被否决的可能性很大。

4. 历史清白

监管者作为“班主任”,对全班同学都会打个先入为主的印象分。那些平日里调皮捣蛋,甚至受过处分的“学生”想搞点小动作通常都会被重点审查。按照相关法律法规,有如下情况的上市公司不予批准股票发行申请:现任董事、高级管理人员最近36个月内受到过中国证监会的行政处罚,或者最近12个月内受到过证券交易所公开谴责;上市公司或其现任董事、高级管理人员因涉嫌犯罪正在被司法机关立案侦查或涉嫌违法违规正在被中国证监会立案调查;最近一年及一期财务报表被注册会计师出具保留意见、否定意见或无法表示意见的审计报告。存在这些"劣迹"的上市公司也可能混迹于买方群体中向你抛来橄榄枝,但你的财务顾问应该有能力对它们的历史背景进行调查。

5. 承前启后

严格意义上说,转型还是不转型、买卖双方的协同效有多少应该是个商业判断,而不是监管范畴的事情。但是国内并购市场在"青春的躁动"中犯了不少错误,有的买卖双方没有树立正确的"婚恋观",不仅伤害了各自利益,也连累了不少中小股民,造成了不好的社会影响。监管者迫于无奈也只好把手伸得长一点,介入交易的逻辑判断中,来评价双方是否真的"门当户对"。相关法律法规要求:上市公司所购买资产与现有主营业务没有显著协同效应的,应当充分说明并披露本次交易后的经营发展战略和业务管理模式,以及业务转型升级可能面临的风险和应对措施。审核的要求意味着上市公司不能任性妄为。因此在买卖双方初步接触的时候,你或你的顾问多提几个问题,对买方的动机及后续的规划表示质疑是非常合理的。不配合回答你的问题才反而可能说明这个买方准备不充分,或者信心不足。

总体来说,监管机构的上述审核考量都是站在维护证券市场秩序,同时也是保护双方利益,避免出现两败俱伤的角度所做出的适当引导。这些审核精神本质上也和本书倡导的科学出售理念高度一致。作为卖方,应该善用这些监管尺度,在与买方接触的过程中开展充分的"反向尽调",并且有理有据地要求买方配合你的要求。

除此之外,还要留意一类特殊的买方——国有企业。国企买方除了要履行证监会的审核程序外,还需要经过国资委的审批。由于审批环节的增加,所耗费的时间也会更长。在国内市场环境下,对于卖方而言,国企买方的优缺点都非常突出。从优点来说,大型国企的资金雄厚,银行信贷资源充裕,政策层面的隐性优势也不容忽视,在多数交易中都是值得认真对待的买方类型。但国企的缺点主要体现在以下三点。

(1)层级复杂,真正的决策者可能很晚才会出现,而多数时候前面已经介绍沟通过的事项可能因为上一层领导的介入又需要从头再来。

(2)国企通行的集体决策机制有助于国企内部的职务风险防范,但对卖方来说则是实质性地影响了交易推进效率。

(3)不同地区的国企内部决策机制不一定完全相同,有的国企拥有独立决策权，有的需要上报国资委，还有的在企业和国资委之间还隔了一层国有资产经营管理公司，且各级领导看待问题的角度与出发点未必一致。卖方团队很难用过往的或者别的项目上的经验直接套用在其他国企买方身上，这直接增加了筛选过程中的判断难度。

总体来说，对待国企买方既要充分重视，又不能过于依赖；既要坚持原则，也不得不灵活变通。保证潜在买方背景的多元化是一种相对平衡的策略。

■ 交易速度

交易速度就是一个时间表的问题。其实每个卖方企业家都非常关心多久才能卖掉，但是一旦进入买卖双方的互动阶段，多数的卖方就只能跟着买方的节奏走了。我甚至见过不少在卖方业务方面缺乏经验的中介机构一味地安慰卖方企业家，试图说服客户逆来顺受。

时间表对卖方而言非常重要。这不是一个单纯的早点或者晚点收到钱的问题，你应该从以下几个角度建立更深刻的认知。

(1)任何处于出售状态中的企业都是不稳定的。再优秀的顾问、再严密的组织也只能让不稳定的程度降低，而无法让它彻底消失。速战速决显然比旷日持久的风险更小。

(2)企业所处的外部环境也是波动的，并且你无力施加影响。所有的出售都会选择较好的“窗口”时机。但是，“窗口”不会一直开放，漫长的拉锯战可能把你从旺季耗到了淡季，也可能耗来“黑天鹅”①，这些未知的风险只能依靠严格的时间表去规避。这里面的核心是对流程的掌控，只有尽量放大可控的部分，压缩不可控的部分，成功的把握才能更大。

(3)从时间表的角度，纯现金交易比混合支付更好；在两个混合支付方案中，不构成重大资产重组的方案更好。本质上这是一个保留退路的问题。交易毕竟是一个复杂的系统工程，不到最后一刻，谁也不知道会发生什么变化。因此，和选定的买方合作推进固然重要，做好最坏的打算也同样必要。在交易因为种种原因失败的情况下，就需要立即启动与备选买方的接洽。从调转船头的速度来说，现金交易优势最明显。现金交易不需要监管核准，买方能不能出得起钱也是个短期就能见分晓的事情，实在不行可以果断转向。然而，一旦涉及股票支付，

①黑天鹅事件是代指难以预测、不同寻常，通常会引发市场连锁反应的负面变化。

卖方不得不与买方一起等待审核与发行结果,而这个过程的长短是不确定的。在极端情况下,冗长的预草案和无休止的问询及反馈可能导致你很长时间内不得不绑定在唯一的一个买方身上。一旦折戟,市场热度可能不在,题材焦点可能迁移,从时机的角度讲可能已经不如前次交易那样对你有利。另外,混合支付场景下的信息披露一般会比全现金交易详细得多。这意味着一旦启动审批程序,你的企业就没有太多秘密可言了。你的缺点可能在多次的问询反馈中被市场放大进行观察评价,想要和新的买方重谈估值也会被拿来和前次交易进行比对,这些因素都有可能导致再次出售并不容易。

■ 战略资源

关于战略资源的讨论和我们反复提及的协同效应有相当大的交叉地带。考虑这个问题主要有以下两方面的意义。

(1)我们已经展示过双赢的交易价格形成机制。有协同效应的买方比完全没有协同潜力的买方更有理由付出高于市场价值的溢价。或者,你至少可以用理性的分析证明潜在协同效应的存在,并将此作为谈判中间的重要论点来捍卫你的要价。

(2)多数的卖方企业家也会抱着良好的期许，希望新股东带领企业继续发展壮大，并且善待那些和你征战多年的员工。从企业长期发展和社会价值的角度，具备战略资源的买方显然比那些纯粹围绕股票市场套利的投机者更合适。

特别有必要在此强调一点：绝大多数买方都会声称因为自己是上市公司，因此融资更加便利，将为你的企业发展提供更多的资金支持。资金的确是一种资源，但通常并非战略资源。并且你面对的买方多数都是上市公司，融资的方式与面对的挑战是一样的。只能说上市公司整体要比非上市公司融资更便利，却不能说某一个公司因为它上市了所以融资就方便！

“海盗法则”的总结与启示：

(1)关于买方的筛选标准是一套包含多个维度、彼此联系的指标体系。
(2)“海盗法则”从不同的角度强调了“确定性”的重要。你的财务顾问比你更有能力与买方财务顾问对位交锋。买方顾问出于自身立场，可能在描述很多交易瓶颈的时候轻描淡写，但你的财务顾问需要拥有清晰的判断。
(3)站在卖方的立场，交易越简单，成功把握越大。但往往买方不这么想，甚至对于个别买方顾问来说，则是交易难度越大，收费越高。券商圈子里经常把“闯关”当成口头禅，意思就是一些炫技的交易方案并不确定能否获得证监会的支持，对于这种两可之间的事情就抱着试一试的想法去闯闯看。当然，对方不会对你说实话，这就要依赖你的财务顾问作出判断。从这个意义上讲，出身券商并且熟知买方套路的顾问更能帮到你。

筛选中使用的技巧

交易实战中，巧妙运用一些技巧能够有效保护流程的有序性，直接好处就是帮你奠定在买卖关系中的优势地位，而不是对买方无可奈何。这些技巧包括竞标还是非竞标、如何保密、营造竞争等。

■ 竞标还是非竞标

竞标还是非竞标，这是一个流程组织形式的问题。

“竞标”这个概念随着前几年海外并购的火热，开始被国内市场所熟知。在那之前，一对一的出售几乎是唯一的方式。抛开投行的习惯做法，我们在第三章把企业出售与艺术品拍卖进行过对比。站在卖方角度，这种组织方式叫拍卖（Auction），而站在买方角度去角逐同一个目标就是竞标(Bidding)。至少你应该会认同,拍卖对于实现出售价格的最大化有所帮助。

1. 国际投行拍卖流程的步骤

一个典型的两阶段拍卖,通常如此进行——

第一阶段:

(1)较大范围内发放匿名简报。
(2)兴趣方签署保密协议。
(3)向兴趣方提供信息备忘录和第一阶段流程声明(Stage 1 Process Letter)。
(4)兴趣方在流程声明中要求的截止时间之前提交非约束性投资意向函(Non - binding Offer Letter),或者投资意向书(Letter of Intention)。文件标题不重要,但内容需要符合卖方在流程声明中规定的要求。
(5)卖方根据收到的意向书做出评估并邀请部分兴趣方进入第二阶段,邀请并随附第二阶段流程声明(Stage 2 Process Letter)。

第二阶段:

(1)受邀买方开展尽职调查并实地考察目标企业。

(2)买方根据尽调结果，在第二阶段流程声明中要求的截止日期之前提交附带法律效力的投资意向（Binding Offer）。一旦卖方接受，买方不可撤回，而且为增加保证效力，通常随附银行出具的履约保函。

(3)卖方评估收到的确定意向，选定一两家买方进入最终谈判。

(4)谈判及交易文件起草。

(5)签约成交。

2. 拍卖流程在国内难以推广的原因

一些国际投行曾经尝试把上述流程引入中国，但是几乎都遭遇到了水土不服。具体来说，下面这些困难导致拍卖流程在国内并购市场一直没能得到推广，部分买方以及中介机构甚至把"拍卖"或者"竞标"当成避讳的敏感词。

(1)习惯的问题。一方面，在中文语境里，竞标暗示着"抬价"的过程，以及最终胜出者成为"冤大头"的结果。很多买方以及他们的顾问对此是反感的。另一方面，在相当长的历史时期里，并购交易呈现买方市场的特征，作为买方的上市公司相对强势，所以它们有资本向卖方叫板：如果要竞标我就不参加了。不过随着资本市场的发展成熟，一边倒的局面已经扭转，甚至开始有论调宣称

"资产荒"了，因此很多上市公司已经实质上接受了好项目就得和别人"抢"的事实。但即便如此，从习惯上来说大家还是不太喜欢卖方拿着一纸流程声明来"威胁"自己就范。这是一种很有意思也充斥着自我矛盾的现象，也算是一种并购领域的中国特色。

(2) 披露的问题。哪怕从初步接触开始，买方上市公司就已经有可能介入一个对自身构成重大影响的潜在交易。什么时候披露、披露什么、信息披露怎么配合上市公司停复牌都是一些非常具体的操作问题，搞不好就会引发股价的异动，或者遭到监管机关的处罚。从趋势上来说，法律法规层面对信息披露只会越来越严格，并且信息披露制度的定位是出于资本市场整体健康发展的角度作出的统筹考虑，并不单纯是为并购重组这个单一业务品种服务，更不会为了非主流的竞标流程进行区别对待。这就变得很麻烦，大原则是都应该披露，实践中可以有弹性，但是具体的尺度，法律法规又未加以明确。前几年上市公司出海并购时遇到这些类似问题，基本都采取了一事一议的原则。想要监管机关从制度层面专门理顺这个问题，以便拍卖流程能够在国内落地是基本不可能的。

(3) 审批的问题。从签署保密协议到非约束性报价，再到约束性报价以及银行保函，都需要一定的审批或者授权。大家习惯了在交易双方达成确定性意向的情况下再开始审批流程，但拍卖的游戏规则变成了要把卖方的选择权留到最后，这意味着买方在大部分的时间里是在不确定的状态下推进相关工作。这种逻辑上的矛盾也带来了很多内外部沟通难度。

上述问题的存在，是否意味着拍卖方式完全没有可取之处呢？我个人认为，对待这个问题作出的结论不能过于武断。毕竟，在其他销售场景中，拍卖都是一种对卖方有利的技巧。并且在企业出售的场景里，国际并购市场上也大范围地采用拍卖。所以，我们不妨跳出拍卖流程的形式，从它的实质里寻求值得借鉴之处。

3. 拍卖流程的实质探究

秘密就藏在流程声明中。我在下面节选一段某个海外并购交易的第一阶段声明内容，以便解释这个问题。

您被邀请基于信息备忘录及其他所能获知的有关××公司的详细情况，向我方提交一份非约束性报价函。请将函件于××××年××月××日××时之前发送给我方独家财务顾问××公司。

您的非约束性报价应描述对我公司100%股权的收购方案，并包含以下内容要件。

(1) 您对本次收购交易的估值(请提供一个确切数字,而非一个范围)。且您需要以全现金形式进行支付。

(2) 您使用的估值方法说明,以及您得出该估值所使用的核心假设。

(3) 您准备采用的融资渠道说明。您应该尽力从融资提供方那里获得融资意向函并出示给我方。

(4) 您在完成收购的前提下对于××公司的未来经营规划。

(5) 您对尽职调查的具体要求、计划的尽调时间表和预期的整体交易完成时间。

(6) 您负责本次收购的人员姓名、职务、联系方式,以便我们能就此函件与您沟通。

(7) 您为本次交易组建的收购团队介绍,含财务顾问、法律顾问及(或)其他顾问等。

(8) 除上述内容外,欢迎您提供其他有助于我方评估您的非约束性报价的补充信息或材料。

通过上面的例子可以看出,流程声明基本涵盖了“海盗法则”的全部维度。而在成熟资本市场,由于买方对这种拍卖出售方式习以为常,一般都会配合卖方的要求。而卖方通过这种正式的书面形式,不仅能对筛选标准里的所有考量角度获取到来自买方的正式回复,并且还能通过一般由买方总裁或者董事长亲笔签署的报价函中看出买方对此交易的严肃态度。

通过对比,我们可以直观地看到国内并购市场游戏规则的欠缺之处。由于没有这样一种正式沟通机制的约束,买卖双方的沟通就显得比较随意。为这种随意买单的主要是卖方,至于买方不会有什么实质性的损失。可能也正因为"捣乱不用负责任",导致一些买方,或者更准确地说是买方机构内部无权对于这种重大事项作出表态的人也敢到处说大话。的确存在一些这样的人,他们并不担心言过其实会导致声誉受损,也不愧疚浪费对方的精力与时间。他们让买方筛选的工作变得扑朔迷离,很多经历过出售的企业家对此都应该深有感触。

4. 拍卖流程能否本土化

这个问题并不难。因为拍卖本来只是一个形式,既然这个形式与国情不符,那就丢掉形式保留实质(内容)即可。在实际操作中,这对卖方财务顾问的要求是比较高的。首先,他需要懂得正确的做事方法。其次,他要懂得变通。虽然不能通过书面形式,但并不妨碍通过细致深入的口头沟通获得关键问题的答案。最后,他还要具备娴熟的谈判技巧。买方希望独家沟通,但也不排斥适度竞争。如何鼓励买方让他们看到胜出的希望,又适当给予压力避免他们拖沓松懈,这是沟通的艺术,而不是纯粹的技术。我个人认为,在中国市场从事卖方顾问业务要比在国际市场更难,主要就是难在要用技巧性的沟通去达到和硬性规则一样的实施效果。

■如何保密

保密工作的重要性毋庸置疑,不仅要保护自己的商业机密,对于你和特定买方之间的沟通细节也应该严格保密。否则,对方上市公司的战略计划提前泄露也可能违反信息披露法律法规,为你们之间的合作平添不确定性。做好保密工作,应该重视以下三点。

1.数据分层

我们在第五章讨论包装材料准备时就对数据分层进行过一些介绍。完整的分层应该包含三个梯度。

第一个梯度:匿名简报。简报只应该涉及企业亮点的定性总结,但不涉及详细描述。匿名并不代表简单地把材料中的公司名称换成代号即可,还应该逐字逐句地进行检查,凡是有可能导致外界轻易猜出公司真实身份的描述都需要尽量更换表达方式。

第二个梯度:信息备忘录。这里面可以且应该包含大量的定量结论,但不一定需要包含支持这些结论的全部证据或者计算过程。举例来说,你可以对收入变化趋势进行分类总结,但对于涉密的关键客户信息可以暂时不体现。信息备忘录的原则是让买方看到充分的事实,并且假设这些事实都为真的情况下可以进行估值推导即可。

第三个梯度:尽调数据库。获准开展尽职调查的只应该是极少数的兴趣方，最终的买方基本上就是从他们之中产生，因此数据库中的资料需要尽可能地充分披露。相比信息备忘录，这里的信息会更加深入。比如，你需要提供一些关键合同、发票、货物流转凭证，让买方有机会验证你在信息备忘录中的结论是客观合理的，因此基于信息备忘录得出的初步估值也是可信的。

2. 保密协议

不少人会告诉你，保密协议就是君子协定，是个“花架子”，没有什么实际意义。的确，在实际操作中，多数人对待保密协议非常随意，让这种本来是对卖方的有效保护措施实实在在地沦为了走过场。

(1)错误做法。

我见过的有关保密协议的错误做法如下。

① 卖方对待所有买方，或者买方对待所有卖方，采用千篇一律的格式文本，对方也基本上看都不看就签字。

② 格式文本中需要补充完善的相关信息没有填写，留着大片的空白就签字。

③ 卖方看见从买方处发回的协议上已签字就立即发送详细资料，而不去质疑签字人是否具有授权，也不去追问为何

没有加盖公章。

保密协议不应该被忽视。严谨的保密协议应该包含一些在特定环境下非常重要的条款，典型的就是“不招揽”（Non - solicitation）。做过海外并购的买方对此应该不会陌生。该条款通常要求买方在一定期限内不得引诱或招揽标的公司管理层或雇员。其他类似的限制性条款还包括对标的公司的任何合作方、客户、供应商的接触限制。该条款的存在，是为了让那些不尊重江湖规矩，拿着你的出售信息四处打听甚至居心叵测的人投鼠忌器。

（2）注意事项。

正确对待保密协议应该包含哪些注意事项呢？我在此列举一些值得留心的常见问题。

① 反复检查协议双方的名称和经营地址。尽管这应该是个常识，但我确实经常发现这种最低级的错误。

② 检查保密义务人是否包含了买方及其聘请的所有中介机构。

③ 你很难判断对方签署人是否拥有足够的授权，所以应该坚持要求对方加盖公章。即使对方抱怨内部用印流程复杂，你也不应该轻易妥协。因为那些只为套取机密信息的人也会经常使用这样的借口。

④ 在有条件的情况下，保密协议以及此后发送的信息备忘录都应该添加水印。水印的好处在于明确该协议或资料

在某个具体的时间发送给了某个具体的接收者，且对方无法消除这个印记。将泄密责任绑定在某个人身上就能有效增加这个人的心理压力，提高他的违法成本。实际工作中，经常能看到一些本应高度保密的内部材料流传于各种微信群，说明不专业甚至不怀好意的所谓买方大量存在。在有水印的前提下，流传在外的材料上都赫然印着这个人的名字，想必在他想要违约泄密的时候还是会有所忌惮的。这样的手段防小人不防君子，原理无非是法律界公认的：减少犯罪的关键是让违法成本大于违法收益。

3. 迅速成交

最有效的保密就是迅速成交，再好的保密措施都经不住时间的侵蚀。再次重申，时间表非常关键。你需要掌控时间表，切忌不能被买方牵着鼻子走。

■ 营造竞争

没有任何一个买方会在无压力的情况下付出溢价。同样，没有任何一个买方会在无压力的情况下主动遵守你的时间表！

营造竞争，就是谋局，所谓“善弈者谋局，不善者谋子”。并购交易不是单纯的技术工作，它也是人性的博弈。卖方想要赢得溢价，就要善于调动买方彼此之间的竞争。可以参考的实战技巧如下。

(1) 始终保持适当数量的买方。避免过早进入一对一的局面是保持竞争最直接的方法。

(2) 掌控节奏。首先，需要原则上统一的时间表，部分买方会不断尝试打破你的节奏，而你需要在财务顾问的协助下守住由你制定的游戏规则。其次，需要在必要的情况下保持适度的灵活性。比如，国企买方内部流程会慢一些，因此可以稍微提前一点进行接触，以便后续进度整体一致。再比如，你的直接竞争对手也表达了兴趣，但是他掌握了你的商业秘密之后也可能对你构成威胁，因此你可以选择最晚与他进行沟通，且不要预留过多的时间给他，以免他有机会暗度陈仓。总体进度的步调一致能够利用买方必然开展的情报收集工作让他们自己获悉竞争对手的存在，这甚至比你直接提醒他们竞争对手都有谁效果更好。

(3) 作为卖方企业家，矜持比热情更恰当。过分的热情常被曲解为急于出售的信号。按照国际经验，初步接触阶段一般都是由卖方顾问作为你的全权代表与买方进行沟通。然而，国内市场却流行买卖双方直接见面，并且见面的过程可以用“财务顾问观棋不语，双方老板天南海北”进行概括。这是个普遍存在的错误安排。这种性质的见面由于主题不突出、目的不明确,所以没有什么实质的意义。你离开了财务顾问的协助,就无法充分利用这个机会对买方进行反向尽调;而买方老板除了对你本人留下或深或浅的一点儿直观印象,对于企业的评价以及收购价格的判断也不会有更进一步的看法。你应该意识到这是一种不好的习惯,而财务顾问更要对这种错误承担主要责任。如果他的前期工作没有做深,对你的企业情况掌握不透,甚至卖方顾问经验不足,无法独立应付买方质询,那么买方将不得不要求与你直接沟通。虽然这种状况普遍存在,但存在未必合理,这种错误应该得到纠正。我不推荐卖方企业家轻易会见买方,也不赞成你轻易答应买方现场参观的要求。交易中间的每个行动都应该有明确的目的,并且前后安排应该要起到层层递进的作用才行。会面和参观都是加深信任的手段,但信任的基础首先是买方已经看过材料掌握了基本情况,其次是无论通过材料还是由财务顾问出面的沟通已经给买方建立起了积极的第一印象,而见面或者参观是为了强化这种印象,或者把抽象的感觉变得具体化。我看到的很多案例中,买卖双方老板坐在一起要从自我介绍开始,会议的过程由于缺乏相互了解,要么自说自话,要么严重偏题,结果会议结论就是回去安排团队再消化材料并保持联系。这样的所谓对接其实是在浪费双方的时间。

(4)知己知彼,才能让你的矜持显得高贵。盲目的矜持除了让人怀疑你是否诚意出售外,不会有更好的结果。首先,你和你的顾问应该知道自己有什么(整个第五章我们都在聚焦这个问题),看清自己之后就应该有宠辱不惊的底气。对于既清楚自己有什么,也知道自己要什么的卖方,买方通常会对你的专业性给予赞赏。如果你的价值的确突出,买方也不会对竞争的激烈程度表示过多的质疑。其次,你的财务顾问还需要利用市场情报来判断市场上有什么。稀缺或者过剩是一组放在特定时间范围内才具有意义的概念。买卖双方的供需关系永远不可能达到完美的平衡。因此,如果你很清楚你的企业是特定领域现存的收购目标中最好的机会之一,那么有什么理由不自信呢?你不必透露竞争者的名字,但你当然应该有底气,用温和的口吻告知某个买方他应该提出更好的收购方案,因为别的买方同样志在必得。

简而言之,请不要误会营造竞争的意思,我并没有鼓励你无中生有。做局只是一种正常的销售技巧,但它的实施效果80%取决于你的企业自身是否优秀。从目的上来说,竞争更多的只是为了优化结果,出发点并非要吓唬买方。甚至在某些场合下,你只是在避免被买方吓唬罢了。

意向协议

在筛选过程中，你的财务顾问，甚至你本人都与买方进行了较为深入的沟通，在此基础上才有可能运用“海盗法则”选出心仪的买方。当入选的买方只有一个时，意向协议是一种阶段性成果的书面体现，也是为后续的尽调和谈判工作奠定基调。在很多交易中，在进入尽调阶段之前，买卖双方会签署交易意向协议。

意向协议的常见条款包含交易报价、支付方式、保密义务、协议有效性、独家谈判、后续安排等。其中，交易报价和支付方式都是口头沟通中已经达成初步一致的内容，此处只是进行准确完整的记载。保密义务和协议有效性是相对固定的条款，买方律师一定会用巧舌如簧的法律语言让这份意向协议不具有实质性的法律约束力。值得你特别关注的是独家谈判和后续安排两个条款。

■独家谈判

多数买方会要求独家谈判的权利，以防止自己在推进后续工作的过程中被其他竞争者截了和。站在买方角度，这是一颗定心丸，他们可能借此判断卖方的交易诚意，再来决定自身的重视程度。站在卖方的角度，该条款既有利也有弊。有利的一面在于这展现了你的合作态度，不妨以此要求买方对于交易方案尽量细化，以作为他们对等的诚意；不利的一面在于你需要遵守约定暂停和其他兴趣方的接触，不愿等待的兴趣方可能就此离开。因此，独家谈判对你来说是一种机会成本。正确看待这个条款作为机会成本的属性，其一，你应该慎重选择签约对象，不要随意答应任何买方的独家谈判要求。其二，对于独家谈判的时间也应该有所限定，我个人的建议是不要超过两个月。如果超过这个时间还未能达成交易，你就应该有权利和其他兴趣方恢复沟通。

■后续安排

在意向协议中的后续安排主要涉及对即将开展的尽职调查方法、时间等细节的约定。我们即将在第七章详细阐述卖方对于尽调组织工作的正确方法。你可以将有关注意事项在意向协议的谈判阶段与买方充分沟通，并将一些对你有利的机制或规定通过协议的形式明确下来。这将有效帮助你提高尽职调查的效率与质量。鉴于下一章将会详细介绍,此处不再赘述。

当心仪的买方不止一个,或者你对每个买方都心存疑虑,担心他们可能因为种种原因无法完成交易时,还应不应该签署意向协议呢?这个问题没有统一的答案,你可能需要考虑以下问题。

(1)你企业本身的吸引力。项目越好,卖方越有资本拒绝买方提出的独家谈判要求。

(2)买方的专业水平和前期沟通的深度。意向协议通常不具备法律效力,它只是一个阶段性的总结,并且用白纸黑字的方式让买方不好意思在后期全面推翻之前的方案。从这个意义上讲,卖方想要依靠意向协议获取实质性的安全感是不现实的。如果你跳出意向协议这种形式,你会发现实质上你是在寻求确定性。买方专业水平越高,他们的内部决策机制就越成熟,哪怕口头沟通中提出的方案都会越慎重,沟通的深度以及方案的细致程度也会越高。反过来说,那些在前期沟通中各种拍胸脯,一谈具体方案就说先要尽调,急切地想要签署意向协议的买方,即使签了对你也没有任何实质性的意义。

其他需要注意的问题

■ 核心员工的沟通

所有卖方企业家都会思考一个问题:企业正在出售的真相应不应该告知员工?正确答案分成两个部分:在什么阶段谈,以及和谁谈。

1. 沟通需要选择时机

在你自己权衡是否出售的考虑阶段,以及交易的准备阶段,甚至包括与买方初步接触的阶段,我的建议是严格保密。除了我们在第四章提到的那位携手你的财务顾问一起开展准备工作的"代表"以外,要对其他员工包括企业管理层,暂时封锁出售的消息。其主要原因是你还在准备和探索的阶段,对于出售的可能性以及买方是谁还缺乏充足的判断依据,包括你自身的心态也处于不稳定状态。这种情况下的贸然沟通,通常不会起到什么好的作用,甚至你也并不确定具体沟通的内容是什么,希望谈话的对方相信什么,或者承诺什么。站在对方的立场,获悉企业出售后的第一个想法很可能是对自己职业前景的担忧。即使对方是追随你多年的部下,他可能对你的坦诚表达感谢,但不会不明白自己的未来伴随着出售交易正处于高度的不确定之中。一旦企业易主,即使和你关系再密切,但决策者即将换人,新老板将如何调整人事安排不得而知。心理学的研究一再证明:人们的偏好确定性会导致主动追求确定性。因此,在你无法做出实质性保证的情况下,他很可能会选择提前寻求退路,以免将来措手不及。显然,这不是你希望看到的变化。因为你还需要依靠你的部下协助你完成交易,并可能需要在更长的一段时间里帮助你完成业绩承诺。如果你不想给自己找麻烦,也不给下属平添烦恼,最好的做法就是保守秘密。

然而,这并不意味着你应该在交易签约之前一直保密。在基本完成买方筛选,大致锁定了少数买方,并就"海盗法则"涉及的每个问题拥有比较清晰的认知的前提下,你就应该启动这种沟通。原因如下。

(1)交易即将进入到买方尽调阶段,而买方必然会要求对部分管理层,甚至少数情况下会包括个别核心员工进行访谈。在这种情况下,个别员工获知企业正在出售的消息将不可避免。因此,你应该确保他们首先从你的口中而不是买方团队的口中得到这个消息。这将极大地保护你的威望与信誉,也能给你充裕的时间对这些员工进行心理安抚,避免突如其来的消息引发他们的心理波动,进而导致他们在与买方的沟通中做出意料之外的失真评价。

(2)我们在随后的第七章会详细介绍,尽职调查阶段时间紧、压力大,既要充分回应买方的各种问题,又要内部协调、对接顺畅,你的确需要更多的帮手。所以,预先沟通也能提前开展任务分配,确保后续工作的秩序。

(3)在这个阶段你已经不像之前那般对诸多问题都不确定,并且你在筛选过程中也平衡考虑过企业及团队的长远未来。关于买方很可能是谁、为什么选择他们、他们对企业未来的规划如何、自己计划如何在谈判中保护团队利益等诸多问题,都可以进行相对有把握的讨论。当然,说多说少由你自己去把握,关键的差别就在于你此时的心态变稳了,从而能在沟通中传递信心,如此便更有把握赢得员工的信任与支持。

2. 和谁沟通

在交易成功签约之前,和全体员工进行沟通是不明智的,也不现实。你仍然需要控制知情者的范围,以便尽量避免意料之外的状况发生。我建议你在选择沟通对象时重点考虑以下几类人选。

(1)买方肯定会访谈的对象。一般包括你的企业总经理、财务总监。根据每个企业情况的差异,可能还会包括销售、采购、生产等部门负责人。

(2)你愿意主动引见给买方的人。例如,研发优势是你的企业核心亮点之一,你可能会愿意介绍你的主任工程师,或者研发部门主管,目的是增加买方的好感。

(3)对你的未来业绩完成将起到关键作用的人。我们在第五章价值树分析中就讨论过要抓住关键问题,也就是企业的核心价值。当然,你也应该重视支撑这些核心价值的关键员工。在后续第八章的交易谈判中,买方可能要求核心员工签署竞业禁止协议,你也有可能向买方争取超额业绩奖励并把他们作为奖励对象。这些人是你最重要的人力资源,也关系企业出售期间及出售之后的稳定,因此提前沟通也是必要的。

■ 与买方沟通过程中要特别注意“一致性”

我们在第五章的基础尽调中就曾提到:对尽调发现的部分问

题要形成标准答案,在后续应对买方尽职调查以及与买方沟通的过程中,全体卖方团队成员应根据必要性原则熟悉全部或部分问题及答案,以便口径一致。坚持一致性原则的核心目的是:避免不同成员在突然面对买方提问而自身掌握的情况不全面时做出不慎重或不准确的回复,从而引发不必要的误会及担忧。我们在这里对此问题进一步展开阐述。

1. "一致性"缺陷可能造成的危害

(1)影响买方信心。

(2)买方质疑可能造成你的内部混乱,甚至因为同事间的相互指责而产生矛盾。包括你在内,所有参与出售工作的团队成员都面临极大的精神压力,情绪管理也需要引起重视。

(3)买方可能增加额外的尽调要求,从而导致尽调时间更长,工作量更大。

2. 规避上述风险的方法建议

(1)从售前准备开始,就要充分模拟买方思路,列出假想问题并准备相应的回复口径。

(2)要充分利用筛选阶段的接触机会,积极测试验证买方思路,修订或增加相关问题及回复。

(3) 买方尽职调查之前，卖方财务顾问应该担任主力沟通管道。多头沟通会增加彼此口径不一致的风险，因此，卖方财务顾问就需要站出来切实履行“看门人”的职责。

(4) 你本人也需要对梳理成文的标准口径反复熟悉。买方几乎肯定会在谈判阶段挑选一些重点问题当面与你讨论。无论卖方财务顾问的前期沟通多么缜密，即使这些问题的答案已经写进了买方尽调报告，你的亲口确认也会带给买方更强的信心，对于顺利成交意义重大。

第七章
应对买方的尽职调查

故善战者，致人而不致于人。

——《孙子兵法·虚实篇》

译文：所以，善战者调动敌人而决不为敌人所调动。

实质与形式

尽职调查的目的是令买方尽可能深入全面地掌握有关他们所要购买的股份或资产的全部情况。从买方的角度来说，尽职调查的核心出发点是风险管理。鉴于并购交易是一种失败概率较高的风险投资，且买卖双方之间存在比较明显的信息不对称，因此买方试图通过尽职调查获取关键事实和重点证据来尽量降低这种信息不对称中潜藏的风险。一旦通过尽职调查明确了存在哪些具体的风险，买方就可以制定相应的防范措施，并将部分能够通过交易合同规避的风险作为重要诉求带到谈判桌上。

风险的实质可以看成两部分：

一部分是“回头看”，即卖方披露的历史事实是否真实、准确、完整。

一部分是“向前看”，即卖方所做的业绩预测是否假设合理、证据充分、可实现性强。

前一种看待风险的眼光对应的是狭义的尽调,以事实验证为主要目标;而后一种对应的是广义的尽调,还包含了价值的判断。

■ 买方尽调的国内外做法比较

买方尽职调查的国际做法与目前国内的主流做法存在较大的不同。

从尽调内容上来看,国际交易中的买方在事实验证和价值判断方面的精力分配大约是四六开。背后体现的理念是我们在第五章收益法中所介绍的"企业的股权价值是它未来为股东创造回报的能力",所以相比过去的事实,尽调工作更加关注未来。相比而言,国内交易中的买方在事实验证上花费的精力可能接近甚至超过 80% 。这种习惯的形成有一定的历史背景。相比年轻的并购重组市场,中国资本市场至今仍然是以 IPO 业务为主,造成了绝大多数的市场参与者将 IPO 的尽调要求直接套用在了并购重组的交易上。在以审核制为主的 IPO 发行机制下,尽调工作是建立在"一个标准"和"一个假设"之上——"一个标准"是指拟上市公司至少需要"历史清白",具体包括没有违法违规、没有做假账、收入成本真实等具体的清白指标;"一个假设"是对所有发行主体进行"有罪推定"。审核制给负责审批的监管者和负责保荐的券商带来了极大的职务压力,一旦遗漏了某些关键问题,就有可能导致被事后追责。相对而言,法律法规对于价值判断的要求不多,也很难对于尚未成为事实的预测内容进行细化的约束。虽然大家都知道价值判断的重要性,但长期以来的审核思维让人们在倒推工作重点的时候自然而然会把主要精力放在事实验证上。

从尽调团队的人员构成来说,因为国际交易中买方团队以价值判断为工作重点,而预测未来比审查过去更复杂,所以买方尽调团队的组成也更加多元化。在大型交易中,一个完整的买方尽调团队可能包括财务尽调(Financial Due Diligence)团队、法律尽调(Legal Due Diligence)团队、税务尽调(Tax Due Diligence)团队、人事与组织尽调(People and Organization Due Diligence)团队、运营尽调(Operational Due Diligence)团队、战略尽调(Strategic Due Diligence)团队、技术尽调(Technology Strategic Due Diligence)团队等。成熟资本市场历经百年发展,负责上述各个专业板块尽职调查的专业机构数量众多,也都在各自领域拥有深厚的积累,能够有效协助买方在极短时间内为目标公司准确把脉。相对而言,大多数国内的买方尽调由上市公司董秘牵头,仅配置券商、律师和会计师,在少数交易构成重大资产重组的情况下还会包含评估师。与国际同行相比,这样的配置从专业性和丰富性的角度都存在较为明显的不足。造成这种差异的原因首先是专业从事尽职调查的服务机构较少。就我个人观察,除四大会计师事务所的交易服务部(Transaction Service)以外,其他机构的服务能力与专业水平参差不齐,多数市场机构还是从逐利的角度出发扎堆于利润最丰厚的交易撮合环节，而对于尽调这种虽然重要但不怎么赚钱的“脏活累活”热情不高。另外，买方普遍存在“轻尽调、重对赌”的惯性思维，这种认知方面的差距不仅体现在对交易环节专业性的轻视，也表现在对投后整合方面缺乏整体的规划和充分的论证。甚至有一些上市公司高管认为尽职调查就是走过场，让券商和律师对着各自的清单逐条核对打钩就可以了。

■ 买方尽调方法对卖方的影响

理论上的尽调目标与实际上的尽调形式存在不小的差距。这种差距在具体工作中，对卖方而言存在正反两方面的影响。

1. 积极影响

从积极的方面来说，买方在价值判断方面的投入欠缺对你意味着更大的引导空间。正确的尽调应对和恰当的谈判技巧能帮你转守为攻，更有机会卖得好。当然，这建立在以下两个前提之上。

(1) 你进行了完整和充分的售前准备。我们在第五章中首先进行的工作就是梳理各种历史事实，模拟买方的视角进行扫雷清障。在有经验的财务顾问和法务顾问的协助下，你应该在现阶段对于事实验证部分充满信心。

（2）你的财务顾问必须比买方尽调团队更精通业务与行业。精力投入不足不代表他们会无视价值判断。相反，必要的价值判断仍然是买方尽调报告的必备内容。所以你要防范价值理解偏差甚至扭曲，通俗地讲，就是对方完全没看懂你的业务亮点。你是否应该亲自出马呢？答案是否定的。因为，一方面，在绝大多数的时间里，尽职调查是双方中介团队之间的较量。大家各为其主，即使偶尔辩论的过程火花四溅，也是习以为常的事情，并且完全符合各自的角色定位。然而，如果你直接与买方尽调团队冲突，就会被误解为不配合甚至是在掩盖事实。而且，你的财务顾问也应该有能力在业务与行业的理解方面占据上风，即使面对买方董秘，至少也应该平分秋色。有人可能对此表示怀疑。当然，我承认绝大多数的买方董秘浸淫行业多年，他们的视野与认知不可能被卖方财务顾问通过项目前期的突击学习轻易超越。然而，这是一个深度对广度、局部对全面的较量。围绕目标企业的相关情况，只要前期工作足够扎实，你的顾问应该了解过事实、梳理过逻辑、准备过证据，他的信息优势远胜于对方董秘。因此，完全有可能影响对方观点、锚定有利预期，并最终通过买方团队给予他们的决策层以积极反馈。

2. 消极影响

从消极的方面来说，买方的工作方式可能导致尽职调查的专业度和整体性欠佳，带来的危害主要有以下两方面。

(1) 买方主动开展的价值挖掘工作不足，导致价值发现能力不强，带来的直接影响是令你获取溢价的难度增大。理论上说，论证价值、发现潜力、寻找协同，都应该是买方依据尽调获取的信息而独立开展的工作。当买方对此的经验和重视程度还不够时，卖方就需要多做一些。具体来说，首先是在售前准备阶段厘清自身的价值创造过程；其次是在口头沟通中反复强调和串联信息备忘录中的价值逻辑与尽调资料中提供的证据；最后是需要开展主动的反向尽调，以便深入分析潜在的协同价值。

(2) 买方尽调团队在并购重组中的经验欠缺将给卖方带来缺乏统一指挥、横向沟通不足的直观印象。在很多尽调中，买方的券商、律师、会计师和评估师独立开展工作，彼此之间交流较少。这种工作方式给卖方带来的直接麻烦就是同一个问题可能被反复问几遍，同一份材料可能被反复要几次，这无疑带来了卖方的精力浪费和整体工作的忙乱。除此以外，买方团队还经常出现对“度”的把握失当，这在一定程度上也是由于把 IPO 方面的尽调经验照搬到了并购场景所致。在 IPO 业务中，中介机构实质上扮演了监管机构的执行者角色,同样抱着有罪推定的假设去质疑发行人,而拟上市公司却不得不配合。但在并购尽调中,很多卖方如果对此没有心理准备,就会产生较强的抵触心理。站在卖方的角度,你只是来做尽调,我还没有答应肯定卖给你,而你派来的人就出言不逊,这不是故意找茬吗?在极高的工作压力之下,这样的抵触很容易“擦枪走火”。卖方生了一肚子气,而买方团队反馈回去的信息则是遭到了“恶意阻挠”。于是,买卖双方不欢而散的例子也是屡见不鲜。

所以,作为卖方来讲,有必要提前认清尽职调查的本质,同时也要明白实际操作中的缺陷。对于尽调流程的设计与具体方法的使用,就应该有针对性地去解决这些问题。

卖方痛点

在多数案例的买方尽调阶段，卖方普遍存在八大痛点。具体如下。

■无从下手

不知道对方要看什么，也不知道事先应该准备什么。这种类型的卖方在买方团队进场提出要求后才仓促应对，自然是手忙脚乱，效果经常不会太好。

■犹豫不决

这主要是针对目标公司的负面消息或者某方面的客观缺陷，

比如违法违规的事实、隐性债务、未决诉讼、股权纠纷、资产权属瑕疵等。多数卖方会犹豫要不要告知买方,是应该主动披露还是等到买方问起来再回答,是说多还是说少,说多了会不会导致交易失败等。

那么,应该如何看待负面消息呢?

(1)除非极个别的情况,买方团队在挖掘硬伤的方面普遍不会手软,更不会粗心大意。所以,客观存在的问题靠捂是捂不住的。

(2)即使蒙混过关,在你未来和买方签署的交易协议中必然要求你作出承诺:你所披露的内容真实、准确、完整,不存在虚假记载、误导性陈述或重大遗漏,并对其真实性、准确性和完整性承担个别和连带的法律责任。这是一种对买方的兜底保护,在现实案例中也曾出现过因为卖方故意隐瞒关键事实而导致的诉讼赔偿。

基于以上两点,主动披露比让别人揭短要好,充分披露比遮遮掩掩要好。然而,你所担心的买方顾虑也是真实存在的。既要披露,又不妨碍成交,你就不仅需要揭示风险,还要分析风险的程度以及影响。具体包括以下问题:这些负面消息的产生背景是什么?错误的一方应该是谁?该事实对企业经营的影响程度以及落实到位的应对措施有哪些?可供选择的协商余地有什么?对此类问题,你可征求律师意见,将解决此问题作为交割的前提条件,或者在经济价值可度量的情况下由你承担兜底责任等。

■疲于招架

尽调服务商美国 Ansarada 公司曾对其服务过的 1000 个交易进行了跟踪统计，平均每个交易涉及 152 个尽调问题，其中 90% 的问题要历经 6 轮的往复问答才会停止①。你可以直观感受一下其中涉及的巨大工作量。在缺乏有效组织的情况下，能够全部回答就已经很不容易，至于回答的质量往往无暇顾及。这样的尽调方式主动权完全在买方一侧，对于作为卖方的你来说，只会感到窒息，但早已失去对结果的掌控。

■十面埋伏

这是一种毫不夸张的真实写照，很多卖方企业家会发现自己置身于这样的处境之中。你可能会在买方入场后指派几个高管作为具体工作的对接人，然而这并不总能取得预期的效果。买方团队会把问题倾泻给他们，而他们不一定掌握全面的情况，或者担心自己说错话而招致你的批评。此时，你的高管可能频繁地向

①Ansarada Pty Ltd. June 2017. Avoid deal disaster with due diligence Q & A. [OL]. Available at: https://www.ansarada.com/blog/avoid-deal-disaster-due-diligence-qa [Accessed: 01 March 2020].

你请示，而买方团队也可能发觉工作效率低下，因此很有可能跳过指定对接人而直接“骚扰”你。总之，你将处于所有人的包围之中，成为一切问题的接盘侠。这一切不仅让你手忙脚乱，而且很容易产生矛盾。这种局面很可能发生。你可以设身处地地站在你的下属角度，或者站在买方团队的角度考量一下，当没有明确的授权，对每个问题的动机、潜在的风险以及回复的后果缺乏清晰认知，又面对很大的时间压力时，任何人都会把卖方老板当作最后的稻草，所以压力汇集在你身上也就不足为怪。

■ 漏洞百出

这里说的漏洞，大多数情况下是指误会，而不是指那些企业本身存在的问题或缺陷。误会产生的根源在于尽职调查本来就是一个人多手杂的过程，很容易产生信息前后矛盾，或者各个口径反馈情况不一致的问题。而负责买方尽调的中介机构天生就对任何不一致具有职业性的敏感，很多误会就在这个过程中被逐步放大。即使最后能够澄清，也会让你消耗大量的精力。从我的经验来看，要解决这种问题，不仅取决于内部准备工作，也需要对买方团队进行合理的管理与引导。在实际案例中，某些误会产生的根源一是问错了问题，二是问错了人。在这两种情况下，一味配合买方只能适得其反，因为方向一开始就是错的。

■人心惶惶

现场参观和人员访谈是尽职调查的必备环节,它的作用:一方面,是增强买方团队对目标公司的直观印象;另一方面,更重要的是通过与不同访谈对象的沟通,对个别关键问题进行交叉验证。说得直白一点,就是防止你撒谎或者言过其实。从买方的角度,访谈的问题越深入越好,访谈的对象越多越好。但从你的角度并非如此,因为这有可能让企业正在出售的消息变得人尽皆知,造成员工心态的波动,进而影响公司的正常运营。你需要主动对此加以管控,配合买方的要求并不意味着买方有权利畅行无阻。规避这个问题就需要立规矩,要主动保护自身利益。否则,买方可能看完不买,而你的企业已经乱了;即使看完要买,如果你的经营受到影响,买方也不会在谈判的时候手下留情。

■各执一词

从买方的信息获取方式来说,主要包括文件审阅和口头访谈两部分,尽调报告的结论将主要基于这些渠道的信息得出。同时,这些信息还会被买方保存下来,以备将来出现纠纷时作为证据。因此,作为卖方来讲,如果你希望买方决策层看到一份完整准确的尽调报告,并且你不希望将来可能被诬陷隐瞒或者误导关键信息,你就需要在配合尽调的同时对于所有信息和往来沟通记录进行完整的追溯和备份。目前多数卖方企业家对此缺乏足够的重视,无疑是给自己留下了较大的隐患。

■ 耗时耗力

基于上面提到的各种实际问题,尽职调查对买卖双方来说都是一个耗时耗力的过程,而这种消耗带来的负面影响对卖方体现得更严重一些。买方错过你这个项目,还会有别的项目。并且按照目前的普遍做法,买方并没有为尽调付出太高的财务成本或者时间成本。但站在你的角度,成本要大得多。尽调是一种时间成本,也是一种机会成本。失败的尽调不仅搞砸了这个交易,别忘了,你也因为眼下的买方而错过了其他兴趣方。而且,一旦走到尽调阶段,基本没有回头路。我们在第二章时就曾谈到"大不了就不卖了"的幻想根本不会发生。对你而言,只许成功不许失败,尽调是最终谈判前的关键步骤,这个环节不容有失。

尽调准备

正如贯穿本书的观点，出售的成败多数取决于卖方自身的准备，尽调环节同样如此。

完整的尽调准备应包含内容、流程和心态三部分。同时，我们在下一节还将介绍有助于解决卖方痛点的辅助工具。

■ 内容准备

针对买方对事实论证的诉求，也就是“回头看”的部分，参考书后附录 2 的基础尽调清单即可，买方团队的清单与此大同小异。我需要再次强调一下完整披露的重要性。这不仅是一种法律上的义务，是对未来潜在纠纷的预防和自我保护。同时，充分披露也是一种最简单的引导策略。尽职调查是买方团队需要在限定时间里完成的工作。他们的时间要么被正确的信息填满，要么就可能被错误的信息填满。经过你事先甄别的信息是对你有利的，并且即使买方提出任何问题你也是有所准备的。如果你放弃这种主动权，买方就会以事实不清楚、材料不详尽为由进而不断提出补充问题。一旦进入这种节奏，你就变成了被动防守，对过程的控制力就减弱了。

针对买方对价值论证的诉求，也就是"向前看"的部分，重点是把卖方尽调阶段搜集的相关证据进行汇总，并在文件索引中设置必要的"路标"，帮助买方在看到相关证据的时候能对应地回顾信息备忘录中的相关结论，从而增强对价值形成逻辑的认同感。这个强化的过程，目的是引导买方接受和认可你的估值逻辑，令他们的分析结果向你的估值预期靠拢。我们用图 7-1 说明从卖方尽调开始，到项目包装，再到买方尽调之间的有机联系。

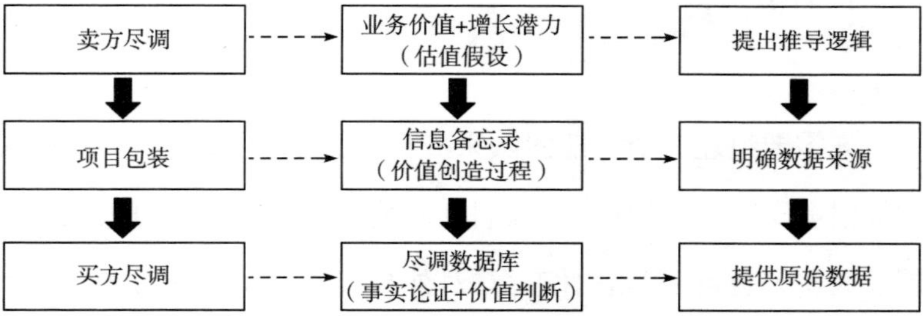

图 7-1　各工作环节逻辑衔接说明

为企业估值是个相对复杂的逻辑推导过程。在极短时间内从海量的文件中梳理出估值逻辑，这对于任何人都是一个非常具有挑战性的工作。当你的逻辑框架已经具备，且经过充分的售前准备，有理由相信这种推导逻辑的合理性与严密性，因此买方彻底推翻你的逻辑的可能性不大。在绝大多数时候，买方团队只会针对个别的假设进行调整。比如，你在论证业务增长潜力时假设单价提高 10%，他调低到 5%。然而，这种调整同样需要合理化的解释。买方的准备时间远不如你充分，这决定了双方就此问题进行辩论时你应该更具备优势。

■流程准备

要想忙而不乱，对内要有授权，对外要有约束。

1. 对内授权

你需要组建一个内部团队来应付买方的尽职调查。由你和你的财务顾问担任管理人，公司各职能部门负责人担任执行人。管理人统筹负责尽调应对工作，对外是买方团队的主要接口，对内负责全部工作的协调指挥。执行人主要负责在管理人的指挥下针对具体的尽调问题进行处理。除非确有必要，不建议让买方团队直接接触执行人。

如图 7-2 所示，在角色划分的基础上，应对工作可以具体分为信息输入和输出两个方向。

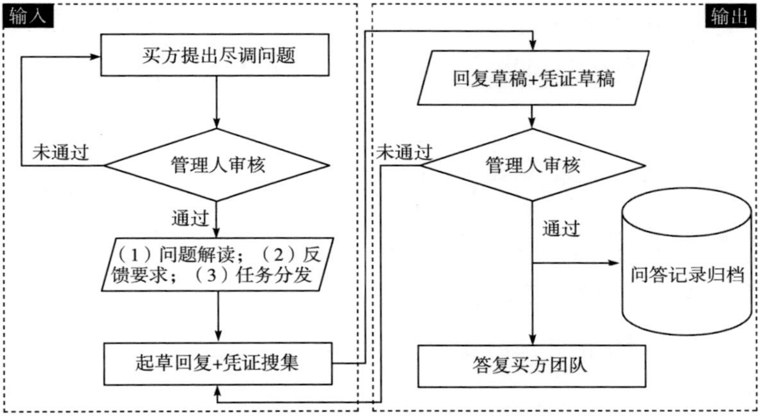

图 7-2　尽职调查信息流转与授权程序说明

从输入端来看，买方的问题首先需要提交给管理人审核。你不应该过分礼貌地接受所有问题，原因如下。

(1) 某些问题可能本身是错误的或是不清楚的，这不一定说明买方水平不济，只是时间太短而信息量太大，因此某些问题的用意是投石问路，难免不够恰当。你收到问题后的立即反馈也是对买方思路的一种梳理和修正，因此是一种良性的沟通。

(2) 不排除部分问题超出了交易的范围，或者涉及核心机密，对此应该在谈判阶段甚至签约之后才能提供明细。例如专利细节或者独家的工艺配方，你可以在尽调中进行大致的描述，但如果买方刨根究底，则可以礼貌地予以回绝。

管理人审核通过的问题还需要再次加工，主要包括问题解读以及对反馈要求的明确定义。这么做主要是因为除了你和你的财务顾问，其他人对交易缺乏全局性的认识，无法从买方的清单中判断问题背后的关注点与质疑点，更无法领会多个问题之间的联系所反映出的买方思路。你和你的顾问需要通过现象看本质，不要纠结于问题本身，而要揣摩买方的真实用意。只有这样，各部门汇总的反馈才能串联成有逻辑的论点，才能成功打消买方顾虑或是增强他们的信心。带着这样的态度，任务分发即是在管理人统筹和监督下开展的协作分工。

从输出端来看，各执行人汇总的答复草稿也要经过管理人的审核。审核通过的，除发送买方团队外，还要进行及时的归档，以便对整个尽调过程形成完整的文字记录。

在某些时候，买方尽调团队也可能提出访谈要求。对于口头进行的访谈，也应该尽量通过书面化的方式履行审核程序并留下相关记录。其一是访谈之前应该要求买方提供访谈问题清单，由管理人审核，并与被访谈人提前沟通。其二是访谈过程需要安排会议纪要。如果是买方团队负责记录，应该在访谈结束后要求对方尽快提供一份副本，如发现中间的记载与沟通情况不符，应立即提出并要求对方更正。双方认可的会议纪要可以采取签字形式确认并存档。

2. 对外约束

在买方尽调团队进场前，卖方应该提出的合理要求有二。

(1) 要求买方提供拟参与尽调工作的中介机构名称、负责的工作内容、尽调小组成员名单。特别需要小心一些身份不明的参与者。我就曾遇到买方董秘轻描淡写地介绍其中一位是自己的朋友，因为对标的公司的技术比较关注，所以请来协助把关。出现这样的情况，最安全的做法是委婉拒绝，折中的选择是有条件的同意。你需要表明自己的顾虑，并提前告知对方会对敏感信息进行相应处理。

(2) 要求买方团队至少提前一周提供问题清单，以便为你的团队留足准备时间。

在买方团队进场之初，我建议你和你的顾问一起与全体买方团队见面，并召开尽调启动会。会议内容至少应涵盖以下事项。

(1) 向对方表示欢迎，并介绍己方的配合机制(如图7-2所示)。

(2) 商讨现场工作的地点。在多数情况下，买方团队只是需要一个专门的办公室进行文件审阅和尽调报告的撰写。

为减轻对正常经营秩序的打扰，办公室应相对远离公司其他职能部门。

(3) 提醒买方团队一些注意事项，尤其是未经允许不要开展的活动。例如在办公区域随意走动，未经许可随意与你公司的员工接触，无人陪同的情况下进入你的实验室或生产车间等。

(4) 明确出现分歧或困难时的解决机制。一般来说，卖方财务顾问应主要负责协调疏通的工作。多数时候你应该从财务顾问处了解相关工作的进展以及出现的问题，而不是亲临一线直接应对。

(5) 各方应该就大概的尽调时间表协商一致。紧凑的尽调安排 3 ~ 4 周即可完成，特殊情况下可酌情延长。没有明确期限或是不断延期的尽职调查，通常对卖方不利。

■ 心态准备

从心态上讲，你和你选定参与尽调工作的团队成员尤其需要做好艰苦奋战的准备。无论准备工作多么完善，投资评价的复杂性和企业信息的碎片化决定了尽调工作量不可能太小。买方管理层甚至会根据工作量来直观判断他们聘请的中介机构有没有"尽职"。

另外，鉴于绝大多数非上市公司与中介机构打交道的机会不多，你可能对他们的职业特点缺乏足够的了解，因而有可能把一些正常的工作方法误解为对你的公司甚至对你本人的怀疑甚至攻击。事实上，多数中介机构，无论它是券商、律师或是评估师，典型的职业性格是保守和质疑。这种性格特征和企业家身上的冒险精神存在很大的冲突，因此沟通过程中很容易产生摩擦。当然，你的财务顾问更熟悉与同行交流的正确方式，因此把他作为主要的接口和过滤器是个有效的方法。不过你仍然需要换位思考，尽可能体谅买方的尽调人员。他们的本职工作就是重复“问题→怀疑→取证”的循环，并且他们本身并非买方。你可能是个卓越的演讲者，习惯了激情澎湃地介绍自己的企业，你的激情甚至很好地感染到了买方，否则对方就不会决定开展尽调。然而，你可能无法忍受尽调人员的无动于衷，更有可能因为自己的慷慨陈词被打断或被质疑而火冒三丈。但这是职责使然，也是他们常年工作形成的惯性，没有必要采取过激反应。

无论庞大的工作量是否让你疲惫，也无论买方反复的质疑是否令你烦躁，成功的尽职调查是一个传递信心的过程。信心不会在对抗中产生，只会在相互理解与心平气和里升华。

辅助工具

开展过国际并购的买方应该对虚拟资料室（Virtual Data Room）不会陌生。简单来说，虚拟资料室是一种在线文件管理系统，用于项目文件的集中管理与分享。这种类似网盘的系统在欧美市场已经广泛应用了几十年的时间，其中重要的使用场景之一就是并购交易中的尽职调查。

■传统物理资料室的特点

在虚拟资料室出现以前，传统的尽调资料室是一个配备基本办公设施的物理场所，通常是一个独立办公室。获准开展尽职调查的买方在其中查阅相关资料，并视需要可能复印和带走部分关键内容。

物理资料室造成了一系列的不便，具体如下。

(1) 买方在整个尽调过程中必须留在项目现场，工作的灵活性受到了限制。
(2) 包括差旅费用在内，买方需要付出不菲的尽调成本。同样，卖方也需要付出大量的文件制作成本以及巨量的文档整理时间。
(3) 随着全球化的不断深入，跨国交易越来越多，物理上的距离给外国买方的尽调工作造成了天然不便，从而给卖方造成了间接损失。
(4) 尽调涉及的资料少则数百，多则成千上万，海量的纸质文件管理与检索难度极大，给交易双方都造成了实质性的操作难度。
(5) 尽调过程无法被有效监控，由于尽调过程中双方互动频繁，包含着大量的资料交换与更新，如果全部采用复印存档的方式将会让资料总量更加惊人。
(6) 卖方虽然要充分披露有关信息，但并不意味着需要对买方团队的每一个人进行无差别的公开。存放在物理资料室中的资料无法对接触者进行区分，导致部分信息的保密性受到威胁。
(7) 部分被带出资料室的影印资料脱离卖方控制，只能依赖买方诚信予以保密。

■虚拟资料室的功能

随着互联网技术的发展,虚拟资料室应运而生。从电子文档储存和多用户协作办公的角度,虚拟资料室和国内常见的网盘(比如百度云、360 安全云盘等)有类似之处。但虚拟资料室专门为商业场景下的保密信息分享而生,因此具备其他很多普通云盘无法提供的功能。

1. 数据保密

(1)文档权限设置。你可以为全部或者部分文档设置用户操作的权限,比如你可以禁止下载、打印,甚至电脑截屏。相当于买方只能自己看,却无法带走给其他人看。

(2)对象权限设置。你可以将用户分组,给予有差别的授权。这个分组可以根据买方中介机构的类型区分,例如对方律师只能看见法律相关的文件,却不能看见详细的财务信息。分组也可以根据买方团队的人员级别进行区分,例如只让买方董秘及其他高管可见正在开发中的关键客户信息,而其他中介团队不给授权。

(3)动态水印。在买方确有必要下载相关资料作为工作底稿时,自动生成的动态水印将可以用于包括打开文件的用户名称、邮箱地址、下载时间、文件编号、文件名称等信息。这样的好处在于落实责任,便于万一出现资料外泄的情况时进行追责。

2. 流程效率

(1)库内搜索功能。由于资料库中的文件数量庞大,且文件格式并不统一(常见 Word、Excel、PDF 等),导致买方想要定位正确的参考资料并不容易。多数虚拟资料室都有智能化的搜索功能,就像内置的百度,能帮助买方迅速找到所需信息。

(2)问答辅助功能。在没有虚拟资料室的情况下,为了使相关沟通留下文字记录,绝大多数问题及反馈都是通过电子邮件进行。但这会带来两个问题:第一,随着尽调工作的深入,多达数百封的往来邮件将塞满你的邮箱(哪怕你只是被抄送在内)。你几乎不可能清楚记得谁问过什么,自己答过什么,中间发生了什么讨论,达成了哪些一致,修订过哪些资料等。长期处于忙而无序的状态会让你很难掌控整体工作的质量。第二,不排除买方团队的不同仁员会在前后不同的时间点询问同样的问题。理论上来说,哪些问题回答过应该都有记录,曾经提供过的反馈也应该可以直接转发。但如果较早的回答淹没在海量的邮件之中,找到对应的邮件将浪费你很多时间。虚拟资料室基本都有问答辅助的功能,系统会帮你把已解决的问题和待解决的问题按照提问人和作答人进行分类汇总。系统也会根据你的授权把反馈推送给更多的买方尽调人员,即使他们本人并没有提出某个具体问题,但至少可以有效避免他们进行重复的提问。

(3)全天候运行及必要的提醒功能。所有虚拟资料室都提供7×24小时服务,在少数时间压力较大的交易中,这为买卖双方加快尽调速度提供了可能。同时,每一次的文件修订或者增减,以及每一个新完成的问题回复等,系统都会帮你自动发送电子邮件提醒买方成员查阅。同样,买方新补充的问题也会给你提醒。你不必担心对方为遗漏某些信息找借口,你也省却了很多无用的电话提醒。同时,双方只需要把精力花在最新的更改和进展上,而不必像传统方式那样对于同一份文件形成无数个修订版本,导致你必须小心翼翼地识别哪个版本是最新的,以及被迫从头到尾进行阅读才能知道具体的修订有哪些。实际工作中,大量的时间被浪费在了无效的沟通和重复的工作上,而虚拟资料室能够精准地解决这些问题。

3. 监控与分析

虚拟资料室创造了一个独立的软件环境。在这个环境中,任何操作者的行为都会被完整地捕捉和记录下来。这种功能为卖方创造了显著的信息优势。你将看到各个买方成员最常使用的搜索词是什么，你也将知道被所有人反复打开的文件是哪一份，你甚至能够了解某个具体的人在某份文件的某个位置停留了多长时间……这些数据能够从侧面帮助你了解买方的关注点，并进行有针对性的准备与应对。同时，你能从文件的被审阅进度掌握尽调工作的整体进度，在要求买方加速时也将会言之有据。另外，你也许还能发现某个买方成员在没有深入消化资料的基础上就提出了各种质疑。你可以拿着他本人的使用数据进行善意提醒，也可以礼貌地向买方董事长提出投诉。传统尽调方式中卖方都是以防守为主，很难预知买方的进攻方向；而虚拟资料室则可以成为你的情报系统，让你对买方的行动了如指掌。

个人认为，随着虚拟资料室被更多的人知晓和采用，将有助于推动国内并购市场的规范化和专业化，工具方面的进化也可能为并购市场带来一系列的积极变化。

(1)资料发放方式的革命。通过虚拟资料室发放信息备忘录及其他涉密文件是一种比单纯依靠保密协议更稳妥的方式。

(2)竞争性出售变得更加可能。我们在第六章介绍过，拍卖出售是国际并购中的常见方式，也是对卖方来说最有利的方式。这种出售形式尚未在中国市场得到大范围推广，除了买方的抗拒，多个买方难以同时开展尽职调查也是一个操作层面的瓶颈。然而作为卖方，在你的企业拥有足够吸引力的前提下，你至少应该尝试与多个潜在买方同时接洽。虚拟资料室能够用技术的手段分担你的压力，让应付多个买方时所要付出的额外劳动忽略不计。

(3)买方管理层在尽调工作中的参与度将会得到提升。绝大多数买方在开展收购的过程中是慎重且敬业的。但是，传统的尽调方式的确是一个劳动密集型的工作，导致买方管理层不可能为了查找、复印、摘录之类的基础工序浪费自己的时间，因此只能外包给中介机构。然而，相比中介机构二次加工后的尽调报告，大多数的买方更相信自己的判断，也更信任第一手的资料。虚拟资料室将全部第一手资料有序、易查地汇总在一起，买方董事长在任何时间，哪怕在出差的路上，都可以从手机端随时查询突然想到的某个重要问题。这种工作方式的改变将提升买方管理层的参与度，而过程中积累的信心也将远胜于只是看到一份格式化的尽调报告。总的来说，买卖双方并不需要等到坐在谈判桌前才开始互相熟悉，从尽职调查甚至更早的时间就可以开始频繁互动。

(4)中介机构的执业水平有望得到提高。正因为传统尽调方式是一种劳动密集型的工作，中介机构不得不加派人手，这不仅带来了较高的成本，也造成了多数精力被浪费在文档整理而不是技术分析层面。总体而言,国内机构的尽调能力和专业水平还存在明显的不足,具体表现在尽调范围不够完整、尽调报告格式化痕迹严重、报告观点相对肤浅等。这些现象造成了买方对中介机构信任度不高、买方风险控制能力相对较弱、中介机构自身专业能力提升缓慢等问题。虚拟资料室可以有效解放买方中介机构的双手,让他们可以更加专注于分析工作。

(5)项目进程的合规性更好。虚拟资料室采用技术手段最大程度地避免了信息的泄露,这对买方上市公司满足日趋严苛的信息披露义务更加有利。同时,尽调过程与沟通情况的完整记载是给双方吃下的定心丸。某些虚拟资料室的供应商会在交易结束后根据客户要求提供全部存档数据的副本以备将来使用。站在买卖双方的角度,这个副本就是最完整的工作底稿,可以认为是对监管合规要求最高级别的遵守与满足。

第八章
谈判与成交

知彼知己，胜乃不殆；知天知地，胜乃可全。

——《孙子兵法·地形篇》

译文：了解对方和自己，胜利就不远了；同时知道天时地利，胜利就是我们的。

谈判内容

如果你已经按照正确的方法顺利完成了前几章所述的全部工作,那么此时你距离成功仅一步之遥。交易谈判及协议的实质是一种总结和确认性质的工作。买方在这个阶段主要解决三个核心问题:对你的企业价值怎么看;尽调发现的问题怎么处置;双方的权利义务怎么划分。谈判是一个高度互动的过程,并且每个案例涉及的具体问题不同,因此基本不存在某种方法或套路能够适用所有的情况,或帮你解决即将面对的任何具体问题。不过,我们仍然有机会通过对大量案例的观察与总结,提炼出其中的一些规律。这主要包括买方在谈判阶段普遍关注的一些问题,以及你在谈判阶段可以灵活运用的策略。

大多数与上市公司买方之间的谈判都会涉及以下内容(部分话题可能在前期沟通中,或者在尽职调查阶段已经涉及,甚至深入探讨过。但此时的谈判通常发生在双方董事长之间。出于合情合理的谨慎,以及由你亲自阐述能够带给对方直接的信心或者心理安慰,你非常有必要保持耐心。同时,正如我们之前反复强调的,你需要尽可能地参与前期的工作。如此,你才能对双方的整个沟通过程了如指掌,你才可能对己方的观点和逻辑胸有成竹。每一位在谈判桌上魅力四射的卖方企业家都是谦逊的学习者。对于正确出售方法的学习态度和学习速度决定了前期工作的整体质量。这个阶段的谈判技巧只能说是锦上添花,大局早在之前便已基本确定),即常见的谈判议题包括以下七项。

■ 业绩预测的合理性

鉴于大多数交易的估值采用收益法,因此业绩预测的合理性就决定了交易定价的合理性。在历年被监管机构否决的交易中,“标的资产的持续盈利能力”一直都是位列前三的被否决原因。从买方董事长的角度,他担心的不仅是能否过审,更重要的是如果你的预测业绩无法实现,等于上市公司给投资者的预期也会落空,轻则影响上市公司股价,重则带来严重的商誉减值风险。在最近两年,以及可以预见的证券市场“新常态”中,这样的担忧会在艰难的大环境里显得尤为突出。然而,这并非一个绝对不利的局面。市场中流传着这样的段子:“退潮的时候才能看清谁在裸泳。”目前的市场现状是:大量卖方尚未掌握正确的出售方法;多数项目不会借助收益法测算进行自我体检;许多项目的估值并非卖方针对自身能力范围的客观评价，而是买卖双方凑在一起拍脑门，再倒逼评估师帮助自圆其说。在这样的浑水中，经过科学包装的出售项目无疑是一股清流。在谈判阶段，你只需要聚焦企业的价值创造过程，挑选关键问题，提供关键证据，进行关键论述即可。

■ 业绩对赌

1. 解读业绩对赌的本质

业绩对赌本质上是买方基于对业绩预测的可行性判断而采取的一种自我保护。对这个本质的解读可以告诉你两个关键问题：第一，买方的主观判断将起到决定性的作用；第二，保护意识是由主观判断触发的，它有可能被触发，也有可能不被触发。

围绕第一个问题，如何增强买方的信心呢？这取决于以下三方面的影响因素。

(1) 买方本身有没有底气。一般来说，同行业的买方对于价值判断和投后管理的把握会高于跨行业的买方。买方对自身能力的信心决定了他们看待风险的眼光。这一点不受你的控制，你只能在筛选阶段纳入考虑。

(2)你有没有给买方信心。信心主要来自你在信息备忘录中提供的逻辑和推导,以及你在尽调资料中展示的证据。

(3)你的要价是多少。我们通过第五章的图 5 - 6 给出了你的估值预期范围形成原理。即使是在能力范围内,相对较低的要价也一定意味着更高的业绩实现把握。但如果你希望得到更好的价格,你可能就需要通过接受对赌来交换。

关于第二个问题,其实就是你非常关心的"是不是必须对赌"。答案如你所愿,不是!

按照相关法律法规要求,强制对赌只有在同时满足两大前提的条件下才是必需的:一是交易标的被认定为买方上市公司的"关联方资产";二是交易的作价方式重点参考收益法评估的结果。从这个角度看,虽然业绩对赌在现实中非常普遍,但这更多的是一种流行性的惯例,而不是法律法规层面的硬性要求。上市公司收购,尤其是全现金收购中,部分案例的确没有设置对赌条款。比如,爱尔眼科(300015)就是一个自信的买方,目前看来的确也非常成功。这家上市公司在国内外进行过多次并购,涉及几十家标的公司,从未要求业绩对赌。在回答投资者提问时,公司这样阐述他们的理念:最理想的"承诺"是双向的,而不是单向的,是双赢的,而不是单赢的。这种"承诺"是并购前全面了解标的,充分把握其优势和风险;并购后全方位有机整合,帮助标的实现持续健康发展。

我本人非常赞同爱尔眼科的理念，这应该代表未来产业并购的正确方向，对于促进市场健康发展具有积极意义。然而，不得不承认，这样的买方还很少。从国内金融市场的整体情况来看，“兜底”是一个大家难以割舍的惯性思维。从银行贷款要求硬担保，理财产品的发行要求刚性兑付，包括并购交易中要求业绩承诺，本质上都是这种兜底思维在作祟。我也不认为这个现象在短时间内能够得到扭转，因此，我建议你仍然需要做好对赌的准备。尤其是当所有兴趣方都把对赌作为必要条件时，你的关注点就不应放在是否对赌，而要转移到如何利用对赌交换更高的估值，以及接受对赌将会涉及哪些连带问题。

2. 业绩对赌涉及的连带问题

(1)对赌失败的赔付方式。

常见赔付方式包括现金和股份两种。

现金补偿是指实际利润未达承诺利润时，使用现金补足差额。这种方式曾经出现过，但最近两年已经比较少见。对于需要证监会审核的项目，盈利预测补偿方式作为交易方案的重要组成部分也需要体现在申请材料中。从审核思路上看，监管机构认为卖方在现金补偿的方式下占到了便宜，所以并不鼓励。举例来说，你承诺的 1 元钱利润在交易中按照 15 元钱的价格卖给了上市公司；但是如果你比承诺少赚了 1 元钱，你只需要拿 1 元钱赔给上市公司,等于那 14 元钱的放大倍数是白挣的。在理解赔付原则的时候,你首先需要对这个例子中的"放大倍数"给予充分认可。从逻辑上看,这的确是一种对你单边有利的安排,因此买方提出异议是可以理解的。但同时,你还需要注意一个事实:只有当交易需要审核时,"1 元钱补 1 元钱"的安排才会完全行不通。而在不需要审核的情况下,则存在谈判的余地。更详细地说,在全现金交易中,补偿的具体金额是双方谈判的结果,理论上会是介于 1 ~ 15 元之间的某个数字。

股份补偿是相对主流的赔付方式,这也和混合支付是市场主流的支付方式直接对应。股份补偿不存在放大倍数问题,因为股价是随行就市的,成交时你拿走 1 股,需要赔付时你把这 1 股还回来就是了。

(2)卖方赔付能力的保障机制。

在全现金的交易中,卖方的赔付能力,或者说买方追索的难度是他们普遍担心的问题。因为卖方一旦拿到现金,理论上有五花八门的方法转移、挥霍或者藏匿。等到需要赔付的时候,如果碰上耍赖的卖方,诉讼几乎是唯一的解决途径。而这种途径的成本、时间以及结果都非常不确定。这种顾虑在一定程度上也是买方喜欢混合支付的原因。即使全现金支付,买方也可能采取一些配合措施进行风险防范。可能的措施有如下两种。

① 分期支付。这相当于一种“押金”，让你无法彻底抽身离开。分几期支付、每期支付多少、总的分期长度和对赌期长度之间的对应关系等，这些具体问题都可以谈判。对买方最有利的谈判结果是：第一，业绩对赌不结束，尾款支付不结清。第二，支付金额前面少后面多，以便于在需要赔付时，从后面未付的价款里面扣除相较于把已经付给你的钱要回去要容易得多。对你有利的谈判方式自然应该是上述两点的反方向。如果你的业绩预测详细，可实现的把握极大，并且排队想要收购你的买方不止一家，你将有可能推动谈判结果偏向对你有利的一侧。

② 要求你用部分现金买入买方上市公司的股票。从严格意义上说，这种手段的保障效果比分期支付差一些，因为除非协议再约定一个自愿锁定期（我们即将介绍“锁定期”的概念），否则你也可以通过出售股票随时变现。不过，部分买方会认为接受这个条件能够体现你与上市公司同舟共济的姿态，这对他们是一种积极的心理安慰。并且对于较大数量的股票，你想要迅速抛售通常也比较困难。当然，如何获得这些股票同样是个难题。快速大规模的二级市场买入肯定会拉升股价，造成你的成本增加。鉴于这些操作上的障碍，实际案例中这种处理方式不是太多。

在混合支付的交易中，赔付保障机制的设计相对容易。一般来说，买方在股份和现金的配比里会选择让股份占比更多一些，然后通过“锁定期”限制你在此期间出售股票,或对股票通过抵押融资间接变现。

股票锁定制度最早出现在IPO发行中,一开始的出发点是为了防止企业造假上市。它的设计逻辑是:如果一个企业为了达到上市的目的而粉饰报表或者隐瞒重大不利事项,纸终究包不住火,藏一天两天可能躲过审核,时间长了还是会露馅。基于这样的考虑,新上市公司的控股股东持有的股票按照规定要锁定3年,其他股东锁定1年。同样的逻辑后来也被引入到并购交易中。按照《上市公司重大资产重组管理办法》第46条的规定,“特定对象以资产认购而取得的上市公司股份,自股份发行结束之日起12个月内不得转让”。这里面所指的对象就是交易中的卖方。因为你把目标公司的股权换成上市公司股票的行为,就相当于拿资产去认购上市公司的股份。在此情况下,法律法规要求的强制锁定期是12个月。

然而,上述法律法规底线带来一个问题,就是常见的对赌期为3年,法律法规锁定期无法完全覆盖业绩对赌期。由于混合支付涉及新股发行,必然需要经过审核,监管机构还是会站在保护上市公司利益的角度,建议在法律法规锁定期之外加上协议锁定期。这里面仅剩的谈判空间主要是围绕分步解锁的节奏。对买方更有利的方式是全部股份锁3年,而对你更有利的方式是根据业绩完成进度逐渐解锁。当然,解锁只是说你可以出售这部分股票。你从中获得的是自由处置它的权利,而并不代表你会获利,因为将来的股价是个未知数。从这个意义上讲,解锁进度固然也要谈,但解锁后手里的股票还值多少钱才是更加关键的问题。并且这个问题并不完全取决于你能否完成业绩承诺,因为在未来你的企业很可能只是上市公司体内的业务拼图之一,股价的走向将受到各种因素的影响。因此,我的建议是:第一,慎重选择买方。历史业绩稳健优秀的买方将带给你更加确定的预期,而面对历史上热衷炒作、股价大起大落的上市公司,你将不得不赌一部分运气。第二,如果可选择的买方有限,可以在谈判过程中要求更大的现金比例。

■ 业绩奖励

1. 业绩奖励涉及的两个问题

与业绩对赌相对应的是业绩奖励。一般来说,买方不会主动给予业绩奖励,但是卖方可以要求,并且很多案例中的确包含了业绩奖励的条款。奖励涉及两方面的问题:奖多少,以及奖给谁。

中国证监会在 2016 年公示的《关于并购重组奖励有关问题与解答》中对这两个问题给出了指引。原文如下。

问:上市公司重大资产重组方案中,基于相关资产实际盈利数超过利润预测数而设置对标的资产交易对方、管理层或核心技术人员的奖励对价、超额业绩奖励等业绩奖励安排时，有哪些注意事项？

答：(1) 上述业绩奖励安排应基于标的资产实际盈利数大于预测数的超额部分，奖励总额不应超过其超额业绩部分的100%，且不超过其交易作价的20%。

(2) 上市公司应在重组报告书中充分披露设置业绩奖励的原因、依据及合理性，相关会计处理及对上市公司可能造成的影响。

从上述问答可以看出，奖励的上限受到超额业绩的绝对数和交易作价的20%这两条线的约束。实践中更有意义的是超额业绩的绝对数，可以将此作为最大奖金的参考数。至于奖励的对象，既可以是你本人，也可以是公司的管理层或者其他核心技术人员。

2. 对奖励问题的建议

举一个例子来阐明我个人对奖励问题的看法。

假设你承诺3年对赌期的平均利润5000万元，按照15倍市盈率作价，实际完成利润4000万元，这个时候你需要赔偿(5000 - 4000) × 15 = 1.5亿元，赔偿后的净收益是6亿元。你也可以尝试降低承诺并附加奖励的方式。假设你承诺利润3000万元，也按照15倍市盈率作价，并约定按照超额利润的1倍进行奖励。你的实际完成利润还是 4000 万元，此时你的净收益是 $3000 \times 15 + 1000 \times 3 = 4.8$ 亿元。

看起来还是对赌利润高一些更划算，因为你能最大化地享受到估值倍数带来的好处。然而，我是不是在用这个例子鼓励你铤而走险呢？当然不是！我的完整建议有三条。

(1) 你首先应该回顾本书第五章，以便确定 5000 万元的承诺利润是否超出了你的能力范围。
(2) 假如它位于能力极限以内，你在测算过程中自然会明白要实现它需要解决哪些关键问题，继而可以搞清楚哪些人对于解决这些问题将会起到关键作用。
(3) 在上述两点的基础上，你可以选择一个能力区间内靠上的位置（比如 4500 万元）作为承诺利润。同时要求超额利润的 1 倍奖励给这些关键员工。假设经过大家努力，成功完成了 5000 万元利润，你的收益是 $4500 \times 15 = 6.75$ 亿元，而关键员工的奖金 3 年合计将达到 1500 万元，相信这笔钱对绝大多数人都是极强的诱惑和激励。

3. 如何激励员工

通过上面的例子，实际上已经回答了很多卖方企业家的一个疑问，那就是如何激励员工。不仅要在交易过程中许诺利益安抚他们,还要保证他们在签约之后能够卖力工作帮助自己完成对赌。我对此的总结是6个字:识人、分利、适度。

(1)“识人”就是说你需要区分重点。阳光普照既浪费钱,又没有效果。识人的前提是通过价值树分析梳理出重点。奖励的人数宜少不宜多,分到每个人的钱要给够。

(2)“分利”是一种共赢的胸怀。经营业绩的弹性永远都有,差别只在于是否三军用命。你给众人分钱,众人才会护航你赚更多的钱。

(3)“适度”也很重要,因为分享的每一分钱也是你辛勤劳动的成果。判断适度与否并不是去纠结500万元会不会太少,1500万元会不会太多,关键问题是4500万元这条业绩承诺线是否合理。它既决定了你是冒着赔偿风险(当4500万元高于实际能力极限)还是留有余量(当4500万元低于实际能力极限),也决定了你留给员工的奖励空间有多大(4500万元和实际能力极限之间的差距)。这些定量的判断无法通过感性的猜测得出,只能回到第五章,冷静客观地剖析自己。这也是为何本书一直强调50%的胜败在你见到买方之前就已见分晓。

■ 过渡期损益

之所以存在过渡期损益,是因为企业经营是一个动态的过程，但签约日期是一个静态的时点。从签约时点到双方履行完各种审批手续并最终完成交割，两个时点之间会相隔一段时间，在部分相对复杂的交易里这个间隔时间还不会很短。过渡期损益就是约定在此期间的标的企业损益归属问题。

针对此问题的处理方式一般有以下两种标准。

(1)过渡期损益完全归买方。这比较类似于国际交易中的“锁箱”机制(Lock - the - box)。

(2)少数买方，甚至监管机构出于保护上市公司的考虑，可能要求收益归买方，但期间亏损需要由卖方给予现金补偿。这样的安排显然对你不利。

我个人认为相对合理的方式是第一种：第一，双方把握起来比较简单，越简单的约定越不容易出现分歧；第二，期间收益归买方是合理的，因为你在估值的时候其实把这部分收益已经算进交易对价了，此时再想拿走反而缺乏逻辑。不过，即使期间损失归买方也不见得你就占了便宜，毕竟很多交易中还带着对赌安排。对于损益都归买方的处理，我认为主要的好处是给了卖方更充裕的证明时间。你不需要在签约之后的一两个月马上面临考核，而是可以等到约定的业绩考察日(通常是交易的下一年度审计报告出具之后)再回头审视你的实际业绩是否达标。

■盈余现金的处理

这是一个在国内并购交易中很少涉及的问题,却也是很多卖方企业家都会问我的问题。通俗地讲,这个问题是:出售之前能否拿走企业账上的钱?

国际并购中经常涉及一个词"Peg",中文意思是"钉子"。在并购交易的语境里,"钉子"特指交易双方会在谈判过程中商定的一个关于目标企业的流动资金基数。具体来说,买方有权利要求目标企业在交易完成后拥有合理且充足的流动资金,以便保障业务运营的连续性。否则,短缺的流动资金就需要买方注入,或者增加企业的贷款。

为什么国内很少涉及这个问题呢?我个人认为主要有两方面的原因。

(1)大多数的目标企业没有盈余现金。你账上的现金并不等于盈余现金,因为你一旦拿走了,现金流可能马上就会出问题,进货没有钱,发工资、交税也没钱。并且随着流动资金的变化,你的收益法估值模型就变了。守着原先模型的结果,却要颠覆模型的基础,这并不合理。

(2)大多数尽职调查的专业程度尚未到此细节。

之所以在这里提出这个问题,是因为近年来出售的新经济公司越来越多。比如，一些互联网公司的账面可能囤积着远超流动资金需求的现金，而过去因为各种原因并未分红。在这种情况下，盈余现金的谈判对于卖方就显得非常有意义。

鉴于这个概念对于大多数买方而言有一个接受的过程，我能给你的建议如下。

(1) 与买方进行开诚布公的沟通。不要在交易过程中私自把钱拿走，这是任何买方最为忌讳的事情。
(2) 盈余现金的测算需要极为精细的专业工作，你应该借助专业机构的力量用技术语言为你力争。
(3) 合法分红。不要直接把钱转往你的个人账户，会计处理上这将被记为“股东往来”，交割前你还需要还回去。并且这么做还将面临一些税务风险。

■ 经营独立性

1. 卖方担心的经营独立性问题

这是另一个买方不会提，但卖方企业家通常很关切的问题。直白地讲，你在担心：买方会不会故意让你对赌失败从而少付钱？

你的担心有一定的道理。在过往的案例中，确实频繁出现买方的手伸得过长，对标的企业管理进行直接干预或是安插监管人员，从而导致买卖双方后期纠纷的情况。由于大多数交易中买卖双方单纯依赖业绩承诺这种惩罚机制，却忽视了估值定价合理性的深入探讨，在目标公司业务预测和双方投后整合规划方面做得不够甚至完全没做，导致了你在闭着眼睛赌运气，而买方也清楚这一点，因此寝食不安。一旦标的企业出现经营波动，双方的神经都会高度紧张。买方认为自己全面接管企业是为了防止风险扩大化，是一种必要的避险手段。而你本来就在担心对赌完不成，买方派来的团队又兵临城下，你很容易将此理解为双方决裂的信号。在一些案例中，标的公司管理层拒不服从买方管理，拒绝上交公司印章，拒绝买方委派人员进驻，开展全面对抗，最终导致买卖双方对簿公堂。

你的担心也并不完全成立。因为买方即使违背了尊重你的经营独立性的口头承诺，他的出发点肯定不是为了少付钱。交易成功后，表面上看起来还在执行对赌，但实际上双方的利益已经实现了高度绑定。这是一种"一荣俱荣，一损俱损"的关系。买方真正担心的是你完不成业绩承诺，从而导致上市公司蒙受更大的损失。

2. 经营独立性议题的本质和形式

本质上，这仍然是个有关业绩完成把握的问题。从形式上，这同时又是个公司治理结构的问题。

从本质上看，如果你按照正确方法进行了详细的业绩预测，首先,你会更加自信。你会清楚业绩承诺位于能力范围以内,你也知道通往承诺业绩的正确路径是什么。其次,买方也会更加心安。因为你们之间的谈判并不空洞,业绩承诺也并非一种纯粹的赌博。双方在对于业绩预测共同分析的过程中,任何买方从中看见的不仅仅是可实现的业务前景,还有你及你的团队的态度与能力。即使业绩出现波动,也要看波动的具体诱因是什么。如果是正常的季节性波动或者经营策略的主动调整,这些情况应该早在业绩预测中就考虑到了,所以不算意外;就算是外部环境出现的极端变化,难道空降的管理层就一定比原来的团队更有把握扭转局面吗?买方的中心思想是帮助标的企业"保业绩",对卖方信任与否才是他们决定采取何种措施的关键因素。

从形式上看,口头承诺是靠不住的。如果你确实担心出现这样的问题,还是要从公司治理的角度把机制落实到协议里,而这一点在我看到的很多案例中被忽略掉了。股东之间有关标的企业控制权的博弈可以通过单独的股东协议体现,也可以作为股权转让协议的独立章节进行约定。

3. 卖方的保护性措施

站在卖方角度,常见的保护性措施如下。

(1)对赌期间在目标公司中至少保留一个董事会席位。

(2)通过公司章程约定股东会和董事会的召开必须包括你本

人或你的代表出席才合法有效。(《公司法》一般约定为成员数的2/3,理论上在你缺席的情况下也能通过决议)

(3)在重大事项表决方面,争取一票否决权(《公司法》一般约定为成员数的2/3,即买方可以凭借控股优势通过决议)。重大事项包括年度预算、重大投融资事项、目标公司核心管理岗位任免等。

上述措施通常作为一个组合使用,能够有效防范不诚信的买方行为。但是这个盾牌也有弱点,即如果你的年度预算不够详细,换言之,你的业绩预测不够客观准确,那么通过的决议可能反而会束缚住你的手脚。总而言之,这对于习惯了信马由缰的企业家而言是一个很大的挑战。因此要想保护自己的权益,你需要从售前准备时就开始转变思维方式。

■配套融资

严格来说,这算不上一个谈判内容。但是从中国特色的买方思维来说,这可能是个锦上添花的话题,值得你在谈判之前有所准备。

上市公司采用混合支付时,可以同时向少数投资者定向发行股份进行融资。举例来说,上市公司向你发行价值10元的股票(你拿标的公司的股权来认购上市公司的股份),再向其他投资者发行价值 3 元的股票(其他人拿现金来认购上市公司的股份),等于一次发行解决两个问题——既获得了作为交易支付工具的股票,又获得了额外的融资。按照重组办法的规定,配融的用途可以包括:“本次并购重组交易中现金对价的支付;本次并购交易税费、人员安置费用等并购整合费用的支付;本次并购重组所涉及标的资产在建项目建设、运营资金安排;补充上市公司流动资金等。”配融规模的上限,取决于监管机构的把握尺度。最近这些年发生过一些来来回回的调整,从交易总额的 20%,到交易总额的 100%,以及上市公司发行前股本的 20%,这些标准都曾经出现过。但不管政策如何变,在并购交易体量比较大的时候,上市公司可以借机进行的配套融资(简称“配融”)规模也会放大,“见钱眼开”的上市公司通常不会放过这样的机会。因此,并购交易不仅带来上市公司业绩的提升,同时还创造了一个融资的契机,这难道不是锦上添花的好事吗?

不过,配融需要审批,核心是关于资金用途的解释。实际案例中,不少上市公司的配融方案在审核环节被调低甚至被完全砍掉,问题就出在用途规划太牵强。监管机构觉得,我批给你的是和这次交易相关的“配套融资”,但你的方案却看不出“配套”的痕迹,或者纯粹是为了达到融资目的而临时拼凑出来的注水规划。这样的小聪明通常都很难过关。

因此,无论是从收购之后围绕标的企业整合发展的资金需求,还是从监管机构对于配融的审核思路出发,买方经常都会在谈判过程中询问:“你们后续还有没有什么储备项目?”完全没有心理准备的卖方企业家可能对这个问题不知所云。其实，买方关心的就是：假设我去市场融资给你更多的钱，你有没有地方花？如果你有答案，并且同样拿出一套完整的业务规划，任何上市公司都会眼前一亮。如此一来，你取得谈判成功的可能性就变得更大。

但是，拿买方的钱去发展是把双刃剑，你需要格外小心。我对此提出如下建议。

(1)你需要在财务顾问的帮助下准备两个版本的业绩预测。第五章中讨论的预测是基于“没有额外的资金支持”，现在可以再做一份基于“有额外资金支持”的预测。

(2)资金可能让你的业务如虎添翼，但不恰当的花钱方式可能拖累你的当期利润。你需要非常仔细地挑选发展方式，并且小心预测自由现金流的变化。我们在第五章提出的“难度低、见效快”的增长原则在此处依然适用。

谈判策略

美国前总统肯尼迪有句名言："让我们永远不要因为惧怕而谈判，让我们永远不要惧怕谈判。"虽然这可能是你人生中第一次出售企业，但只要经过了完善的准备，你应该对即将到来的谈判充满信心！

哈佛商学院曾出版过一本名为《为结果谈判——创造价值、识别机会、灵活应对、建立信任》的口袋书。书中将谈判的类型分为"分配式谈判"和"共赢式谈判"①，如图 8-1 所示。

---

①Negotiating Outcomes: Create Value, Identify Opportunities, Be flexible, Establish Trust (Boston, MA: Harvard Business School Press, 2007), 7.

分配式谈判 v.s. 共赢式谈判		
特征	分配式	共赢式
结果	赢－输	双赢
动机	个体获益	个体和集体获益
利益	对立	不同但并不总是对立
关系	短期	长期或短期
议题	单一	多元
利益交换的余地	不灵活	灵活
解决方案	非创造性	创造性

图 8-1　分配式谈判与共赢式谈判的特征对比

分配式谈判是对于从一份固定利益中应分得多少而进行的协商,在双方都追求利益最大化并必然因此导致对方损失最大化时又可称为赢输情境或零和情境。共赢式谈判则是认为至少应该存在一种双方都能接受的方案,是一种“开明的利己主义”,既重视自身利益,也追求共同利益,谈判双方在利益分配问题上是竞争而非敌对关系。

很显然,任何一次商务谈判都应该朝着共赢式的方向努力,并购交易谈判同样如此。以下提供一些实用技巧,它们在很多交易中得到了运用,并取得了良好的效果。

■会议高效

在很多交易中,谈判之前的漫长过程都是“代理人”之间的较量,而谈判可能才是双方董事长的第一次深度沟通。由于交易涉及细节较多、利益的犬牙交错也很明显,这样的会议通常不是一次,而是很多次。如何组织好每一场会议,将会直接影响谈判的效果。从我个人的观察来看,会议效率问题也是绝大多数卖方的短板。

提高谈判会议效率,需要做好以下几点。

1. 会前准备要充分

你的顾问应该有能力也有内容开展准备。因为他经过了售前准备所以足够了解你的企业,主导了前期沟通所以知道买方的兴趣点,主持了尽职调查所以了解其中暴露了什么问题,如果借助虚拟资料室他甚至都能知道买方参加谈判的前一天重点查阅了哪些文件。如果顾问工作细致如斯,何愁不能未雨绸缪呢?合格的会前准备应该给你以及参会的其他高管进行谈判预演,至少应该做好以下准备:买方背景介绍、买方关注点预测、已方应对策略、已方分工及注意事项等。

2. 会议议程要明确

常见的错误是把会谈的主导权拱手让给买方。这是一种普遍存在且危害极大的误区。交易谈判绝不能成为买方发起的审查会。相反,你是主,对方才是宾,怎么能让客人唱主角呢?交易谈判是签约之前最后一次引导买方预期的机会。你的团队在之前的信息备忘录中、在业绩预测中、在尽职调查中、在口头沟通中的一切努力,都是为了引导预期。而现在,你仍然需要再接再厉。此时的听众主要是对方董事长,因此更加关键。你的团队需要主动掌控会谈话题,在有限的时间里复盘公司商业模式,有重点地阐述价值创造过程,有针对性地展示关键依据,有条理地度量能力范围,并带着积极的预期展望双方业务协同的前景。你们要在每次两三个小时的会议时间里完成若干上述问题的分析。这相当于把过去几个月完成的工作浓缩在几个小时里进行集中回顾,并且还要留出时间进行双方互动,并针对特定问题落实到交易条款的谈判。如此多的工作,一定要有紧凑的安排和明确的议程。也许,你觉得和买方董事长畅谈人生也能拉近感情,那么最好安排在工作以外的聚餐时间。

3. 讨论话题要聚焦

聚焦什么?当然是业绩预测。估值、支付、对赌、奖励等问题的根源都在于业绩预测。毫无疑问,任何买方都会在谈判中聊聊价钱,希望在签约之前再争取一点儿你的让步。价格谈判是双方的焦点,也通常是带着火药味的环节。对此,我的建议是:不要捍卫价格,而要捍卫你的业绩预测!单纯的讨价还价毫无意义,这样就把体面的商务谈判变成了撒泼打诨的市井之争。面对买方的砍价企图:第一,要保持心平气和。对方也是有头有脸的企业家，对价值的判断只是各抒已见，犯不着面红耳赤。第二，要善用数字。你要用数字证明你的报价具备足够的经营能力支撑，你也要让买方用数字证明他们调低估值也确实有理有据。显然，你对经营场景的熟悉程度远胜于买方，你在前期工作中为你的业绩预测准备的证据也应该足够充分。你的财务顾问需要在这个过程中穿针引线甚至独挑大梁，因为理论上来说，他应该是整个会场中对谈判所涉及的数字掌握最全面的人。不过，在实际案例中，有的卖方财务顾问在整个谈判过程中基本隐身，把话题交给双方高管自由发挥，还误以为这是一种对客户的尊重。合格的卖方顾问必须担任会谈的主持人，主动引导会谈话题，并在双方理解有出入时及时进行解释。很多时候，如果财务顾问不说话，买卖双方董事长看似高谈阔论，其实是在缓和尴尬，但双方心里对于那些家长里短的闲聊根本不感兴趣。坐下来谈，就是为了成交，感兴趣的话题只关乎交易，这才是双方的真正诉求。

4. 每场会议要步步为营

由于谈判议题较多，涉及内容比较分散，实践中经常出现"死循环"的状况。也就是说，之前谈过的问题聊着聊着圈子又兜了回来。这样的谈判方式不仅始终接近不了终点，而且非常伤害双方之间的信任。因为双方都会站在各自的立场上，认为是对方推翻了之前达成的一致。要解决这个问题，就要做好每次会议结束前的及时回顾，包括本次会议谈了什么，什么达成了一致，什么尚未达成一致所以要留待下次会议继续沟通等。达成一致的事项应通过会议纪要形式由双方立即确认。对于尚未达成一致的事项,要初步探讨解决思路;需要责成各自团队分头落实的问题,要明确事项、落实到人、限定时间,并在会后由卖方财务顾问牵头跟进。对于下次会谈的议题,以及其和本次会议的衔接关系,需要卖方财务顾问主动规划并征得双方同意。我通常会用 Excel 制作一个待定事项统计表,健康的谈判程序应该是随着每次会议的召开,表格上的待定事项不断减少,直至全部解决。

■ 审时度势

谈判就是博弈的过程,天秤的倾斜取决于三个因素:自己的成色、对手的态度、市场的现状。

1. 自己的成色

你首先需要充分了解自己,这也是我建议留足充分时间开展售前准备的原因。了解自己,关键在于定义好以下两个问题。

(1) 自己企业的短板或者存在的问题是什么? 有些问题,假设售前准备的提前量足够充分,是有可能事先解决的。但另外一些问题将会继续存在,并且在尽职调查中暴露出来。你的财务顾问应该有能力预判买方针对这些问题的应对方式可能有哪些。当对方在谈判中抛出这些问题以及应对方案(通常体现为股权转让协议中对你的约束条款)时,你需要从换位思考的角度给予理解,而不要一味对抗。

(2)自己的底线是什么?交易方案里最重要也是你最在乎的底线一定是估值。在专业的谈判训练中,有个高频词叫作“免谈价格”(Walk - away Price)。你需要在售前准备阶段小心测算自己能力范围的底线所对应的估值底线。如果你不想委屈自己,就不需要在谈判中继续对这个底线避而不谈。当然,你的顾问一定是参考了这个底线进行的买方筛选,因此买方前期的报价应该在此之上。不过,仍然不排除个别买方试图在最后关头宰上一刀。假如出现这种极端情况,我个人的建议是果断离场。你的犹豫或者软弱反而可能让买方得寸进尺,甚至还会怀疑你的业务经营存在其他没有发现的风险,所以才导致了你轻易妥协。

2. 对手的态度

你需要了解对手。为什么要注重出售流程的策划?为什么筛选买方的逻辑需要兼顾“海盗法则”的多个维度?为什么你的顾问需要创造各种机会与各个兴趣方充分沟通?答案都是围绕

"情报"。你掌握的买方情报越多,越有可能就以下两个问题作出清醒的判断。

(1)在买方表达过的各种收购动机里,什么才是他最在意也是最急迫的需求?谈判是对体力和脑力的极大考验,不要指望买方尤其是买方董事长能全程保持专注。作为卖方,你不仅需要陈述关键事实,还要省却买方自己动脑子的工夫,要帮他点破一个事实所带来的优势或者好处是什么。你要在沟通过程中巧妙地衔接你的价值与他的需求,采取正向的引导和反复的刺激。

(2)买方的免谈价格是什么?和你的立场一样,买方应该也会有免谈价格。通常我的经验是:多数买方声称的免谈价格并非真的免谈,而更多是一种谈判技巧,用于在某个价位上阻止你继续前进。实践中,多数买方暂时还比较缺乏对于交易的独立估值能力,也缺乏对协同效应的定量分析能力。这实际上为卖方创造了有利的谈判空间。我建议你:第一,充分尊重和重视买方评估师,将你的估值逻辑清晰完整地传达给他们,并展开深入的探讨。买方在自身技术能力暂不具备的情况下,锚定印象将主要来自评估师的意见。第二,不要急于谈价格,而要耐心谈假设以及经营逻辑。只要假设成立、逻辑通顺,估值结果自然对你有利。第三,你的财务顾问可能需要帮买方进行协同价值的测算,这样你才有可能触及协同红利怎么分享的问题。

3. 市场的现状

你需要清楚市场的现状。市场现状总体上会从三个方面影响买方的最终报价:第一,股票市场的周期性强弱。强周期内买方的普遍报价会更大胆一些。第二,股票市场内的题材轮动。相对热门的题材估值一般会高于市场平均水平。第三,同样板块题材内的供求关系与同类项目间的相对质量对比。僧多粥少的时候,竞争性溢价更容易获得,而细分市场的龙头标的也更具备溢价出售的资本。这种通过宏观分析和市场对比开展的研判主要将由你的财务顾问负责。虽然在售前准备阶段可能也做了类似工作,但毕竟大多数交易的时间跨度较大,有必要对市场情报进行随时更新,以免谈判阶段误判形势。

■用事实说话

和捍卫业绩预测同等重要的是:你在最近几个月的实际业绩是否吻合预期。做到了,就叫行胜于言;没做到,就是言过其实。这可能引发买方对你的全面怀疑,从而在交易协议上通过大幅压价或是全面加锁来规避风险。"用事实说话"这一条算不上是谈判策略,但它确实能够左右谈判的走向。

每个买方基本上都能得到一次验证的机会,这是从你完成业绩预测开始，到双方坐下谈判为止，其间必然需要的时间长度所决定的。

买方上市公司对此的关注，是因为他们本身也面临着监管机构的验证与审查。一般来说，上市公司的盈利预测至少需要达到80%才算合格。如果超过50%但不足80%，上市公司和负责交易的中介机构需要进行专门解释。假设50%都不够，上市公司遭到监管调查甚至处罚也不是不可能。既然如此，上市公司肯定要把压力传导给你，以免万一出现业绩变脸导致自己被拖下水。

■ 以退为进

交易谈判中的攻守之道在于合理搭建你的“条件矩阵”。什么是条件矩阵呢？它是一个对你有利，或者不利的条款库。你可以争取某个对你有利的条款，代价是接受某个对你不利的条款，或者放弃另一个对你有利的条款。

1. 条件矩阵举例

相信此时你已充分理解：估值只是谈判内容之一，也是你的核心利益之一。但本质上估值只是体现在股权转让协议中的一个数字，你的最终利益还将受到其他条款的影响。具体谈判条件如下。

(1)关于支付方式：你更想要现金还是股份？你对上市公司未来股价持什么看法？你能接受的最低现金比例是多少？

(2)关于对赌：你是否接受对赌？你打算在能力范围内紧张一些还是放松一些？买方愿意支付的价格与你愿意做出的业绩承诺所对应的估值一致吗？

(3)关于业绩赔偿和奖励：你接受的赔偿计算公式是什么？赔偿的触发条件是什么？(比如，当年业绩完成80%就不触发，以便规避某年未完成但三年累计完成，而曾经赔付的金额无法退回的情况)你承诺多少，留多少作为奖励空间？你希望奖励金额如何计算？

(4)关于锁定期：锁几年？是否分步解锁？按照什么节奏分步解锁？

(5)关于现金支付进度：分几期支付？总体支付节奏如何计算？

(6)关于其他经营性约定：你需要买方作出哪些经营承诺？

2. 共赢式谈判的策略

共赢式谈判的特征就是追求总体结果的共赢，但具体到单个条件，双方必然需要各有进退。为了创造共赢结果，你需要注意以下事项。

(1)不要过分强势。只想自己要什么，却不给对方留余地的做法不可取。你也需要在发现团队出现自我保护过度的苗头时及时制止。没人喜欢输，因此你需要适当为买方创造赢的感觉。

(2)不要过分退让。买方向你要什么，原则上你应该让他拿另一个条件来交换。

(3)你得区分对自己很重要和不那么重要的东西，用于交换对买方不那么重要和很重要的东西。

(4)你得有个好律师，确保你换回来的东西能够通过协议条款被保护起来。

上面就是我对谈判策略的一些建议。最后，如果你既不喜欢谈判，也不擅长谈判怎么办？那就多做几次演练。你甚至可以将自己视为“在卖方财务顾问导演的情景短剧中主要背诵台词，少量自由发挥的男(女)主角”。好剧本体现的是卖方顾问的能力，而反复练习展现的则是你的态度，这并不是一个无章可循的复杂工作。

股权转让协议

股权转让协议可以由买方或者卖方律师负责起草。常见的协议条款包括：

(1)交易结构。含收购价格、收购股份数量、支付方式等内容描述。
(2)业绩承诺、补偿、奖励、锁定期等机制安排。
(3)交割条件、过渡期损益等。主要用于约定从签约到交割这期间的一些事项安排。
(4)承诺与保证。
(5)其他承诺与约定。
(6)协议生效与终止、违约责任、不可抗力、争议解决、管辖法律等格式条款。

通常来说，股权转让协议会有几十页甚至上百页的篇幅，上述几点是我在归纳总结的时候进行了大幅度的合并同类项而定，以便于你简单理解。大部分的内容都会在谈判中进行沟通和确认，因此协议无非一种书面形式的固化而已。当然，我仍然强烈建议你要逐字逐句地阅读协议草稿，对于不明白或者含糊不清的地方一定要反复和你的律师讨论。交易中使用的法律语言，通常句子比较长，句式也相对复杂，个别地方换个措辞或者表达方式就会带来不同的法律效力。因此，抛开字面意思，你有必要问清楚条款背后带给你的实际影响，如此才能确保你的权益得到充分保护。

越组代庖既显得不尊重法律界的伙伴，也容易因为自己见识浅薄而误导你的判断。因此，我不会长篇大论地探讨协议的全部条款。这里仅从我个人的经验出发，挑选介绍两个项目前期不太涉及，但在协议草稿中却会突然出现的条款。介绍的出发点是让你留下初步印象，届时可以与律师进行深入讨论。

■交割条件

交割条件是一种买方的自我保护措施，简单理解就是在满足某些条件的情况下交易才能成行，否则这份协议还是无法生效。这主要是针对在买方尽职调查中发现的一些问题，利用交割条件迫使你尽快解决，以免无条件成交之后你失去了紧迫感就一直拖拖拉拉。一般来说,这些不会涉及特别原则性的问题,通常也是充分沟通后你认为比较有把握解决的事项。比如,你的企业实缴资本不足,而你承诺交割前补足。再比如,你正在使用的办公楼因为某种原因没有取得消防许可,而你正在申请补办。涉及这些问题时,通常你需要评估一下不同问题的合理解决时间。如果短时间内有把握解决的,作为交割条件并不妨碍你的实际利益。但如果需要较长时间且有正当理由,就可以与买方沟通,不妨将此作为后续付款条件或者交割后事项。总的来说,买方担心的只是这些问题迟迟无人操办最后变成烂尾工程,所以化解这种担心一是靠就事论事,二是看双方的信任关系。

■ 竞业禁止与关键员工的服务期承诺

在很多交易中,买方会担心卖方企业家套现离场后顺势另起炉灶,挖走标的企业的老部下并抢走原先的客户。出于防范的目的,竞业禁止条款就应运而生了。你将承诺在一定期限内不得从事与标的公司存在竞争的业务。如果买方要求你同时作出关于在标的公司留任多久的服务期承诺,那么竞业禁止的期限通常是从服务期结束开始计算。

对于竞业禁止,我个人的看法是:首先,它具备一定的合理性,因为实际案例中的确出现过卖方的道德风险问题。其次,竞业禁止的有效期需要限定,否则万一若干年后你有意复出,就会面临法律上的麻烦。最后，关于承诺义务人要限定，最好只限定你本人，但买方可能会要求关键员工也要签署这个文件。在此情况下，如何说服员工经常是一个难题。因为他们并未从交易中获得利益，却要为交易承担连带义务，并且这实际上限制了他们未来的职业发展。我个人认为，应对这种难题不妨结合我们在本章“谈判内容”中讨论的业绩奖励机制问题，即绑定核心团队的利益既能稳定人心，也有助于承诺业绩完成，类似竞业禁止承诺这样的问题也可迎刃而解。

签约之后

买卖双方通常会在签约日举办盛大的庆功会。对你来说，这是个值得庆贺的日子，它代表着一个阶段性的成功。同时，这也是另一段征程的开始。能否把交易协议中的纸面利益成功"落袋"，将取决于你坚持不懈的努力。

放下庆功会的酒杯，你仍将回到熟悉的办公室。投资圈一般会把签约之后的工作称为"投后整合"。这个词对你的指导意义有限，原因是：第一，投后整合通常是指买方的行为，而我在本书中只关心给你的建议；第二，大多数的国内买方暂时还缺乏系统性的整合规划与整合能力。换言之，除了适当的财务管控，他们一般不会频繁出现在你的面前。空谈投后整合在目前的中国并购市场还过于超前。从务实的角度看，签约以后买卖双方关心的焦点就一个：承诺业绩能否实现？

缺乏管束是把双刃剑。从好的一面看，除了营业执照上的法人姓名变了，你甚至会觉得企业还是你的，最初担心的买方插手的问题在很多案例中并未马上出现。从不好的一面看，这会给你一种错觉，让你不知不觉地回到惯性的经营方式，这是你在对赌期内最大的风险。

在我的观察中，惯性的经营方式与对赌期内正确的经营方式的核心差别表现为两点：目标感和紧迫感。这并不是批评企业家们在日常经营中缺乏目标感或者紧迫感，而只是说对赌期内留给你犯错误的机会真的不多。鉴于买方通常不会马上制造压力，你就需要时刻提醒自己绷紧神经。

■ 制订绩效指标

你需要完整回顾售前准备阶段制作的业绩预测。我们在第五章的“估值预期与能力范围”中讨论过：打通“估值目标－财务目标－经营目标－经营规划－绩效指标”之间的逻辑关系需要包含五步。其中，第五步只开了头，却没有展开讲，因为这正是现在需要考虑的问题。

在交易估值确定的情况下，从财务目标倒推出的经营目标便可明确。而经营目标对应的经营规划，即我们第五章探讨的如何选择以及选择哪些经营手段也能清晰化。在此基础上，你需要从“做什么”深入到“怎么做”，以及“谁来做”。

1. “怎么做”

“怎么做”就是把公司层面的经营手段下沉到业务部门层面的具体行动方针。你可能需要做好以下工作。

(1)和有关部门负责人分别沟通,听取他们对于行动方案的建议。

(2)部门负责人可能要求增加资源投放,包括营销预算、人员配置、奖励机制等。此时你应该和部门负责人一起进行部门层面的价值树分析,重点是要找出部门内对于实现分解目标起到关键作用的核心任务。你同样需要避免平均用力,要留意各种任务的实施对收入或者成本带来的影响。

2. “谁来做”

“谁来做”就是要明确每项具体任务的步骤、责任人、目标完成时间,并以此为核心来定义员工的关键绩效指标(Key Performance Indicator,即“KPI”)。通过这种方式将承诺期内的公司业绩目标与每个员工的业绩考核目标建立连接。

■开展滚动预测

你手中的这份业绩预测只代表了几个月前的最佳估计。预测与现实之间未必完全吻合,并且市场环境随时在变化,你也不能保证预测中使用的关键假设(也就是价值创造的逻辑)一成不变。因此,你还应该在业绩监控的基础上进行滚动预测。这相当于对之前的预测工作进行两点改良。

(1)把总结评价的周期从“年度”拆解到“季度”甚至“月度”,以便及时发现问题。

(2)从静态预测进化为动态预测,以便让你的经营策略及时响应最新的市场变化。

我建议你将上述工作作为固定议程添加到公司的经营管理会议上,并将相关会议纪要定期抄送买方管理层。每一个成功的交易基本都是“始于颜值,敬于才华,合于性格,久于善良,终于人品”。严肃对待承诺业绩,既是成己,也是达人。

第九章
面向未来的买方类型

故兵无常势，水无常形。能因敌变化而取胜者，谓之神。

——《孙子兵法·虚实篇》

译文：所以用兵作战没有一成不变的态势，正如流水没有固定的形状和去向。能够根据敌情的变化而相机调整部署且最终取胜的，就叫作用兵如神。

国际买方

本书探讨的出售场景，主要以 A 股上市公司为目标买方。本书所涉及的应对方法与技巧以及对买方思维的模拟，也主要将 A 股上市公司作为假想对手。这是符合目前绝大多数卖方企业家的实际需求的。从目前的市场情况看，在你出售企业时，最有可能的买方将会出现在国内，并且从成交的意愿和能力的角度也是首选上市公司。

不过，市场也在不断变化和演进之中。中国资本市场不过是个 30 岁的青年，并购市场则更加年轻。“士别三日，当刮目相待”，青春意味着无限的可能，也意味着迅速的变化。从国际经验上看，买方类型会逐渐呈现多元化，对卖方企业家来说便意味着更多的选择。我认为，除 A 股上市公司外，还有两种买方类型在若干年后也将成为重要的市场力量，它们是国际买方和控股型并购基金。

无论是有过外资投行经历的同仁，还是曾以买方身份参与过海外并购的上市公司朋友，应该都对“全球出售”并不陌生。

■ 什么是全球出售

全球出售就是将买方搜索和接触的范围从本国拓展至全球。目前，欧美成熟市场规模以上的待售企业都会采取全球出售的模式。这一方面是受益于技术手段的进步，让跨境交易更加便利。比如，虚拟资料库大幅降低了买方了解国外目标公司的成本。另一方面是经济的全球化也带来了全球供应链的一体化，买方企业在开展横向或纵向并购的时候很容易将眼光投向别的国家。同时，随着财务顾问行业的不断成熟，竞争也会日趋激烈。卖方客户追求收益最大化的诉求也会推动顾问机构积极拓宽项目营销的范围。

■ 全球出售带来的好处

在遵守正确的工作流程的前提下，全球出售对卖方企业家而言具备明显的价值。

(1) 更多的潜在买方带来最直观的好处就是更激烈的竞争，从而使你更有可能获得竞争性溢价。

（2）不同市场之间总是存在此消彼长的微妙关系。虽然全球各经济体之间的纽带越来越紧密，但各个资本市场之间的相关性并非高度稳定，甚至在特定时间段会呈现截然不同的走势。以2018年为例，A股市场大幅回调，国内私募基金行业也遭遇了较明显的瓶颈。然而，同年全球私募基金的可投资资金总量达到了创纪录的1.14万亿美元；当年完成募集的单只基金平均规模达到3.86亿美元，相比2016年高出50%以上①。从并购交易的角度，这意味着2018年国内买方实力相对萎缩，而国外买方的能力相对强劲。

（3）不同市场背景的买方在估值看法和投资偏好上存在差异。从估值看法上来讲，最简单的逻辑就是欧美市场保持了多年的低利率环境，理论上造成了在其他估值参数都一致的情况下，面对同一个收购机会，欧美买方可接受的价格弹性会更大一些，因为它们的资金成本比国内低。从投资偏好上看，由于各个市场的投资者构成不同，投资者熟悉和喜欢的行业也不完全一致，同样的项目放在不同市场的买方眼里，就会呈现不完全相同的价值。这也很好理解，你可以参照第五章讨论过的“市场法”逻辑。来自不同市场的买方在估值过程中的参照系

①Debevoise&Plimpton. December 2018. 2018/2019 Private Equity Year End Review and Outlook. [OL]. Available at: https://www.debevoise.com/insights/publications/2018/12/private-equity-end-of-year [Accessed: 01 March 2020].

选取不同，估值结论就会存在差异。我负责的许多案例也印证了这种现象的存在。比如，部分国际买方近期表现出对于日用包装、耐火材料等传统行业的收购兴趣，而这些行业基本上很难获得 A 股上市公司的青睐。当出现这种差异时，国际买方就不仅仅只是补充，而是卖方企业家的最佳选择。

■ 全球出售离你还有多远

国际买方对中国企业发起的入境并购一直存在，它的规模在 2018 年达到了 206 亿美元。[①] 然而，由中国卖方主动发起的全球出售依然凤毛麟角。我预测全球出售的交易方式将会在三五年内逐步上升。这种趋势将为国内卖方企业家创造更好的交易机会。我的信心基于以下几点。

1. 中国的发展和产业的进步

中国经济的发展和产业的进步让越来越多的国际买方对收购中国企业展现出浓厚兴趣。他们可能有如下收购动机。

---

①PwC China. Febuary 2019. PwC M&A 2018 Review and 2019 Outlook [OL]. Available at: https://www.pwccn.com/en/deals/publications/ma-2018-review-and-2019-outlook.pdf [Accessed: 03 March 2020].

(1)对“增长”的刚性需求。第五章中我们已经讨论过，增长是推动企业价值提升的关键动力。虽然中国经济也进入了“新常态”，然而，这只是增速的放缓而非增长的停滞。横向对比来说，中国仍然是全球范围内最具备企业增长潜力的市场。尤其在以消费领域为代表的重点行业，中国人口的庞大基数和中产阶级群体的不断壮大，决定了这个全球最大的消费市场始终具备极高的吸引力。年轻一代消费观念的改变也在悄然重塑我国的经济结构。统计数据显示，2018 年消费对于 GDP 的增长贡献率达到 76.2%，已经成为中国经济增长的核心引擎。在此背景下，通过并购进入这个庞大的消费市场，并顺势突破本土市场的增长瓶颈，就成为不少国际企业的明智选择。

(2)产业链整合的需要。中国目前拥有 41 个工业大类、191 个中类和 525 个小类，是全世界唯一拥有联合国产业分类中全部工业门类的国家。也许某些核心技术仍然掌握在国际公司手中，它们因此也依然享受着高额的利润。但同时不少跨国公司也发现：最多的供应商和最大的市场需求也在中国。并且随着中国产业结构的升级和多年以来坚持对技术和人才的投入与重视，中国本土厂商的产品质量正在飞速提升，部分领域已经完全不逊色于欧美竞争对手。在此背景下，收购不仅是一条进入市场的捷径，对于提升整体供应链的效率、改善供应链安全、降低供应链成本都具有积极意义。

(3)融入本地市场的必要条件。近年来,无论是工业品还是消费品领域,都出现了中国国产品牌实力相对增强和部分外资品牌相对衰落的现象。单纯依靠国际贸易就能在中国获取市场份额的好日子正在成为过去。更多的跨国公司发现:受到外国用户欢迎的产品直接引进中国市场并不必然带来成功,而与中国同行深度合作,本地开发的解决方案则更受欢迎。同时,在少数行业,尤其涉及政府采购或者政策性指导的领域,满足最低要求的国产化率也是决定外资公司是否能够参与竞争的基本门槛。

2. 法律法规的完善和中介机构的能力进步

法律法规的完善将提升外商投资信心,中介服务机构的进步也将从技术层面推动全球出售具备操作前提。具体包括如下有利因素。

(1)2017 年,党的十九大报告提出“推动形成全面开放新格局”的发展战略,标志着新一轮对外开放拉开序幕。2019 年通过的《外商投资法》对外商投资的准入、促进、保护、管理等问题做出了系统且统一的规定。在世界银行发布的《2020 营商环境报告》①中,我国排名从上一年

①World Bank Group. October 2019. Doing Business 2020: Comparing Business Regulation in 190 Economies [OL]. Available at: https://openknowledge.worldbank.org/bitstream/handle/10986/32436/9781464814402.pdf [Accessed: 08 March 2020].

的第 46 位大幅提升至第 31 位，位列全球进步最快的 10 个经济体之一。

(2) 我国的会计标准和从业人员素质与国际水平高度接轨，这客观上推动了中国公司透明度的提升。更通俗地讲，财务造假的现象越来越少，中国公司的数据越来越可信，从而令国际买方的心理负担不断减轻。

(3) 伴随着前几年中国企业进行大规模的出海并购，一大批本土中介服务机构在业务开展过程中锻炼了团队，也初步建立了国际合作网络。虽然“走出去”的浪潮在最近两年日益消退，但借助已经建立的业务基础反向推动“引进来”则具备较高的可行性，也是这些机构实现业务创新的路径之一。

3. 价格因素

价格因素也是吸引国际买方的重要原因。随着 A 股市场的回调，境内外估值的差距大幅缩小，在少数细分行业甚至出现了境内比境外市盈率还低的情况。2018 年以来，二级市场已经迎来了自沪港通渠道踊跃增持 A 股的“北上资金”，相信类似的逻辑和趋势也将很快出现在并购重组市场。

控股型并购基金

我们在本书前面的章节,已经多次谈到控股型并购基金(Buyout Fund)。它们目前还不是中国并购市场的活跃买方,这和我国私募基金行业发展历史较短、管理能力较弱、难以募集长线资金等原因有关。然而,从国际经验看,基金一直都是并购市场的重要买方类型之一。根据贝恩咨询公司①发布的一份报告显示:2018 年全球宣布的所有并购交易中,按照金额统计,20%的买方是并购基金;按照数量统计,每 10 个出售项目就有 1 个被并购基金买走。②

国内的控股型并购基金也有希望在未来几年中获得长足的

①贝恩咨询公司(Bain & Company)是世界三大战略咨询公司之一,与麦肯锡咨询(Mc Kinsey & Company)、波士顿咨询(BCG)齐名,并常被合称为"MBB"。

②Bain & Company. March 2020. Global Private Equity Report 2019 [OL]. Available at: https://www.bain.com/contentassets/875a49e26e9c4775942ec5b86084df0a/bain_report_private_equity_report_2019.pdf [Accessed: 18 June 2019].

发展。乐观估计甚至认为,中国的控股型并购基金即将迎来“黄金十年”。我个人对于基金何时成为一股重要的市场力量尚不确定,但毫无疑问,它们的影响力将与日俱增。也许在你若干年后的出售中,就能出现它们的身影。

从国际经验看,控股型并购基金的涌现需要具备几大前提:合适的经济环境、有经验的基金管理人、充足的经理人才库、便利的融资渠道和通畅的项目退出通道。

(1)从经济环境的角度,最近两年的经济调整让市场平均估值明显下降,市场开始进入低速成长的周期。这样的背景对过去占大多数的成长型基金不利,但对控股型基金来说往往意味着更丰富的收购机会。

(2)从基金管理人的角度,大量曾经供职于国际一流机构的高级经理人纷纷离职创业。他们带来了成熟的并购基金运营技术,甚至还从国际市场募集到了可观的资金。

(3)从经理人才库的角度,中国企业界跻身世界500强的特大型集团越来越多,以阿里、腾讯等互联网巨头为例,培养了大批拥有丰富实战经验的职业经理人。这些人既有扎实的管理能力,又有澎湃的创业热情。他们与资方的合作,将有效解决困扰国内私募基金行业多年的投后管理难题。有了可靠的管理者,基金也就有了更大的信心在交易中获得控股权。

(4)从融资渠道的角度,杠杆融资在可见的未来依然不会大量出现，然而，具备同样特征的资金已经不难寻觅。最有代表性的就是一些具有地方政府背景的引导基金，很多已经初步具备了带股权、弱担保、长周期等特征。

(5)从退出通道的角度，新《证券法》已经明确了注册制的改革方向。尽管它的全面实施落地可能还需要数年的时间，但有理由相信，未来的资产证券化路径将会更加通畅，并购基金的后顾之忧也能随之降低。

第十章

机会总是留给有准备的人

善用兵者，修道而保法，故能为胜败之政。

——《孙子兵法·形篇》

译文：善于用兵的人，潜心研究制胜之道，修明政治，坚持制胜的法制，所以能主宰胜败。

出售流程的总结与回顾

老子在《道德经》中阐述了“道”“法”“术”三者之间的关系。“道”是万物运行的规律与法则，也是指导人生或者具体事情的价值观。“法”是实现价值观所必需的规则体系，是经过总结和归纳的方针与思路。“术”是在规则体系下的具体方法，它可以通过反复的练习不断精进。

企业出售也有它的“道”“法”“术”：“道”揭示了并购交易的本质——价值的交换。“法”是本书展示的流程体系，这是一个有明确步骤、有阶段目标、有工作逻辑的执行过程。“术”是一些具体的技巧和方法，由你的卖方财务顾问具体掌握，并灵活运用。

作为一个专业领域，企业家要想在短时间内完全掌握“术”并不实际。因此，本书对“术”只做了初步介绍，更多的是关于“道”和“法”的探讨。其中，更侧重的是“法”，因为“法”即流程。

离开了严谨的过程控制，结果便无法预知。然而“法”又是现实案例中最容易被忽视的问题，导致大量交易对企业家而言如同盲人摸象。

我们通过下面的表格（见表 10-1、表 10-2）简要回顾本书第五章至第九章分享的企业出售之“法”。希望各位企业家朋友能从中获得一个出售交易的完整图景，从而带着清晰的认知去面对你人生中的重要转折。

表 10-1 “以我为主”的出售准备

阶段	建模	验证	包装
目的	通过估值逻辑与财务逻辑的初步连接来建立预期	通过打通“估值目标－财务目标－经营目标－经营规划－绩效指标”之间的连接来调整预期	相当于站在买方立场上撰写项目可行性研究报告
实质	发现自身价值	明确价值范围	展示价值逻辑
方法	（1）基础尽调 （2）市场法估值	（1）收益法估值 （2）价值树分析	围绕两个“F”，即 Fact（事实）和 Feasibility（可行性）的故事逻辑

表 10-2 “聚焦价值”的买卖博弈

阶段	筛选买方	买方尽调	交易谈判
目的	(1)过滤不合适的买方 (2)在合适的买方间营造竞争氛围	(1)配合买方的事实验证 (2)引导买方的价值判断	三个核心问题: (1)对企业价值怎么看 (2)尽调发现的问题怎么处置 (3)双方权利义务怎么划分
实质	寻求价值共鸣	验证价值逻辑	防止价值破坏,分享协同收益
方法	买方筛选评价体系:“海盗法则”	(1)尽调内容、流程、心态的充分准备 (2)虚拟资料库	创造“共赢式谈判”

卖方服务的蓝海市场

■提升卖方服务的重要性

1. 买方成焦点、卖方被忽视的现状分析

目前，中国并购市场中各类型市场参与者的关注焦点都是买方，而作为对交易同等重要的卖方却遭到了集体性的忽视。具体表现在：

(1) 以券商为主的顾问机构通常为买方上市公司服务。现行的财务顾问管理办法也是针对当交易构成重大资产重组的情况下证券公司担任上市公司独立财务顾问时

所需遵守的相关规定。独立财务顾问并非真正意义上的、以撮合交易为主要工作的财务顾问。这种角色所承担的工作职责更接近于国际市场上的公允性意见(Fairness Opinion),是对于一个交易的合理性、合规性以及定价公允性发表看法,出发点是保护上市公司投资者的利益,避免上市公司大股东或管理层做出有损于股东利益的事情。从实操层面上看,经常是买卖双方谈判在先,一旦触发重大资产重组,则券商介入在后。从这个角度讲,多数券商机构甚至只是部分承担了买方顾问的职责,因此就更加不可能对卖方有何实质性帮助或贡献了。当然,重大资产重组在所有市场交易中的占比并不高,所以在部分不构成重大资产重组的交易里,券商也在发挥积极作用。但券商整体存在的问题包括:第一,多数券商基于自身中长期利益考虑,通常选择业务机会较丰富的上市公司作为客户。第二,券商普遍尚未涉足交易谈判,尤其没有参与价值判断,现阶段绝大多数的工作还是在合规方案的设计以及融资方面。

(2)以商业银行、各类资管机构、信托公司等为代表的融资提供方也将上市公司作为主要服务对象。资金方重点关注资金风险和投资收益,但通常这种关注仅限于对资金的直接使用方,即上市公司或其大股东的担保回购条款设计,以及资金成本谈判方面。资金方也极少参与交易撮合环节,因为在他们看来,交易撮合的成功率太低,远远没有融资的确定性强。

(3)以审计师、评估师为代表的中介机构几乎只为买方工作。由于绝大多数卖方尚未像本书介绍的那样聘请与之“对位”的服务团队，导致交易尽调及谈判完全被买方主导，而自身极其被动。多数情况下卖方会聘请律师，但由于对“交易律师”的特殊性缺乏了解，在很多案例中卖方律师的交易经验和谈判能力通常难以与买方律师匹敌。

(4)以沪深交易所及中国证监会为代表的监管机构，它们的直接监管对象是上市公司，主要保护对象也是上市公司背后的公众投资者。当然，这在任何国家的资本市场都是如此。因为监管机构的主要职能是维护市场的总体公平，防范系统性风险，并着重保护中小投资者的利益。特定交易中买卖双方商业利益分配是否公平，既不是监管机构的考虑范畴，也不应该纳入考虑。管得多，反而与市场经济的基本原则背道而驰。

2. 必须重视强化卖方服务能力

随着并购市场走向成熟，以及对近年出现的各种问题的反思，强化卖方服务能力应该得到市场各方的高度重视。这是因为：

（1）卖方企业家的利益需要得到合理的保护和同等的重视。任何并购都需要买卖双方，而并非买方的独角戏。如果卖方企业家的利益长期被忽视，在交易中始终处于下风，在出现比如业绩对赌失败的情况时成为首先被指责的对象，这既是一种公平的缺失，也会打击卖方企业家对于出售交易的信心。这甚至会助长盲目对赌的不良风气，因为反正都不平等，怎样都是碰运气，索性不如赌一把。这样的心态和做法不仅是对卖方企业家毕生心血的不负责任，也不利于买卖双方实现共赢。

（2）买方收购风险的防控症结在于对标的价值的判断。目前，包括买方及其服务机构的工作重心都是一种“事后补救”机制。它只能降低出现风险后的损失，但却不能有效地防控和抵御风险。随着并购市场的降温，交易逻辑必然回归理性。买方价值判断能力的提升是一个渐进的过程，然而卖方自我认知水平的提高和信息披露质量的改善却是能够在卖方财务顾问的帮助下迅速实现的。尽管本书的重点是指导卖方如何获取最佳估值，但这是建立在真实的信息披露和客观的能力范围评估基础之上的。换句话讲，本书为卖方客户追求的交易价格始终围绕企业的真实价值。这在本质上就是对买方利益的最大保护。对任何买方来说，交易的贵贱并无根本的差别，成败的评价标准只关乎预期。吻合预期便是成功，未达预期则是失败。

(3)尊重卖方利益,也会促进并购市场的健康发展。从监管机构近年来的屡次表态中,我们就能发现:改革一直都是沿着从事前审批向事中、事后监管的方向在坚持推进。但是,为什么实施过程中进展缓慢,甚至偶尔还会出现左右摇摆呢?这主要是因为彻底取消事前审批,把权力完全交给市场的基本前提是交易双方具备成熟的认知能力与合理的工作方法。显然,事实并不尽如人意。而从提升卖方服务质量入手,就可以从根源上提升市场并购项目的整体质量,推动"价值逻辑"对"套利逻辑"的替代,促进价值判断成为风险管理的第一道防线。

■ 卖方服务市场的潜在规模

中国并购市场的总规模在最近几年大概在2万亿元人民币。其中,我们需要剔除发生在集团内部的交易及关联公司之间的资产买卖。因为这些交易并不一定需要卖方财务顾问来为卖方股东创造最大价值。据保守估计,非关联方之间的交易能占到市场交易总额的60%以上,这意味着至少1.2万亿元的总规模。

如果像国际市场那样,几乎每个非关联方交易中的卖方都聘请财务顾问,按照2%的假设费率保守估计,总的卖方财务顾问市场规模将价值240亿元以上。

这种估计仅仅包含了卖方财务顾问服务。如果再将会计、法律、税务、财富规划等专业服务考虑在内，市场规模将更加惊人。

■ 卖方财务顾问业务的优势与机遇

(1) 对从事卖方财务顾问业务的机构而言，最大的机遇是庞大的市场需求和羸弱的市场供给之间的巨大反差。目前，有券商机构担任独立财务顾问的重大资产重组仅占市场交易总量的10%以内。大量已经发生的和正在筹划的交易中只有串联信息的中间人，却无背景专业的卖方顾问。甚至正如我们前文的讨论，大量机构的经营意识还停留在通道业务时代，争夺的焦点也集中在以融资为中心的上市公司业务上。国内市场尚未出现任何一家以卖方财务顾问业务为特色的强势投行品牌，这意味着任何一家有志于此的机构都有充裕的发展空间。

(2) 从事卖方财务顾问业务没有牌照限制，这为大量中小机构或是新设机构进入这个领域创造了条件。卖方顾问业务的核心在于“人”，对人的技术能力、行业认知、价值判断、谈判沟通等综合能力有较高的要求。相对而言，机构的规模反而不是核心竞争力的构成要素。因为市场并不缺乏买方顾问，甚至部分上市公司已经组建了内部的投行部门来自行寻找投资机会。市场真正缺乏的，是挖掘好项目并讲出好故事的能力，而这正是卖方财务顾问的工作。

(3) 卖方财务顾问业务不受传统客户关系的制约。目前，我国虽然有100家左右的证券公司，但行业竞争已经出现了明显的两极分化。排名靠前的头部券商竞争优势越来越明显，将本就数量稀少的重大资产重组项目瓜分殆尽。占行业总数80%以上的中小券商由于缺乏历史业务积淀，在独立财务顾问业务上很难有所建树。并且，由于各家券商的传统客户关系基本上都来自IPO业务的留存客户，想要从别的保荐券商手中抢夺上市公司客户资源的难度极大，造成了中小券商"IPO数量有限→客户基础薄弱→包括并购重组在内的衍生业务发展艰难→公司整体案例少→IPO业务争夺处于弱势"的恶性循环。要打破这种局面，延续以IPO业务为突破口的传统思维显然不现实。卖方财务顾问业务就是弯道超车的捷径之一，然而这并非易事。据我所知，绝大多数证券公司没有专职的并购部，即使有，也只是挂着并购的招牌但实质上是IPO、并购、债券、ABS等各种业务有什么做什么。这样的模糊定位并非发展财务顾问业务的合适土壤，尤其不适合发展在行业、经验、技术、技巧、客户关系等方面与传统投行业务差异较大的卖方顾问业务。

(4) 卖方财务顾问业务面对的合规成本和风险较低。这并不是说卖方顾问业务中合规不重要，而是因为卖方顾问机构并不直接面对监管审查，因此不存在“显性”的合规风险。但“隐性”的风险仍然是存在的，因此，合规与内控问题同样需要卖方顾问机构引起重视。不过，这样的重视，出发点并不是对监管处罚的畏惧，而是对自身品牌信誉的珍视。卖方顾问机构最大的信誉就是客户口碑。客户口碑主要来自受人之托、忠人之事，来自帮助卖方企业家在交易中获得最满意的结果。因此，这要求顾问机构从以下方面加以改进：第一，必须建立严格的利益冲突审查机制，杜绝左右逢源的现象；第二，必须按照正确的业务流程建立严格的项目质控体系；第三，同样需要对监管尺度与合规准则如履薄冰，以便在与买方谈判中保持对等优势，并寻求交易双赢。

精品投行路在何方

■什么是精品投行

维基百科对精品投行(Boutique Investment Bank)做出了如下定义:

精品投资银行(简称"精品投行")是一种"非全方位服务"的投资银行。它们经常执行中等规模的交易,并通常在并购交易中协助卖方。它们可能有行业侧重,例如媒体、医疗保健、工业、技术或能源。它们也可能有业务类型的侧重,例如募资、并购或资产重组。通常,精品投行的机构规模有限,并且可能只在特定区域开展业务,因此也被称为"区域性投资银行"。

我对上述定义进行一些必要的补充阐述。

1. “非全方位服务”带来的独特价值

“非全方位服务”，这种定位与目前绝大多数国内金融机构所追求的“大而全”显然背道而驰。“大而全”并没有错，只是要看对谁的利益而言。国际金融市场也曾是“全能型银行”的天下，高盛、大摩、美林等著名投行都是其中的代表。对投行自身利益来说，丰富的业务品种带来了多元的业务机会和高额的利润。对上市公司来说，“一站式”的服务不仅带来了便利，也意味着更低的平均成本。中国市场的情况与之类似，买方上市公司都会优先选择与全能型券商合作，因为它们能最大限度地为交易中出现的任何可能的需求提供解决方案。这些需求可能包括：当交易触发重大资产重组时，上市公司需要独立财务顾问服务；涉及发行股份时，需要承销保荐服务；涉及“过桥融资”时，需要资管或者股权质押服务；涉及后期债务置换时，可能还需要再融资或债券承销服务等。

然而，精品投行在欧美市场崛起的关键原因是：卖方客户发现自己的需求并没有这么复杂。在绝大多数交易中，卖方的诉求非常单纯，就是追求交易估值在合理范围内的最大化。正如我们在第四章中展示的高盛集团组织结构图（图 4-1），全能银行内部的多数部门设置对卖方企业家而言毫无意义，甚至投行其他部门的利益可能与卖方客户的利益相冲突。类似的丑闻在国际市场不绝于耳。因此，精品投行主动缩小业务范围，只聚焦与卖方企业家利益攸关的交易顾问业务，其自身的利益也与客户的成功完全绑定。这样的定位无疑是让任何卖方企业家都会感到安心和满意的。

2. “小”并非关键，“专注”才是重点

偶尔会在国内听到某些中小机构宣称自己是精品投行。其实，在产品和服务高度同质化的中国市场，认为“小”便是“精品”是一种误读。

规模小不代表能力小。在国际权威的并购媒体 Merger Market 2018 年公布的财务顾问榜单中，精品投行拉扎德集团(Lazard)当年完成的并购交易总额达到了 4435 亿美元。这个成绩仅仅落后于高盛、大摩、小摩、花旗和美林，但领先于更多的全能银行，如巴克莱、瑞士信贷、德意志银行等。

业务单一是经营战略，而不是能力所限。很多国际精品投行只做并购，尤其是并购交易中的卖方顾问业务。这并非因为它们无法获得全牌照的资质，而是一种主动选择的结果，目的是聚焦主业，在有限的业务范围内做到最好。这种匠心气质在很多百年历史的欧洲家族企业身上也同样存在。它们的兴趣不在业务宽度的极限，而在于专业深度的极致。本书中初步探讨的出售方法只展示了顾问技术的冰山一角，但它至少告诉了你一个不争的事实：任何生意都有“窍门”，都可以通过不断地总结和持续地改进来获得最佳的方法。相比而言，“匠心精神”是国内机构的普遍短板。这主要体现在各家机构的定位不清、差异化不足，缺乏特

定领域的专家团队，更多的时候是在追逐政策的红利、追求短期的收益，给客户造成的印象就是“什么都能做，但样样都不精”。

3. 中等规模交易是全球性的蓝海市场

投资银行这个行业，和其他所有行业一样，也存在市场的分层。这体现了各个机构根据产品、用户、地域、价格等因素采取的差异化定位。并不是每个投行都适合你，适合你的也不见得是那些令你耳熟能详的名字。我们还是以高盛为例。在 2020 年年初的投资者路演中，高盛谈到了它的并购业绩①。我们不去关注具体的数字，因为高盛毫无疑问是全球并购领域的王者，每年的交易额高达上万亿美元。这种天文数字对你没有参考意义。我想告诉你的，是高盛在统计自身业绩时使用的口径，借此向你解释以高盛为代表的全能银行聚焦什么规模的交易。根据这份路演文件，高盛在交易规模 5 亿 ~ 20 亿美元的细分市场占有率为 10%，在 20 亿 ~ 100 亿美元的细分市场占有率为 16%，在 100 亿美元以上的细分市场占有率为 18%。从上述数字不难得出结论：高盛的核心客户群是以财富 500 强企业为主的大型跨国公司。否则，无论从买方还是卖方的角度，大多数的并购交易都不可能动辄几十亿美元。

---

①The Goldman Sachs Group, Inc. January 2020. Investor Day 2020: Investor Day Presentations [OL]. Available at: https://www.goldmansachs.com/investor-relations/investor-day-2020/presentations/consolidated-presentations.pdf [Accessed: 08 March 2020].

那么,是谁在服务那些数量上占绝大多数的“中小企业”呢?(请注意:此处的中小企业是个非常宽泛的概念,仅将特大型跨国公司排除在外)答案便是精品投行。正是因为全世界的大型金融机构普遍存在“嫌贫爱富”的思维惯性,才为中小机构去服务剩余80%的客户留下了广阔的市场空间。可以说,中等规模交易(在中国,我认为这标志着几亿元至十几亿元人民币规模的范围)对财务顾问行业而言是一个全球性的蓝海市场。我们接下来将会介绍这个细分领域的王者,借以观察和思考精品投行的成功之道。

■ 来自罗斯柴尔德的启示

听说过这个名字的朋友,大多通过两种渠道。

(1) 曾经有本书风靡一时,它叫《货币战争》。书中描述了自1694年英格兰银行成立以来数百年间的世界历史,主要关注的是每一个影响人类历史的重大事件背后的金融推手。作者描述的这部世界金融史,就是一部谋求主宰人类财富命运的阴谋史。而故事的主角就是罗斯柴尔德家族。

(2) 在中国市场上几乎被神化的“拉菲”红酒就产自拉菲-罗斯柴尔德酒庄。它是法国波尔多五大酒庄之一,也是罗斯柴尔德家族在全世界拥有的众多酒庄中知名度最高的一个。

无论是缔造华尔街的幕后财阀,还是万金难求的顶级红酒,这些故事都为这个古老的欧洲家族蒙上了一层神秘的面纱。但是，金融圈外的朋友可能并不知道，这个神秘家族传承至今到了第6代，他们还拥有着全球最成功的精品投行之一。

以下数据摘自该投行2018年年报①。

1. 公司架构

Rothschild & Co在巴黎交易所上市，罗斯柴尔德家族拥有49.5%的股权和63.4%的投票权，对公司保持着绝对控制。旗下业务主要分为三大板块，如图10-1所示。

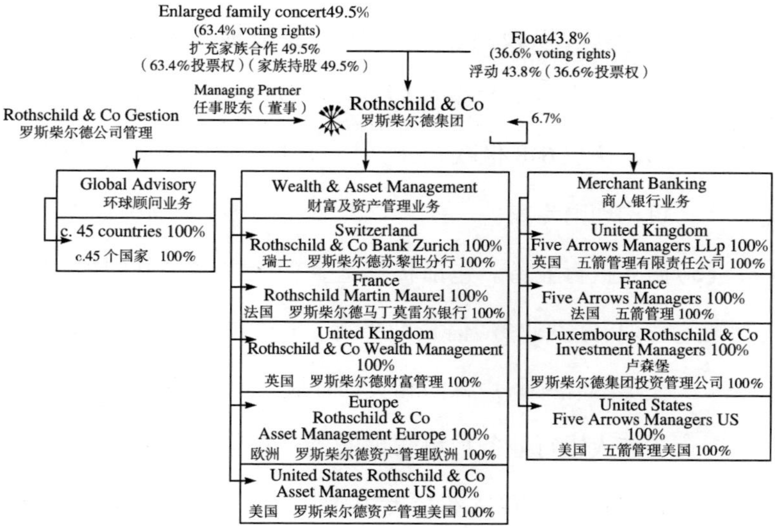

图 10-1 Rothschild & Co. 业务结构图

---

①Rothschild & Co.（2019）*Annual Report* 2018. Available at：https://www.rothschildandco.com/en/newsroom/press - releases/2019/04/05/2018 - full - year - annual - report/［Accessed：08 March 2020］.

(1)环球顾问业务。具体包括并购财务顾问业务、债务及重组顾问业务、股权财务顾问业务。公司在全球40多个国家和地区拥有办公室,聘用了1089名投行员工,其中包括218名董事总经理级别的资深投行家。2018年年内共完成660笔交易,交易总金额达6000亿美元。

(2)财富及资产管理业务。包括为高净值个人及家族服务的财富管理业务、为机构提供理财服务的资产管理业务。公司的财富及资产管理业务主要集中在瑞士、法国、英国,以及有挑选的其他欧洲地区及美国。截至2018年年底,公司财富及资产管理业务板块管理的资产总额达到648亿欧元,聘用了161名私人银行家及47名机构理财专家。

(3)商人银行业务。包括私募基金管理、私募二级市场基金管理、直投业务、信贷业务等。公司的商人银行业务只在英国、法国、卢森堡和美国开展。截至2018年年底,公司商人银行业务板块管理的资产总额达到111亿欧元,总共聘用了99名投资专家。

2. 公司业绩

2018年,公司总收入19.76亿欧元,净利润3.03亿欧元。环球顾问业务、财富及资产管理业务、商人银行业务分别贡献了公司收入的 66%、25%、9%，分别贡献了公司税前利润的 58%、19%、23%。在环球顾问业务创造的 12.71 亿欧元收入中，74% 来自并购财务顾问业务（其中大多数为卖方财务顾问业务，但具体数字未披露）。公司在 2018 年年内完成了超过 400 笔并购交易，交易总额达 3800 亿美元。按当年完成的交易数量算排名全球第一，按当年宣布的交易数量算位居全球第二。其中，超过 50% 的交易数量为跨境交易，因此公司按当年完成的跨境交易数量算也排名全球第一。

3. 商业模式

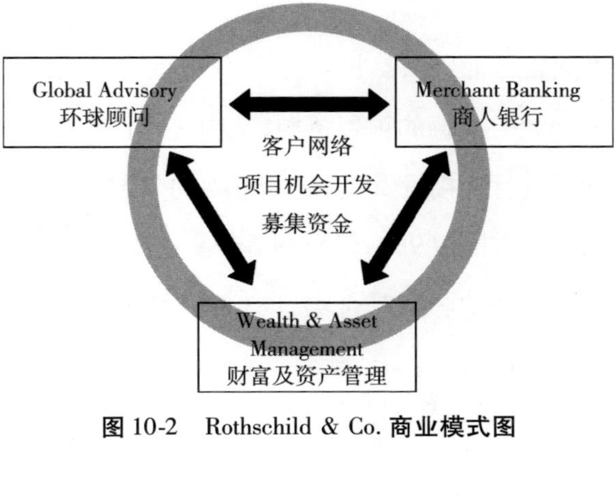

图 10-2　Rothschild & Co. 商业模式图

图 10-2 是公司路演材料①中对于自身商业模式的解读。从图中箭头可以看到,三条业务线彼此互补,存在高度的业务协同。具体来说:

(1)财务顾问业务是公司的核心支柱,不仅贡献了最多的收入和利润,也为另外两条业务线输送了丰富的业务机会。公司统计,2018 年财富及资产管理部门新增管理规模中的 10% ~20% 主要来自财务顾问业务的客户贡献。

(2)财富及资产管理部门也在反哺财务顾问业务。2018 年,由该部门介绍给财务顾问部门的项目达到了 90 个,占同年顾问业务部门项目总量的 14% 。

(3)商人银行业务虽然收入占比不大,但它有效利用了财务顾问业务发掘的项目资源,从中挑选性价比最高的少数项目进行直接投资,创造了可观的收益。这从该业务部门收入占比仅 9% ,但利润贡献高达 23% 中得到了证明。

(4)公司管理的各只基金中,1/3 的认购资金来自三条业务线的存量客户。

①Rothschild & Co. September 2019. Rothschild & Co Equity Story [OL]. Available at: https://www.rothschildandco.com/en/investor-relations/ [Accessed: 08 March 2020].

■ 中国式的精品投行模式展望

罗斯柴尔德银行的商业模式，与它几百年来从对客户需求的洞察中提炼出的经营哲学密不可分。该公司的网站上至今仍放着内森·罗斯柴尔德男爵①对后代的告诫。

It takes a great deal of boldness and a great deal of caution to make a great fortune; and when you have got it, it requires ten times as much wit to keep it.

你需要无比的胆识和谨慎才能创造巨大的财富；一旦拥有了财富，你还需要十倍的智慧才能守护它。

几百年前，罗斯柴尔德家族就看到了财富管理的本质——增值固然重要，但对于财富积累已经达到一定程度的人来说，保值比增值更加重要。罗斯柴尔德家族凭着这样的智慧成功打破了“富不过三代”的魔咒，他们也通过自己的银行集团把这样的智慧分享给更多的客户。

事实上，据我所知，无论是德国、法国还是瑞士的私人银行，包括全能银行的私人银行部，比如美国银行和富国银行等，在业务设置方面都体现出与罗斯柴尔德银行不谋而合的逻辑。这些

---

①内森·罗斯柴尔德男爵(1777—1836)是罗斯柴尔德家族第二代的旗帜性人物。他把家族业务推向了整个欧洲，他在去世之前已经成为世界首富。他广为人知的另一句名言是：“我不在乎谁统治了日不落帝国，我只知道日不落帝国的钱袋子由我控制。”

私人银行为企业家客户提供的 Owner Solutions（企业主服务套餐）普遍包括 Strategic Credit（信贷服务，雷同于罗斯柴尔德的商人银行业务）、Exit Planning（退出规划，雷同于罗斯柴尔德的财务顾问部门）和 Wealth Management（财富管理服务）等模块。形象一点说，它们向企业家提供的服务是“全生命周期”的：如果企业还在飞速成长，就给你投资或者借给你钱；如果你想退休，就帮你出售变现；当你有了一大笔钱，再帮你保值增值并做好家族传承。

对于绝大多数生意来说，需求决定了供给。中国市场也已经开始出现类似的需求。招商银行与美国贝恩咨询公司联合发布的《2019 中国私人财富报告》①显示：“创富一代企业家”与“二代继承人”在中国高净值人群中的合计占比达到 45%；如果再加上“企业高级管理层、企业中层、专业人士”，这一比例高达 81%。在对可投资资产 5 亿元人民币以上的超高净值人群进行家族办公室服务需求的调查中，59% 的被访者填写了“家族企业规划安排”，在所有需求反馈中排行第一，其后才是“家族财富保障与传承”“家族资产配置管理”“门槛更高的投资产品及更优惠的费率成本”等。

因此，关于中国式精品投行发展道路的答案，可能有必要跳出“投行”业态本身进行思考。只有围绕客户需求进行搭建的商业模式才能成功，也才能持久。上面谈到的国际国内客户的需求，总结起来就是如下三句话：

---

①招商银行、贝恩公司. 2019 中国私人财富报告——中国私人银行业：回归本源［OL］.［2019 - 06 - 18］. http://www.cmbchina.com/privatebank/PrivateBankInfo.aspx guid = bdeb435b - cc83 - 4b54 - b92a - 7eab597ecbf7.

高净值人群的职业属性主要是企业家。

企业家拥有的核心资产是企业。

企业何时最安全？出售变现以后最安全。

由上述判断出发，我们便能看到精品投行发展的两条可能路径。

1. 由财务顾问业务向财富管理业务的延伸

一方面，在目前各种类型的市场机构中，证券公司最具备发展财务顾问业务的优势。鉴于证券公司对资本市场规则最熟悉，且卖方财务顾问市场尚处于空白，中小券商将有机会在此领域迅速崛起。

另一方面，券商的财富管理业务受到资管新规的约束，也正处于转型的关键时期。对头部券商来说，资管新规利大于弊，可以凭借投研能力和团队规模获取更大的领先优势。但对于中小券商来说，复制头部券商的商业模式相当于以短搏长，差距只会被进一步拉大。在此种情况下，如果能像罗斯柴尔德银行一样，以卖方财务顾问业务这种差异化的定位来获取客户资源并建立客户信任，就有可能从出售收益中分到可观的份额并成为客户的长期伙伴。

2. 由财富管理业务向财务顾问业务的延伸

我对私人银行这个业态的观察始于2008年。当时我作为汇丰银行的管理培训生在汇丰中国总部的各个业务部门进行轮训。

其中印象最深的一站就是位于南京西路上海商城里的汇丰私人银行中心,那可能是中国大陆最早的私人银行之一。我对于国际私人银行业的最初了解就是始于那段短暂的经历。十多年过去了,我所看到的国内私人银行以及各种类型的财富管理机构仍只关注“理财”,却忽视了“财从何来”。以我身边的企业家朋友为例,身价数亿元的富豪却拿不出几千万元现金的人比比皆是。这实在是因为多数企业家真的是以企业为“家”。一旦“家”里缺钱,必定是倾尽所有。从这个意义上讲,有的企业家尚未变成私人银行的重点客户,因为他们的可投资现金并不多;但多数企业家的总资产雄厚,不过他们需要有人帮助才能变现。

最近十年,国内财富管理机构都在抢夺和瓜分现成的“可投资资产”。这无可厚非。这个时期几乎所有机构都处于跑马圈地的狂奔阶段。这一阶段的工作重点必然是“拼速度、抢地盘”。但十年之后,财富管理的市场格局基本成型,大家拼的就该是“精耕细作”了。在新的发展阶段,服务深度与产品类型都需要和国际接轨,向用户需求靠拢。招商银行的报告便是信号,也是号角。

财富管理机构不需要向精品投行转型,这更像是产品服务的自然延伸。从交易顾问技术的角度,财富管理机构可能还需要时间来培养和打磨;但从客户关系的角度,财富管理机构的存量客户就是卖方顾问业务的天然资源,且这种长期客户关系有助于交易顾问团队迅速跨越信任鸿沟,直接进入具体工作。“信任”会为工作效率和工作效果带来极大的帮助,也会令私人银行背景的卖方顾问机构更容易树立良好的口碑。

附　录

■ 附录1：卖方财务顾问协议样本

财务顾问协议

由以下各方订立

【顾问方名称】
【顾问方地址】
（简称“××公司”）

与

【标的公司名称】
【标的公司地址】
（简称“标的公司”）

以及

【标的公司股东名称】
【标的公司股东地址】
（简称“标的股东”）

标的公司及其股东并称为“客户”

1. 意图

客户拟实施战略转变，并可能导致潜在的交易。客户可能采取出售、合并、合资或其他方式，通过一次或一系列交易，将公司51%或以上的投票权，或部分甚至全部业务或资产或债务工具并入或出售给另一家公司（“本次交易”）。

2. 委托

客户委托××公司担任本次交易的独家财务顾问。双方一致认可本次交易的成功将取决于客户与××公司的积极配合与紧密合作。客户将按照由××公司独家策划的交易方案采取相关行动，并将随时告知××公司任何买方意向或其他与本次交易有关的动向。

3. 服务内容

3.1 业务分析

a) 分析关键数据与事实，特别是市场定位、产品与服务、竞争、市场趋势、财务报告、业绩预测、管理团队、员工，以及其他对于交易成功有关的信息。

b) 识别业务增长潜力，以此作为筛选潜在买方的依据，并将据此准备有针对性和说服力的项目推介。

c) 根据市场现状判断潜在估值区间。

3.2 项目推介流程准备

a) 准备匿名的标的公司推介材料，以及实名的标的公司信息备忘录。

b) 确定本次交易的基本架构。

c) 准备与投资者的会谈材料。

d) 研究筛选合适的潜在投资者并形成目标买方推介名单。

e) 向客户提交并协助客户审核批准目标买方推介名单、匿名推介材料、公司信息备忘录，以及其他相关信息或资料。

3.3 项目推介流程执行

a) 与潜在兴趣方及投资者基于匿名推介材料进行接触沟通。

b) 综合意向、实力及动机等因素对兴趣方进行第一次筛选。

c) 与符合条件的兴趣方签署保密协议。

d) 提供实名公司信息介绍备忘录及其他必要的补充信息,并就交易流程涉及的时间表及交易结构(包括初步估值、业绩预测、战略规划、前置条件及必要的审批程序等)进行沟通。

e) 根据兴趣方在深入了解标的公司情况后可能做出的意向及方案调整,对兴趣方进行第二次筛选。

f) 组织安排与符合条件的兴趣方面谈或回访。

g) 根据面谈沟通情况及对方基本确认的交易方案,对兴趣方进行第三次筛选。

h) 邀请符合条件的兴趣方进入尽职调查和交易谈判阶段。

3.4 尽职调查阶段

a) 筹备、组织及监控尽职调查进展,管理维护尽职调查资料数据库。

b) 协调其他顾问机构,包括律师、会计师、税务师等,就相关交易协议草案开展沟通。

c) 与经邀请进入尽职调查阶段的少量兴趣方保持沟通。

3.5 交易谈判及签约

a) 向兴趣方澄清并解释尽职调查中发现的问题。

b) 与客户聘请的法务顾问合作,参与交易协议文本谈判及修订。

c) 统筹协调交易签约。

d) 协助客户完成所有成交条件。

上述工作内容可能根据兴趣方的特殊要求及交易流程实际

情况的不同,在与客户充分沟通的前提下灵活调整。上述流程中的特定环节可能被扩充或取消。

4. 协议的终止

本协议自各方法定代表人(或负责人)或授权代表人签字并加盖单位公章或合同专用章之日起生效,有效期________年。

5. 费用及支出

5.1 人民币______于本协议生效后立即支付("工作费")。

5.2 交易成功后,××公司将有权获得成功费;前期已经支付的工作费将从成功费中抵扣。交易成功是指客户与投资者达成投资协议(以下统称为"交易协议")。成功费的计算基于交易总价值金额("交易金额"),即公司企业价值。这相当于根据公司的股权价值加上任何金融负债减去任何可自由支配的现金或现金等价物("零现金零负债"),并以合同方式约定的总价值。

5.2.1 成功费的计算公式

【　　　　】

(具体公式因不同案例双方谈判结果不同而各异)

5.2.2 ××公司有权在交易协议签署后立即获得成功费。成功费也可以在客户收到第一笔交易款项,或完成股份或资产过户时支付。如前述两个事件没有发生在同一日期,则以较早的日期作为成功费的支付日。在任何情况下,成功费都应在签署交易协议后的________天内支付。

5.2.3 如果交易成功发生在本协议到期后的________个月内,并且在本协议有效期内,投资者通过××公司参与了本项目并表达过对客户或公司的兴趣,则也应支付成功费用。如果在本协议有效期内,任何曾经参与本项目并表达过兴趣的个人,之后无论代表其自身或其他法人实体作为投资人完成投资的情况同样适用本规定。

5.3 在执行本协议时产生的第三方费用和差旅费用应由客户承担。这些费用应每月进行验证和结算。

5.4 分手费

在至少达成一份经客户签字表示认可的交易意向声明(交易意向书或类似文件)后,客户出于自身原因取消本次交易,将需要向××公司支付人民币________。

5.5 全部费用均不包含增值税。

6. 保密

6.1 ××公司应对在项目范围内收到的所有机密文件和信息严格保密("机密信息")。

6.2 对机密信息的保密义务在如下情况中不适用：

6.2.1 在××公司可以证明在收到相关信息之前已经获知的，或者此后在没有××公司的参与或不因××公司疏忽的情况下被知晓的。

6.2.2 在没有××公司的参与或不因××公司疏忽的情况下被公众获知的。

6.3 第6.1和6.2段中的保密义务也适用于客户从××公司获得的有关潜在投资者的信息。

6.4 本规定应取代双方以前的任何保密协议。

7. 有限责任

××公司不承担任何由客户、客户集团成员或任何通过客户提出申诉的个人所提出的与××公司的顾问服务相关的对客户或相关个人造成影响的索赔、损失、损害、责任、成本和/或费用。由于××公司应负全部责任的欺诈、故意的不当行为或渎职的情况除外。在××公司对客户损失或其任何部分需承担责任的情况下，赔偿总额不应超过已经向客户收取的有关费用金额。

8. 可分割性与管辖法律

本协议的各项条款及子条款都是可分割的，如果任何条款或子条款或部分被有管辖权的法院认定为无效和/或不能强制执行，该无效和/或不能强制执行的条款或子条款不对本协议的其他条款或子条款或其他部分的有效性或可强制执行性造成影响。

本协议双方的权利、救济、责任和义务，以及本协议引起的或与之有关的任何事项，应受中国法律管辖并依其进行解释。

9. 完整协议

本协议构成双方之间的完整协议，并取代此前所有的口头及书面协议及协定，且未经双方书面签字不得修改或修订。本协议一式四份，双方各执两份，具有同等法律效力。

客户签章	顾问机构签章
日期	日期

■附录2：基础尽调清单样本

1. 公司基本情况

1.1 工商营业执照。

1.2 公司章程。

2. 公司历史沿革

2.1 公司设立时的相关文件。

2.2 公司设立时各股东签订的发起人协议。

2.3 其他与公司成立及历史沿革有关的批文。

3. 公司变更登记文件

3.1 历次股权转让协议。

3.2 关于批准股权转让的决议。

3.3 历次公司章程修订案。

4. 公司组织机构

4.1 公司组织结构一览表，含：控（参）股子公司、公司内部组织机构图及各职能部门职能的情况介绍。

4.2 控(参)股子公司相关资料,含:营业执照、股东协议、章程及修正案、主营业务范围描述、股权转让协议(如有)、历次股东会或重要董事会决议。

5. 公司股权结构及股东情况

5.1 股东名册及股权结构图。

5.2 对于公司现有法人股东,请提供其最近的企业法人营业执照、公司章程及上一年度审计报告、其从事的业务情况介绍、现任董事会成员及高级管理人员名单、公司实际控制人的身份证复印件和履历说明。

5.3 公司股东之间若存在委托持股或其他利益安排,请予以说明并提供有关文件。

5.4 请说明持有公司5%以上股份的股东之间是否存在关联关系(包括但不限于是否相互持有股份,一方的高级管理人员是否存在关联双方双重任职情形,是否相互存在重大债权债务关系或管理关系、亲属关系等)。

5.5 请提供控股股东下属的具有独立法人资格的其他企业情况一览表(应包括企业名称、注册地址、与主要股东的股权关系及其他控制关系),并提供相关企业营业执照及公司章程。

5.6 如股东所持有的公司股份存在质押,请提供有关主合同、质押合同和质押登记文件。

5.7 公司自然人股东在公司任职情况说明。

6. 公司主要资产状况

请概述公司(包括控股子公司)目前所拥有的房产、土地使用权、无形资产(除土地使用权)情况,并分别提供公司及控股子公司的如下文件。

6.1 物业

6.1.1 土地使用权证。

6.1.2 房屋产权证书。

6.1.3 房屋租赁协议。

6.1.4 土地房屋抵押、担保情况及抵押/担保协议、抵押登记文件、主债务合同。

6.2 无形资产(除土地使用权)

6.2.1 请提供公司拥有和使用的商标清单、商标证书、商标使用许可/转让合同、商标使用许可备案文件。

6.2.2 请提供公司拥有和使用的专利清单、专利证书、专利使用许可/转让合同、专利使用许可备案文件。

6.2.3 请提供公司拥有和使用的专有技术清单、专有技术转让/许可合同。

6.2.4 请提供公司拥有和适用的软件清单、软件著作权登记证书、软件著作权使用许可/转让合同。

6.2.5 无形资产抵押、担保情况及抵押/担保协议、抵押登记文件、主债务合同。

6.3 主要固定资产

6.3.1 在建工程清单。

6.3.2 正在建设的房屋（项目）的许可证书，含建设规划许可、用地规划许可、开工许可等。

6.3.3 签订的工程承包合同、建设合同等。

6.3.4 主要生产设备清单（含运输设备等）。

6.3.5 就各主要固定资产的购入年份、折旧年限、原价、净值、净额、折旧方法、技术先进程度及报废或更新的可能进行描述。

6.3.6 固定资产抵押、担保情况及抵押/担保协议、抵押登记文件、主债务合同。

6.4 公司其他重要资产说明（数额较大的动产、金融资产等）。

7. 公司特许经营权、荣誉及奖励

7.1 公司所获得的各项特许经营权情况说明及相关证书。

7.2 公司所获得的有关部门的资质认证情况及相关证书。

7.3 公司所获得的有关荣誉和奖励情况及相关证书。

8. 公司高管及员工情况

8.1 高管情况

8.1.1 现任高级管理人员与公司签订的聘任合同。

8.1.2 董事会关于现任高级管理人员任职的决议。

8.1.3 历次董事、监事和高级管理人员的变动情况及相关决议。

8.1.4 现任董事、高级管理人员的个人简历，在其他公司任职情况。

8.1.5 董事、监事和高级管理人员的其他对外投资情况，包括持股对象、持股数量、持股比例及有关承诺和协议。

8.1.6 现有核心技术人员个人简历，对核心技术人员在人力资源方面的保护措施。

8.1.7 高管人员薪酬方案及股权激励方案。

8.2 关于员工

8.2.1 劳动合同样本。

8.2.2 工资表。

8.2.3 社会保障费用明细表。

8.2.4 员工年龄、教育程度、专业等结构分布情况及近年来的变化情况。

9. 公司财务相关资料

9.1 财务报告

9.1.1 公司及各控(参)股子公司最近三年及一期的财务报表及审计报告。

9.1.2 公司现行会计政策、涉及会计政策重大变更的董事会决议。

9.1.3 公司及其附属企业、关联公司最近三年及一期的会计报表及该期间的会计账册、凭证和相关资料(包括期末往来账款明细表、存货分类汇总表及明细表、固定资产分类汇总表及明细表、在建工程分项明细表、长期投资明细表、外币资金情况表、银行借款明细表、待摊及预提费用分项明细表，以及主营业务收入、成本、费用、其他业务利润、营业外收支等损益项目分项明细表，银行对账单及调节表，内部往来、关联公司往来对账单及开户银行、借款单位、往来单位通信地址及邮政编码等）。

9.1.4 固定资产盘点明细表。

9.1.5 资产损失（固定资产、坏账损失等）处理决定。

9.1.6 公司重大债权、债务明细表。

9.2 税务

9.2.1 公司所执行的税种、税率一览表。

9.2.2 公司及其控股子公司正在享受的税收优惠政策及相关政府批文。

9.2.3 最近年度增值税及所得税的纳税申报表及完税证明。

9.2.4 是否存在未偿清的纳税义务。

9.2.5 是否因受到税收征管部门处罚，请提供情况说明及处罚通知书。

9.3 公司自成立至今获得的各项财政补贴、奖励及专项政府资金一览表及相关政府批文。

9.4 贷款及担保

9.4.1 银行贷款情况说明及相关借款协议。

9.4.2 社会融资情况说明及相关借款协议。

9.4.3 相关担保协议、主债务合同及其他相关文件。

9.4.4 公司为股东、关联公司或其他第三方提供担保的情况说明及相关借款合同、协议、有关担保协议和/或其他有关文件。

10. 关联交易及同业竞争情况

10.1 关联方

10.1.1 关联方情况说明。

10.1.2 列表说明公司存在的关联方以及关联方的主营业务。

10.1.3 关联方的工商登记资料。

10.1.4 公司董事、监事、高管人员及核心技术人员在关联方的任职及薪酬情况。

10.2 关联交易

10.2.1 关联交易情况说明,含购销商品、买卖有形或无形资产、兼并或合并法人、出让与受让股权,提供或接受劳务、代理、租赁、合同或非合同形式进行的委托经营等,提供资金或资源,协议或非协议许可、担保,合作研究与开发或技术项目的转移,向关联方人士支付报酬、合作投资设立企业、合作开发项目、其他对公司有影响的重大交易等。

10.2.2 公司与关联方发生关联交易的合同、相关会议记录、相关会计凭证。

10.3 同业竞争情况

10.3.1 关联方是否存在从事与公司相同、相似业务的情况。

10.3.2 公司是否在股东协议、公司章程等方面做出避免同业竞争的相关规定。

11. 行业概况

11.1 公司所处行业现状

11.1.1 行业监管体制、主管机构、相关政策及条例说明。

11.1.2 行业发展现状，含产业政策、市场环境、市场容量、市场细分、市场化程度、进入壁垒、供求状况、竞争状况、利润水平、技术水平、周期性特征、产品用途、主要商业模式、价值链格局、上下游关联度等。

11.1.3 行业增长情况和发展趋势。

11.1.4 行业发展的有利与不利因素。

11.2 公司面临的竞争状况

11.2.1 公司主要产品及核心竞争力说明。

11.2.2 行业内主要企业及其市场份额情况。

11.2.3 主要竞争对手横向比较，例如新产品开发、市场营销、销售网络、客户基础、价格、质量、技术含量、生产成本、规模经济、品牌效应、地理位置、售后服务、管理水平、业务历史、地方政府优惠政策、人才等。

11.3 公司发展战略及实施办法

12. 环境保护、质量管理、技术标准

12.1 适用于公司生产经营的专门法律法规、标准（含环保、产品质量和技术监督等）。

12.2 环保部门出具的公司的生产经营活动和拟投资项目符合有关环境保护要求的证明文件。

13. 公司业务、发展战略

13.1 公司主营业务构成,列表说明公司最近三年各类业务的分项收入、成本、销售税金及附加的构成情况。含公司产品销量、市场占有率、经营模式、营销策略、市场定位及客户群体介绍等。

13.2 公司未来三年主营业务情况估计。

14. 诉讼、仲裁或行政处罚

14.1 是否存在对财务状况、经营成果、声誉、业务活动、未来前景等可能产生较大影响的诉讼或仲裁事项,含受理该诉讼或仲裁的法院或仲裁机构的名称、提起诉讼或仲裁的日期、诉讼或仲裁的当事人和代理人、提起诉讼或仲裁的原因、诉讼或仲裁请求、可能出现的处理结果或已生效法律文书的执行情况。

14.2 是否存在公司关联方、董事、监事、高级管理人员和核心技术人员作为一方当事人的重大诉讼或仲裁事项。

14.3 董事、监事、高级管理人员和核心技术人员受到刑事诉讼的情况。

■附录3：信息备忘录内容提纲

1. 执行摘要

1.1 公司概览

1.2 财务概要

关键财务数据(一般包含收入、利润或利润率、酌情增加其他少量关键指标)。

1.3 交易结构

出售原因、出售资产的范围及法律形式(例如:拟剥离出售的业务部门可能并非独立的公司法人)。

1.4 投资亮点

公司核心竞争力于此处归纳总结,以要点形式简要描述。

2. 公司介绍

2.1 历史沿革及重大事项(合并、分立、投资、战略产品推出、关键技术突破等)。

2.2 股权结构(股东背景、董事会组成、决策机制)。

2.3 组织架构(分、子公司情况,事业部或业务条线)。

2.4 愿景及战略(价值观、战略目标)。

3. 产品情况

3.1 产品及服务

详细描述：产品特征、功能、技术等。分产品单价、收入、成本、费用、利润。

3.2 新品储备

新产品特征、研发进度、上市时间表。

3.3 战略定位

从目标客户、目标市场、产品组合等角度阐述定位逻辑。

3.4 客户定位

客户类型、客户分类描述，前十位大客户名单及对应收入、成本、费用、利润、关系黏性分析。

4. 销售情况

4.1 销售渠道与策略

组织体系、主要渠道、合作伙伴、分渠道成本、分类销售业绩拆分。

4.2 细分市场

详细描述：目标市场、目标客户群与业务条线。

4.3 营销策略

营销方式、广告投入、促销规划、效果评价。

4.4 客户支持

支持体系、成本费用、效果评价。

5. 运营情况

5.1 采购与供应商管理

主要成本结构，关键原材料类型、采购策略、定价原则，前十位供应商名单、采购金额、结算方式、依存度。

5.2 其他合作伙伴

对业务运转影响显著且成本占比较高的其他合作对象（如分包、外协、营销伙伴等）。

5.3 生产管理

部门架构、产能及瓶颈、生产流程、关键技术、人力资源、生产经验、管理制度。

5.4 质量管理

质量管理制度、方法、体系、资质。

5.5 技术研发

研发策略、资源、人力、合作伙伴、成果、近期目标。

5.6 物流体系

运输方式、成本、供应商、仓储位置、能力、效率。

5.7 环保及其他事项

6. 公司资源

6.1 人力资源

管理层及核心员工简历、团队年龄结构、学历结构、服务年限、离职率、薪酬福利、员工满意度。

6.2 固定资产

土地、厂房、办公室面积布局、主要生产设备、IT 系统。

6.3 无形资产

专利、商标、特许权等。

7. 行业情况

7.1 行业格局

行业价值链、价值链各环节主要参与者、典型用户特征及购买模式。

7.2 市场概况

市场规模、市场结构、局部份额、变化趋势、驱动因素。

7.3 竞争环境

主要竞争者企业背景、市场份额、收入及盈利规模、定位及优劣势。

7.4 标的企业竞争定位

细分市场、定位与策略、“护城河”分析。

8. 财务信息

8.1 财务概览

关键说明、核心假设、调整项解释。

8.2 利润表

公司利润表、分项收入利润分析、驱动因素、变化趋势、增长潜力。

8.3 资产负债表

公司资产负债表、关键科目说明及变化原因分析、流动资金缺口及短期债务分析、固定资产投资与中长期债务分析。

8.4 现金流量表

公司现金流量表、经营性现金流分析、大额预期投资性现金流说明。

8.5 财务预测

财务预测假设、关键推导过程、关键支持论据、公司业绩目标。